生态文明丛书·主编◎严 耕 副主编◎林 震 杨志华

生物多样性的法律保护

Shengwu Duoyangxing
De Falü Baohu

韦贵红 /著

全国百佳出版社
中央编译出版社
Central Compilation & Translation Press

图书在版编目（CIP）数据

生物多样性的法律保护/韦贵红著.
—北京：中央编译出版社，2011.6
（生态文明丛书）
ISBN 978 – 7 – 5117 – 0894 – 6

Ⅰ.①生…

Ⅱ.①韦…

Ⅲ.①生物多样性 – 环境保护法 – 研究

Ⅳ.①D912.604

中国版本图书馆 CIP 数据核字（2011）第 104441 号

生物多样性的法律保护

出 版 人	和 龑	
责任编辑	文 莲	
责任印制	尹 珺	
出版发行	中央编译出版社	
地　　址	北京西单西斜街 36 号（100032）	
电　　话	（010）66509360（总编室）	（010）66509405（编辑室）
	（010）66161011（团购部）	（010）66130345（网络销售）
	（010）66509364（发行部）	（010）66509618（读者服务部）
网　　址	www.cctpbook.com	
经　　销	全国新华书店	
印　　刷	北京瑞哲印刷厂	
开　　本	787 毫米×1092 毫米　1/16	
字　　数	225 千字	
印　　张	15	
版　　次	2011 年 6 月第 1 版第 1 次印刷	
定　　价	48.00 元	

本社常年法律顾问：北京大成律师事务所首席顾问律师　鲁哈达
凡有印装质量问题，本社负责调换，电话：（010）66509618

总序：引领生态文化，建设生态文明

吴　斌[①]

历史总是在矛盾中辩证地发展。现代工业文明在带来进步的同时，随着社会历史条件的变化，也暴露出它固有的内在缺陷，突出表现为生态、环境和资源压力日渐增大，社会发展的可持续性问题日益突出。

为了实现可持续发展，满足人们日益增长的生产发展、生活富裕、生态美好的要求，全世界都需要反思现代工业文明的价值观念、生产方式、生活方式和体制结构，探索真正实现人与自然、人与社会和谐的、可持续发展的生态文明之路。

在党的十七大报告中，胡锦涛总书记把生态文明建设作为实现全面建设小康社会奋斗目标的新要求之一，提出力争用十年左右的时间，基本形成节约能源资源和保护生态环境的产业结构、增长方式和消费模式，到2020年全面小康实现之时，使我国成为生态环境良好的国家。这对我国转变发展方式、建设和谐社会、发展生态文明，具有重要指导意义，也为我国的发展提出了新的、更高的要求。当然，这也为学术界提出了一个新的重大课题，那

[①] 北京林业大学党委书记，国家林业局生态文明研究中心主任，北京林业大学生态文明研究中心主任、教授。

就是要深入而全面地探讨生态文明的理论内涵和系统建构。

生态文明建设涉及的内容非常广泛，需要全社会的共同参与，既要改变思维方式，也要改变行为方式；既要改变生产方式，也要改变生活方式；既要改变道德和观念，也要改变法律和体制。必须充分认识到，生态文明建设不仅仅是生态恢复和环境治理，更是涉及物质文明、精神文明和政治文明的整个社会文明形态的变革。应该在生态危机的时代背景下，在反思现代工业文明模式所造成的人与自然对立的矛盾基础上，以生态学规律为基础，以生态价值观为指导，从物质、制度和精神观念三个层面进行改善，建立资源节约型和环境友好型社会，在全面提升人的生活品质的同时，实现人类社会与自然的和谐相处，促进经济、社会和文化的可持续发展。

北京林业大学作为教育部直属、教育部与国家林业局共建的全国重点大学，具有"崇尚自然、追求真理"的办学传统，以"知山知水、树木树人"为办学理念。传播生态文化、引领生态文明，是建校以来广大师生坚持不懈的追求。我们认识到，建设生态文明，决不限于发展科技，而是需要自然科学与人文社会科学的通力合作。2004年2月，学校决定将生态文化列为我校重点建设和发展的六大学科领域之一，加大了支持力度，深化了学科建设和科学研究。目前已经在全校开设了多门生态文化课程，培养出了有关专业的硕士和博士，广大师生围绕生态文明建设举办了多场研讨会和报告会，组织了一系列的宣传和实践活动，取得了一定成果。

2007年12月，我校在人文社会科学学院生态文化研究中心的基础上，成立了北京林业大学生态文明研究中心，目的是整合学科资源，发挥学科优势，大力加强生态文化学科群建设，深入开展生态文明各领域的研究，打造一流的生态文明研究基地，为我国的生态文明建设作出应有的贡献。

生态文明研究中心的成立，得到了各方面的大力支持。中国工程院原副院长、著名林学家沈国舫院士愉快地接受了担任中心学术委员会名誉主任的请求。中国社会科学院余谋昌教授、清华大学卢风教授、北京大学吴国盛教授、北京师范大学罗炳良教授、中国社会科学院杨通进研究员也以实际行动对我们中心给予支持，加入我们的研究队伍，成为第一批特聘专家。我们的行动也得到了国家林业局的大力支持，我校的中心也成为国家林业局生态文明研究中心。

　　本丛书一共12本，既有早期学校资助的生态文化研究的成果，也有生态文明研究中心成立后的探索；既有初出茅庐的年轻才俊的锋芒小试，更有学界领军人物的思想总结。当然，我们的研究还是初步的，生态文明理论体系的完善还需要各界同仁贡献智慧。希望这套丛书能起到启发思想、促进学术研究的作用，让更多的人关注生态文明建设，让科学发展观的思想深入人心。

CONTENTS 目录

第一章 生物多样性概述 ·· 1
  第一节 什么是生物多样性 ·· 1
    一、生物多样性的起源 ·· 1
    二、生物多样性的内涵 ·· 2
    三、生物多样性的等级层次 ·· 3
  第二节 生物多样性的价值 ·· 6
    一、生物多样性的直接价值 ·· 7
    二、生物多样性的间接价值 ······································ 10
    三、生物多样性的伦理价值 ······································ 12
    四、丧失生物多样性的后果 ······································ 13
  第三节 威胁生物多样性存在的原因 ································ 14
    一、威胁生物多样性存在的自然因素 ·························· 15
    二、威胁生物多样性存在的人为因素 ·························· 16
    三、生物多样性面临的挑战 ······································ 20

第二章 生态系统的多样性 ·· 24
  第一节 生态系统概述 ·· 25
    一、生态系统的分类 ·· 25
    二、生态系统多样性的丧失 ······································ 27
    三、人类面临的生态困境 ·· 27
  第二节 生态系统的保护 ·· 29

一、森林生态系统的保护 …………………………………… 30
　　二、草原生态系统的保护 …………………………………… 32
　　三、荒漠生态系统的保护 …………………………………… 33
　　四、内陆湿地和水域生态系统的保护 ……………………… 33
　　五、海洋和海岸生态系统的保护 …………………………… 34
　第三节　生态系统的法律保护 ………………………………… 35
　　一、海洋生态系统保护的立法 ……………………………… 35
　　二、草原生态系统保护的立法 ……………………………… 40
　　三、森林生态系统保护的立法 ……………………………… 44

第三章　外来物种入侵

　第一节　外来物种入侵概述 …………………………………… 49
　　一、外来物种入侵的概念 …………………………………… 49
　　二、外来物种入侵的自然因素 ……………………………… 51
　　三、对外来物种入侵本质的认识 …………………………… 55
　　四、外来物种入侵的现状 …………………………………… 55
　第二节　外来物种入侵的综合管理 …………………………… 60
　　一、外来物种入侵引发的问题 ……………………………… 60
　　二、综合管理的原则 ………………………………………… 63
　　三、管理过程 ………………………………………………… 66
　　四、管理对象 ………………………………………………… 67
　　五、管理手段 ………………………………………………… 68
　第三节　外来物种入侵的国际法和国外立法 ………………… 70
　　一、国际法律文件 …………………………………………… 71
　　二、国外立法经验 …………………………………………… 72
　　三、国际合作 ………………………………………………… 80
　第四节　我国防治外来物种入侵的法律对策 ………………… 81
　　一、立法现状 ………………………………………………… 81
　　二、具体法律制度 …………………………………………… 81

三、存在的不足与完善 …………………………………………… 86
　　四、制定外来物种管理法 ………………………………………… 88

第四章　遗传资源多样性 …………………………………………… 92
第一节　遗传资源的概述 …………………………………………… 92
　　一、遗传资源的内涵 ……………………………………………… 92
　　二、遗传资源原产国的利益保护 ………………………………… 94
　　三、遗传资源的重要意义 ………………………………………… 95
　　四、中国遗传资源的现状 ………………………………………… 96
第二节　遗传资源的获取和惠益分享 ……………………………… 97
　　一、关于遗传资源获取的原则 …………………………………… 97
　　二、《波恩准则》 …………………………………………………… 98
　　三、遗传资源获取与惠益分享谈判的国际背景 ………………… 101
　　四、《名古屋 ABS 议定书》（Nagoya ABS Protocol） …………… 104
第三节　遗传资源保护的国际立法 ………………………………… 107
　　一、TRIPS 协议与遗传资源的保护 ……………………………… 107
　　二、世界知识产权组织（WIPO） ………………………………… 111
　　三、联合国粮食与农业组织（FAO） ……………………………… 115
　　四、国际植物新品种保护联盟（UPOV） ………………………… 117
第四节　中国遗传资源保护的国内立法 …………………………… 121
　　一、遗传资源面临的威胁 ………………………………………… 121
　　二、遗传资源的保护与利用 ……………………………………… 122
　　三、遗传资源保护的立法现状及存在的问题 …………………… 123
　　四、如何完善遗传资源保护法律制度 …………………………… 128

第五章　生物技术与生物安全问题 ………………………………… 133
第一节　生物技术概述 ……………………………………………… 133
　　一、生物技术的发展历史 ………………………………………… 134
　　二、生物技术与社会经济的发展 ………………………………… 134

第二节 生物技术对生物多样性的影响 ……………………………………… 136
  一、生物技术对生物多样性保护的有利因素 ……………………… 136
  二、使用生物技术造成的不良影响 ………………………………… 137
第三节 生物技术转让与生物多样性 …………………………………… 138
  一、《生物多样性公约》的有关规定 ……………………………… 138
  二、公约有关条款的理解 …………………………………………… 139
  三、中国履行公约有关生物技术条款的状况 ……………………… 140
第四节 转基因生物技术所引发的生物安全问题 ……………………… 141
  一、转基因生物的概念 ……………………………………………… 141
  二、转基因生物技术的发展 ………………………………………… 143
  三、转基因生物安全问题 …………………………………………… 144
  四、如何解决转基因生物安全问题 ………………………………… 148
第五节 卡塔赫纳生物安全议定书 ……………………………………… 151
  一、产生背景 ………………………………………………………… 151
  二、议定书的目标、适用范围和一般规定 ………………………… 152
  三、议定书的主要内容 ……………………………………………… 153

第六章 传统知识、民族文化与生物多样性的保护 ……………………… 158
第一节 传统知识与生物多样性的保护 ………………………………… 159
  一、传统知识的概述 ………………………………………………… 159
  二、传统知识与生物多样性的关系 ………………………………… 161
第二节 民族文化与生物多样性的关系 ………………………………… 165
  一、文化多样性与生物多样性的保护 ……………………………… 165
  二、宗教信仰与生物多样性的保护 ………………………………… 166
第三节 习惯法与生物多样性的保护 …………………………………… 167
  一、习惯法的概念 …………………………………………………… 167
  二、习惯法的特征 …………………………………………………… 168
  三、运用习惯法保护生物多样性 …………………………………… 170

第七章　生物多样性保护国际公约的履行与国内立法……172
第一节　《生物多样性公约》的履行……173
一、履约概况……173
二、国内立法状况……176
三、我国履行《生物多样性公约》的具体行动……182
第二节　《关于特别是作为水禽栖息地的国际重要湿地公约》的履行……195
一、履约概况……195
二、国内立法状况……198
三、我国履行《关于特别是作为水禽栖息地的国际重要湿地公约》的具体行动……199
第三节　其他主要国际公约的履行……202
一、《濒危物种国际贸易公约》的履行……202
二、《联合国防治荒漠化公约》的履行……203
三、《联合国气候变化框架公约及其京都议定书》的履行……205
第四节　生物多样性保护的国内立法的不足与完善……206
一、立法的现状……206
二、立法的特点……207
三、立法中存在的问题……208
四、完善国内立法的建议……211

结　语……213
附　录……214
参考文献……215
后　记……227

第一章 生物多样性概述

第一节 什么是生物多样性

环顾四周,鹰击长空,鱼翔浅底,"万类霜天竞自由"。众所周知,自然界没有两片相同的树叶,生物界最为引人注目的现象:多样性。迄今为止,大约175万个物种被鉴定,科学家推测大约有1300万个物种。

一、生物多样性的起源

生物物种是生物多样性的基本单位。生物物种是对在自然条件下其成员可以自由交配的一群动物或一类植物的个体总数的称谓。① 生物之间会产生生殖隔离,在自然条件下,种与种之间不能交配。这样的种间隔离,在长期演化过程中,使得每个物种形成了自己的遗传特征,并且占据着某一相对独立的地域。在一个物种内部,个体与个体之间通过有性繁殖和基因交换,使得它们之间不会有太远的差异。经过若干代的繁衍,属于同一物种的所有个体通过鲜明的特征而建立了联系,并且向着同一基本方向进化。生物多样性是怎样形成的?根据达尔文的进化论,所有生物来自于一个共同的祖先,多样性的起源也

---

① [美]爱德华·欧·威尔逊:《生命的多样性》,王芷、唐佳青、王周、杨培龙译,湖南科学技术出版社2003年版,第36页。

是物种形成的过程。它背后真正的动力是物竞天择。正如达尔文所言:"我们常常从光明、愉快的方面去看自然界的外貌,看到了极丰富的食物,而没有注意到在我们周围闲散歌唱的鸟类,大多取食昆虫或植物的种子,因而不断地毁灭了生命;我们忘记了这些鸟类和它们的卵和雏鸟,亦常常被鸷鸟或猛兽所残噬;并且也没有注意到食物在目前虽丰富,但并不是在每年的一切季节都是如此。"①

从生态学的角度看,进化就意味着对于某一特定环境的适应。在此意义上,多样性的由来与生物所处的环境多样性有关。在极其漫长的进化过程中,各种生命形态填补了每一个能够利用的环境空间。出现在特定时间和特定地点的某一物种的所有个体称为种群,特定空间内种群的相互结合构成群落,群落与其自然环境的共处就是我们所说的生态系统。在一个生物群落内,一个物种所利用的一组特定资源是生态位。每一物种都与它特定的生态位密切相关,生态位的复杂多样决定了物种的丰富性。当一个特定的生态位消失之后,以此为生的物种就会消亡。生境的含义比生态位更广。生境一般包括许多个生态位以支持不同物种的生存。例如,热带雨林为许多的鸟类、哺乳类、昆虫以及植物提供了不同的生境。

人类到达这个世界的时期恰恰是生物多样性达到鼎盛的时期。虽然《圣经》认为人类诞生在伊甸园,但事实上非洲大陆才是人类真正诞生的摇篮。非洲大陆不仅进化出了包括大象、蹄兔、长颈鹿在内的独特哺乳动物群,还进化出了类人猿和早期人类。人类登上了历史的舞台,生物多样性也达到了巅峰时期。

二、生物多样性的内涵

传统意义上,生物多样性仅指物种多样性。现在,多样性的含义在宏观和微观层面上都有了很大的进展。在微观上,它意味着在同一物种内个体在遗传上存在的多样性,是个体间的遗传差异为物种走向分化创造了前提条件。在宏观层面上,多样性涉及群落、生境、生态系统的千差万别。

按照1992年巴西里约热内卢世界环境大会签署的《生物多样性公约》,

---

① [英]达尔文:《物种起源》,谢蕴贞译,科学出版社1972年版,第43页。

生物多样性是指"所有来源的形形色色生物体，这些来源除其他包括陆地、海洋和其他水生生态系统及其构成的生态综合体，还包括物种内部、物种之间和生态系统的多样性"①。

许多学者认为，生物多样性是指与生物相关的一切形式的多样性，包括物种多样性、遗传多样性、生态系统多样性、景观多样性等。这种多样性是物种内部、物种之间以及物种所处的生态系统的平衡存在，这种平衡存在包括但不限于生物间相互良序竞争、合作、共同发展、各取所需。

长期以来，"物种"一般被认为是"在一定区域内，具有极其相似的形态特征和生理、生态特征，个体间可以自然交配产生正常后代的自然生物类群"，②多样性的内涵也在不断地发展与变化。随着时代的发展，我们认识到遗传是物种的延伸，生态系统是物种生存的基础，是保持多样物种格局存在的支持因素。1987年美国国会技术评价办公室提出多样性应是"生物之间的多样化和变异性及物种生境的生态复杂性"③。《生物多样性公约》对多样性的定义与美国国会技术评价办公室的看法基本一致。1995年，联合国环境规划署将生物多样性概括为"生物和它们组成的系统的总体多样性和变异性"④。

生物多样性要求物种之间、不同物种之间、物种与环境之间产生相互依赖、相互竞争的平衡格局。生物多样性不是在追求系统内物种种内数量或物种种类的越多越好，而是希望各个区域物种的多元、和谐和整体平衡。在外延标准上，多样性应同时在物种上、遗传上、生态系统上有相应的体现。景观多样性作为生物多样性概念的延伸，对于了解、认识、表现生物多样性的功能非常重要。

三、生物多样性的等级层次

生物多样性是遗传多样性、物种多样性、生态系统多样性及景观多样性的整体。在生物界，这些具体的多样性是生物多样性的各个层次，对生物多样性

---

① Text of the Convention on Biological, http：//www.cbd.int/.
② 张恒庆：《保护生物学》，科学出版社2005年版，第16页。
③ 田兴军：《生物多样性及其保护生物学》，化学工业出版社2005年版，第1页。
④ UNEP, Global Biodiversity Assessment, 1995.

的保护就是分别通过对这些层次的保护来实现的。

（一）遗传多样性

遗传多样性因其在物种传递中的基础性作用而被纳入生物多样性的保护范畴之中，遗传的媒介是基因，遗传多样性也称为基因多样性。遗传多样性的实质在于蕴藏于动物、植物、微生物生命个体的基因的遗传信息的总和及其变化的稳定、平衡与多元。对这些遗传信息存在范围的不同理解就会形成不同的遗传多样性学说。[①] 如果认为这种遗传信息是地球上所有生物所携带的一切遗传物质所构成的信息的话，就形成了广义的遗传多样性概念；如果认为这种遗传信息仅仅是种内不同群体之间或一个群体内不同个体的遗传变异的总和而构成的信息的话，就形成了狭义的遗传多样性概念。广义的遗传多样性包括所有生物所携带的一切遗传物质所构成的信息，生态系统多样性和物种多样性本身也因具有遗传信息而纳入广义的遗传多样性研究范畴。作为独立于生态系统多样性与物种多样性的单独的遗传多样性，无论是采用法律手段还是采用技术手段，所保护的应当是狭义的遗传多样性。

一般来说，法律对于遗传多样性具体形式的保护主要依赖于生物学界关于遗传多样性的认知程度。目前，生物学界普遍认为，分子水平是遗传多样性发生的根本对象，而对于遗传多样性的表现形式，基本都会赞同可表现为分子水平的多样性、细胞水平上的多样性、组织水平上的多样性。但有的学者认为，在认可上述说法的前提下，生理、生化水平上的多样性也不可忽略；[②] 也有学者认为除了分子水平的多样性、细胞水平上的多样性、组织水平上的多样性外，遗传多样性还应体现在器官水平的多样性、物种表型的多样性及行为特征的多样性上。[③] 现代法律对遗传多样性的保护力求全面，理应包括其可能存在的任何形式。

（二）物种多样性

物种多样性是所有物种及其变化的总和，是生物多样性在物种水平上的表现形式，而这些物种是有机体、动物、植物及微生物的生命集合。因此，物种

[①] 郭忠玲、赵秀海：《保护生物学概述》，中国林业出版社2003年版，第51页。
[②] 张恒庆：《保护生物学》，科学出版社2005年版，第57页。
[③] 李俊清、李景文：《保护生物学》，中国林业出版社2006年版，第20—21页。

多样性是指生命有机体的复杂多样性,包括物种种群内部个体本身的多元化,一个地理区域物种的变化。物种多样性在外延上又包括三个层次:一是特定地理区域的物种多样性;二是特定群落及生态系单元的物种多样性;三是一定进化时段或进化支系的物种多样性。①

物种多样性是人们对生物多样性最直观的认识,物种处于生物多样性的中心环节。法律对物种多样性保护的基础是生物学界对这一问题的研究。测定物种多样性的指标是物种丰富度、物种相对多度、物种的丰富度与均匀度的整体指标、物种均匀度。法律会通过规定各种措施使这些指数处于正常状态来保护物种多样性,并确定对物种保护的力度。人们经常所说的生物多样性方面的问题,实际上也就是在说物种多样性的问题。②

(三) 生态系统多样性

生态系统多样性是指生物圈内环境系统、生物系统和生态过程的多样化以及生态系统内环境系统差异和生态过程变化的多样性。③ 其中,环境系统包括能量、物质以及气候环境,生物系统包括生产者、消费者和分解者。环境系统和生物系统构成了生态系统(ecosystem)。

对生态系统多样性的维系,从实质上讲是对其关键环节的监控与维护,包括对生物群落及生态系统中的关键物种的保护、对生物多样性的关键地区的监测与保护、对生态系统持续性的维持、对受害生态系统的恢复等。由于生态系统本身的复杂性,我们对其整体保护的同时也要对具体类型的生态系统分别予以保护,这样才能最终达到保护的目的和功效。在国际上,人类是以地域为标准对生态系统进行分类并加以保护的。④ 目前,我们把生态系统分为淡水、海洋、陆生生态系统。具体而言,就是需要对森林、草原、荒漠、农田、湿地、

---

① 田兴军:《生物多样性及其保护生物学》,化学工业出版社2005年版,第14—15页。

② 郭忠玲、赵秀海:《保护生物学概述》,中国林业出版社2003年版,第25页。

③ Mcneely, JA, etal. "Conserving the World's Biological Diversity", International Union for Conservation of Nature and Natural Resources, 1990.

④ 除了以地域为标准来划分生态系统外,其他的方法主要还有:按人为影响程度,生态系统可分为自然生态系统、人工生态系统、生态经济系统;按利用方式的不同,生态系统又可分为放牧生态系统、农田生态系统、果园生态系统。

海洋、河流等系统分别加以保护。

（四）景观多样性

景观多样性在生物多样性保护方面更加关注生物个体行为的多样性以及生物体与景观相互表象、相互联系而形成的复杂景致。学界通常把景观多样性定义为："由不同类型景观要素或生态系统构成的空间结构、功能机制和时间动态方面的多样化或变异性，是景观水平上生物组成多样化程度的表征。"①

景观多样性体现为各种景观类型的多样和景观内布局的多样，景观元素与其组成部分发生相互作用使能量、物质、生物有机体在生态系统上很好地流动。景观的基本结构是斑块（patch）、廊道（corridor）和基质（matrix），我们通过对这三部分加以研究，提出方案来保护景观的多样性的。景观多样性可分为景观类型多样性（type diversity）、景观斑块多样性（patch diversity）、景观格局多样性（pattern diversity）。我们在保护过程中，先把景观多样性直接划分为这三种多样性分别加以保护，然后再通过对这三种类型景观各自的斑块、廊道、基质的保护来完成整个景观多样性的保护任务。

上述四类多样性在整个生物多样性维持中发挥着整体功效，这并不说明生物多样性的表达方式仅此四类。事实上，物种的多样化程度、种群年龄结构多样化、区与区格局多样化、种群与系统更迭多样化等等，在保护生物多样性中也发挥着重要作用。本书按照《生物多样性公约》关于"生物多样性"用语的解释认为，生物多样性包含遗传多样性、物种多样性和生态多样性三个层次。

第二节 生物多样性的价值

生物多样性对于整个世界的发展是非常重要的，它的存在直接让我们满足了自身发展的需求，间接为我们提供人类赖以生存与发展的条件，而它的消失与破坏不仅让我们无法有效获取生物资源，就连我们的生存环境都会遭到毁

---

① 田兴军：《生物多样性及其保护生物学》，化学工业出版社2005年版，第23页。

灭。目前，生物多样性正在遭到破坏，如果我们再不采取有效措施，后果不堪设想。因此，保护生物多样性已是当务之急。虽然我们对于生物多样性的保护工作已经开展，但是存在很多的问题，对它的保护措施远远无法满足需要。我们必须系统地对现实保护的情况加以整理、研究并提出更好的建议，以推动保护工作的进一步开展。

生物多样性价值类型分类的方式很多，按人类所利用的方式不同，可以分为生物多样性的直接价值、间接价值、伦理价值；按价值性质来分，可分为生物多样性的使用价值和非使用价值；按价值作用对象的不同，可分为生物多样性的人类价值、生态价值和环境价值；按具体对象价值的不同，可分为生物多样性的人类健康价值、社会（关系）价值、人类行为价值（包括伦理）及人类物质享受价值、人类享受环境价值等。以上各种价值的不同是分类方法有别，以下对直接价值、间接价值和伦理价值分别加以介绍。

一、生物多样性的直接价值

生物多样性存在的直接价值主要包括满足人类生产与生活的需要、提供科技研究与教育的素材和资料、让人们可以在美好的景致中休闲放松等方面的作用。

（一）满足生产与生活的需要

满足生产与生活的需要是我们最能够感知和体验的生物多样性的价值，我们的衣食住行、生活起居与此密切相关。生产的目的在于消费，实际上消费就是人类对资源的使用，生物多样性的价值就体现在人类对生物资源的使用上。人类依靠生物资源，才能不断发展，生物多样性的存在能为我们提供现在所需的生物资源，并且能够源源不断地供给。因此，人类对多种生物资源加以直接利用。

首先，我们的食物来源于生物。如果没有生物多样性，我们的食物种类就会直接变少，最终可能会导致没有食物。我们所吃的粮食、蔬菜、瓜果以及合成品来自于生物资源。据统计：人类历史上约有 3000 种植物被食用，75000 种植物可食，蛋白质源于牛、羊、猪、鸡、鸭、水产品等生物，在一些不够发达的地区，甚至要直接以一级加工的动植物为食。生物的遗传多样性还可以丰产，这些基因培植的产品让产量大增、人类的自给能力进一步提高，很多人的温饱问题就靠生物技术来解决。①

其次，生物多样性给我们提供了衣、行。在衣的方面，正是因为这些资源的存在，我们才有了毛、皮、革、羽等御寒材料，才解决我们的穿衣问题。在行的方面，虽然现代社会对直接依靠动物作为交通工具的情况已经很少了，但这种生物资源长久存在，为我们储存了大量的能源，例如石油是古代海洋或湖泊中的生物经过漫长的演化形成的混合物。②

再次，生物多样性使我们更加健康。依靠丰富的生物资源，我们不但可以直接把生物本身作为药物，治疗我们现存的很多疾病，还可以利用生物的基因及遗传性能来研制药物、提取药物，从而保障我们的健康，延长人类的寿命。因此，生物多样性的存在对人类的生存意义重大。

（二）科研教育价值

科研教育价值是指生命多样性的存在能够为我们提供科学技术研究、教育的素材和对象。

在科学研究方面，首先，生物多样性的存在让我们获取了一项又一项的生物技术，并以生物技术来造福人类。其次，人类的飞速发展离不开对自然规律的把握和应用，而这种自然规律的获取与生物多样性的存在密切相关。生物多样性包含着丰富、复杂的信息，通过研究生物多样性我们可以知道地球生命演化的规律，明白生物体进化与退化的基因根源，了解生物间竞争的机制和生物体成长、病理的原因。可见，生物多样性的存在具有非常重要的科研价值。

生物多样性存在着教育价值，一方面，教育价值的实现可以更好地服务于科研价值；另一方面，教育价值本身也具有独立性。教育活动能够增进人们的知识、服务科研，只有以生物多样性为题材，和生物多样性有关的教育才能实现。现在，许多为教育而发行的书籍、音像制品等都以大自然为主题，我们的课程因生物多样性的存在而更加丰富。可见，生物多样性存在的教育价值是显著的。

---

① 张维平：《保护生物多样性》，中国环境科学出版社 2001 版，第 10 页。
② http://zhidao.baidu.com/question/19173041.html?fr=ala0.

（三）文化休闲价值

生物多样性不仅为我们生活和科研教育提供物质资料，还丰富了我们的精神生活。

首先，生物多样性的存在能直接丰富生活、陶冶情操。生物多样性的存在让我们能够直接感受现实美好的生活，让人类与大自然融为一体。生物多样性带给我们绿水青山、飞鸟走兽，让我们的世界有青山绿水、四时花香、万壑鸟鸣，让我们享受着美不胜收的风景。这些美妙景致的存在，不但使我们身心愉悦，而且为我们艺术创作与发明创造提供灵感。

其次，生物多样性的存在与人类文明的发展息息相关。翻开历史，可以发现，生物多样性与人类文明休戚相关。人类靠生命体的进化而形成，如果没有自然界生物多样性，人类就难以进化，更不用说人类文明；在初期，人类与生物多样性共同发展，获得了富足的生活资料，创建了人类文明，人类文明的每一次进步均是以生物多样性的存在为基础的；同样，人类的发展历史证明了毁坏生物多样性就会摧毁人类文明。经过与生物多样性协同发展，人类文明不断进步，人类获得了改造自然的能力。在改造自然的过程中，人类肆意破坏与生物多样性的和谐关系，对生物资源无限索取，会造成严重的后果。中国古老的楼兰文明的衰亡与消失就是例证。①

再次，生物多样性造就了文化多样性，给予了我们更多的精神财富。依靠生物多样性，我们不仅创造了人文景观，而且形成了生物美学的一般价值。美学在很大程度上来自于对自然的契合，生物多样性是自然的重要组成部分，对美学的影响非常大。人类不仅通过对各种生物体习性的观察，创作了许多现实、特别、专门的文化实体，包括以生物体为题材的绘画、以生物发音为基础旋律的音乐、以生物动作及习性为题材的体育健身运动等，而且还形成了对美的一般认识。生物多样性逐步深化人类对美的认识，形成了宝贵的精神财富，不断满足人类日益增长的精神生活需求。

最后，对生物多样性的反思能够为我们提供另一类文化价值。人类通过对生物样性存在的认识和对毁损生物多样性后果的反思能够加深对和谐的认识与

---

① 楼兰古城的消亡是在气候干旱的大背景下发生的，人类过度开发无疑加速了罗布泊的消亡，楼兰文明的消失已成为旷世之憾。

思考。这样，生物多样性不但为人类思考和谐自然的境界提供素材，而且为人类创建和谐社会提供资料。

二、生物多样性的间接价值

生物多样性存在的间接价值是指间接满足人类某种需要的价值，主要体现在两方面：一方面，生物多样性可以调节人类生存环境，促进人类可持续发展，即生物多样性的生态价值，生态价值是生物多样性存在最主要的间接价值；另一方面，随着科学技术的不断发展以及我们对生物多样性的认识的逐步加深，生物多样性的潜在价值也将会不断地被发现。

生态价值是生物多样性存在的间接价值中重要的形式，生物多样性的存在对于整个生态系统乃至人类生存环境的良序发展有难以估量的作用。

大部分物种都对生态系统各种功能的发挥具有明显的作用，生物多样性对生态系统起支撑作用。一方面，生物多样性维护整个生态系统的稳定性；另一方面，生物多样性使生态系统的生产力增强并保持可持续性。从生物学界的研究结果中可以看出，在一个非常具体的系统中，虽然生物多样性如何影响生态系统的稳定性很难进行量化，但可以确定生物多样性（尤其是物种）的多少、增减会使一个生态系统的稳定性发生变化。生物多样性变化对生态系统生产力的影响可能会有三种不同形式的结果：一是物种的消失对生态系统的功能影响甚微或没有影响；二是多样性提高导致生态系统的生产力降低；三是多样性增加致使生态系统的生产力提高。对于这些可能性，生物学界的研究表明，支持第三种结论的实验数据很多。① 这说明，生物多样性对生态系统的生产力有显著的影响，虽然我们并不清楚在一个生态系统中最合适的生物种数，但是，可以肯定的是，生物多样性的丧失会引起生态系统生产力的衰弱。并且，生物多样性的存在可以使其相应的生态系统具有可持续发展性，主要表现在生物多样性对生态系统的物质循环产生影响，从而影响到生态系统中能量循环。因此，对于生物多样性的破坏在很大程度上会破坏物质循环的能力，导致一部分物质循环的中断，从而影响到整个生态系统的可持续性。

---

① 田兴军：《生物多样性及其保护生物学》，化学工业出版社2005年版，第47—49页。

具体而言，我们可以把生物多样性的主要生态功能价值归纳为：

第一，生物多样性的存在可以固定能量，这主要体现在植物的光合作用上。植物通过光合作用将太阳能储藏起来，形成食物链中的生产者环节，为能量的循环起支撑、供给作用。一旦生物多样性遭到破坏，这一作用就不能很好地发挥，整个生态系统就会受到严重的影响，甚至崩溃。

第二，生物多样性可以调节气候、维护人类赖以生存的环境。例如，森林发挥了基础性作用，它不仅会使其所在的生态系统夏季不会太热，以保持生存的能力，而且还会吸收二氧化碳，从整体上防止整个地球过热。

第三，生物多样性可以保持水土、防止荒漠化、增进土壤营养。一方面，生物群落在保护流域、缓解洪水和干旱对生态系统的冲击上和维持水质方面发挥着基础性的作用，有效地防止了水土流失和荒漠化；另一方面，生物多样性的存在，可以增加土壤肥力、培育土壤，为生物体进一步发展提供能量与养分，满足动植物各个单独品种生存与发展的需要，从而使生态系统呈现出繁荣、稳定之势。

第四，生物多样性的存在加速元素循环，维持一定的物质平衡。生态系统的存在，离不开营养元素的循环与更新。生物多样性的存在意味着生物种类的多元与生长方式的多元，从而加速生物所需营养的循环与代谢。在这些循环中，物质才能保持均衡，生态系统才能健康地存在与发展。

第五，在一定程度上，生物多样性可以帮助人类分辨哪些物质是污染物，甚至对其加以吸收、分解。生物群落可以有效分解和固定污染物，其在污染中会形成特殊的生理反应，具备提示污染、增进人类防治、防范污染的能力。人类对于污染的治理多采取物理、化学和热处理的办法，但这些方法的实质是将污染物转化为另一种不同的介质。这些方法不能有效地处理污染问题，而生物方法依靠生物体的天然属性，可以将污染物质处理为低毒性物质，其效果显著。污染得到了一定程度的限制，生态系统也会更加稳定。例如，农药会产生污染，我们应当少用或不用农药，虫害可以靠生物多样性的存在来解决。生物多样性本身意味着生物间良好的竞争与牵制，因此，依靠生物多样性，遵循生态链、食物链的规律，我们就可以利用害虫的天敌来防范害虫，保护农林产品。可见，生物多样性可以减少农药的使用，从而在一定程度上避免此类化工产品对于环境的污染和破坏，有效地维护生态系统的平衡。

第六，生物多样性的存在可以保持生态的平衡，有效地保证食物链的稳定。生物多样性的存在，可以克服单一物种不稳定的问题，增强食物链存在的能力。多种生物的竞争不仅可以使各种生物物种在竞争的刺激下增强自己生存的能力，产生进化的动力，推动生物界的进一步发展，而且还因为物种的多样性而使生态链、食物链不易断裂，不会因为一类物种的消亡而使其他物种灭亡，从而使生态失衡、系统受损，这就是复杂的生态系统优于并稳定于简单的生态系统的原因。

第七，生物多样性对维持进化过程与生物体生存具有一定的功效。生态系统缺乏生物多样性，发展自然会缓慢甚至会停滞。依靠生物多样性，系统在进化过程中，构成系统的各个因子之间会形成互相依赖和互相作用的条件，从而协调进化过程。另外，生物多样性对生物体的生存也至关重要。因为人类所直接需要的物种要依赖于其他物种才能存活，其他物种又同时依赖于另一生物群体才能生存。这说明，某一物种的减少即使对人类没有什么直接影响，但会导致人类所需要的物种的减少或缺失。

总之，生态价值是对生物价值与环境价值的高度概括。对人类而言，它是短期价值与长期价值的共存。我们对于生态价值的维护，不仅使我们在当前拥有适宜生存的环境和可利用的生物资源，而且对生态价值的研究和利用也最终会让我们能够得以可持续发展。生物多样性作为维持生态系统平衡和创造优良生存环境需求的基本要素，也将促进人类的进一步发展。

三、生物多样性的伦理价值

生物多样性的伦理或道德价值被称为生物多样性的存在价值，这种价值的研究多见于国外文献的论述。伦理价值表现为：

（一）任何一个物种都有其存在的理由和权利，人类没有权利去剥夺其他物种生存的权利，没有权利破坏它们的生存环境，使它们濒临灭绝。

（二）物种之间是相互依存的，万物相生相克，人类不得随心所欲地改变物种的结构与数量，破坏生态平衡；人类在自然中应做一个有道德的物种，不能损害生物多样性。

（三）人类的道德伦理还应体现在对生物多样性的尊重，把伦理规范延伸至所有物种及其生态环境。

（四）生物多样性的存在可以使我们获得自然的享受和美学的欣赏，这种价值远胜过其所带给我们的经济价值。

（五）认识到许多奥秘的解决是以生物多样性的存在为基础，源自于对生命起源的理解，而确定生命如何起源、将来又如何发展离不开生物多样性。

（六）生物多样性伦理价值的发展与深化，让我们认识到所有的物种都具有其自身存在的价值和意义，生物多样性正在逐步超越其纯粹的自然属性。

四、丧失生物多样性的后果

没有生物多样性，人类将会怎样？地球上的生物多样性为人类的生存提供了物质基础，如果没有生物多样性也就不可能有人类。

自然界中的物种有一个自然灭绝速度，目前物种的消失速率是自然灭绝速度的1000倍之多。这是非常危险的迹象。物种的灭绝不仅仅意味着该物种个体的全部消失。当地球上任何一个地方都不存在该物种的个体时，我们可以认为该物种已经灭绝。如果一个物种的个体仅仅是被笼养、圈养或在人为控制的状况下生存，它可以被认为在野外已灭绝。如果一个物种个体的数量已经减少到对群落的其他成员的影响已微不足道时，它可以算作是生态意义上的灭绝。物种一旦灭绝，这些失去的生命不会重来。

保护生物多样性，挽救濒危物种的意义不仅仅使快要灭绝的物种能在地球上保存下来，而且还要保护该物种以及它栖息的特定的生态环境。然而，如今的地球，原始生境正在遭受人类史无前例的开发与践踏。对于很多重要的野生物种而言，它们赖以栖息的原始生境正在趋于不断减少直至消失。有些物种需要特殊的生态位。例如，湿地植物需要特殊而有规律的水位变化，当人类的活动影响到一个地区的水文情况时，这些湿地植物就会很快绝迹。当家禽过度取食野生草地，使土壤板结时，土壤中的节肢动物和草本植物就会灭绝。

从人类的自身利益考虑，某些稀少的物种常具有意想不到的特殊价值。例如太平洋紫杉，曾被认为与其他"更有价值"的树种生长在一起会争夺阳光和水分，于是被大量砍伐。后来，人们发现在太平洋紫杉的针叶和树皮中存在一种紫杉醇的物质，能够有效地治疗多种疾病，对于治疗乳腺癌和卵巢癌有特殊的疗效。现在，人们为了治疗疾病和经济利益，又疯狂地砍伐，太平洋紫杉面临着灭绝的威胁。

每一个物种都是时间的产物，同时在空间上又与整个生态系统的平衡有着密切的关系。人类也是生态系统中的一个物种，保护生态系统的平衡，也是为了保护人类自身的生存。正如著名的生态伦理学家奥波德所言："如果生物界在很长的时期内创造了我们喜欢却不理解的事物，那么，除了傻瓜谁会扔掉那些看似无用的东西呢？保留每一个嵌齿和齿轮是灵巧修补首要的预防性措施。"[①] 2010年1月11日，国际生物多样性年正式启动，其主题是：生物多样性就是生命，生物多样性也是我们的生命。

第三节　威胁生物多样性存在的原因

从总体上来说，生物多样性受自然因素与人类活动的双重影响。从自然因素上来说，地质的变更及地理环境的变化、气候条件、自然灾害都会影响生物多样性。在人类成为地球的主宰之前，地球上共发生了五次大规模的物种灭绝，生物多样性遭到过严重的破坏。

从人为因素上来说，主要是以下因素影响生物多样性的存在：一是人类的不当活动直接毁坏生物的栖息地，破坏生物的生存环境，使生物丧失遗传进化的机制，造成的后果是生境破坏和生境破碎；二是人为因素导致的物种入侵问题使当地的生态平衡链被打破，从而破坏了生物多样性；三是人口持续的增长，需求的不断增加，对生物资源的过分掠夺，滥杀滥捕动物，滥砍滥伐植物，对非生物资源进行过度与盲目的开发，导致生物赖以生存的资源和环境被破坏；四是人类对环境的污染和破坏严重影响了生物的生存，并使疾病加速传播。

---

① ［美］理查德·B.普里马克：《保护生物学概论》，祁承经译，湖南科技出版社1996年版，第123页。

一、威胁生物多样性存在的自然因素

（一）宇宙环境及地球地质环境的变化

宇宙环境及地球地质环境的变化主要表现为星球运行轨道周期的变化和地球板块运动格局的变化，这些变化会导致地表温度急剧改变、地球海陆发生变迁。亿万年前的地球还很不稳定，上述变化更加频繁。在这种背景下，一些生物群体因不能适应环境的变化而灭绝。这些因环境剧烈变化而损害生物多样性的事例很多，例如大陆漂移和板块的碰撞导致生物界格局的变化；第四纪冰川对生物多样性产生了巨大的影响，尤其是赤道周围的生物带中新种形成与物种灭绝的速率都较高；造山运动，尤其是青藏高原的隆起影响了高原的生物多样性。

因此，宏观环境的变迁影响了生物多样性，如，陆地形成、造山运动、大陆漂移、大陆碰撞等都对生物多样性产生影响。这种变化是人类史前物种灭绝、生物多样性丧失的原因，但这种变化是漫长的地质年代的产物，对当今生物多样性的存在的影响微乎其微。

（二）一般性的自然灾害

自然灾害在一定程度上影响着生物多样性的存在，不过这种影响是局部的、小范围的。一部分生态非常脆弱、自然环境非常恶劣的区域中经常发生自然灾害，影响着当地物种生存。一般来说，这种灾难并不至于使物种灭绝。但是，对于一些脆弱的种群，如果不对其加以保护的话，这类生物群体很容易因一般性的自然灾害的出现而灭绝。因此，一般性的自然灾害也在一定程度上影响着生物多样性的存在。

（三）物种自身的缺陷问题

物种自身遗传特点的缺陷及其所处环境的特殊性，会导致其不正常地灭绝。这时，人类往往会利用自己观察到的规律来保护此类物种，特别是一些关键物种，它的灭绝在很大程度上会影响到其他物种的生存。物种本身的遗传缺陷往往表现在其很少遗传变异以及位于食物链的高端等，这些物种的习性往往是单个成员密布而易"近亲交配"，从而伤害个体的活力和繁殖能力。

另外一个原因是外来物种入侵对本地物种造成的影响。当本地的一些生物物种自身存在缺陷时,则很容易被外来物种所灭绝,从而有损生物多样性的存在。物种入侵存在着自然性入侵的现象,但更多的则是人类有意或无意引入而导致的。

二、威胁生物多样性存在的人为因素

(一) 生境破碎与生境丧失

生境破碎与生境丧失将会导致生物的栖息地遭受破坏。生境破碎是指由于某种原因而使一块大的、连续的生境不仅面积减少,而且被分割成两个或更多片段的过程。例如,原来连成一片的生境会被修建道路、城镇等人类活动分割开来,而可能威胁到物种的生存。生境丧失是指由于某种原因而使一块大的生境完全不存在,该区域转而由生物栖息地转化为可供其他用途或无任何可用性的区域。例如,大片森林被砍伐之后,生活在这片森林中的物种就会丧失生境。

破碎后的生境与原生境相比,存在以下差异:一是破碎的生境被分割为彼此相互隔离的区域,于是就有了更长的边界线。二是对于每一个生境片段来说中心到边界的距离变近了,因为片段的面积本身就小于原生境面积,其半径自然也会小。这两种区别带来了以下问题,从而损害了生物多样性:第一,生境片段化后,由于彼此相互隔离,生物穿过隔离带危险加大,动物因其天然自保性而在一个片段区进行近亲繁殖,生物质量下降;同样由于动物的不远迁性也会使植物的花粉不能被带出,致使植物存在同样的问题。第二,片段化后的生境因中心点距边界线很近而边界线又很长,势必造成动物出于安全考虑而不在离边界点近的地方生育繁殖、生活,这就使得物种繁殖的数量受到了人类的干涉。第三,片段化后的生境会降低动物的觅食能力,使养分流动减少,损坏生态系统,最终损害生物多样性的存在。因为生境断裂后,喜爱迁徙的动物只能留在片段内觅食,这不但让生境进一步退化,而且严重的还会出现物种在局部灭绝的情况,生物多样性就无法保障。

生境丧失直接使生物赖以生存与发展的区域归于消灭,除了生境破碎的恶性循环及生境丧失外,生境丧失还源自于人类直接对生境的摧毁与彻底毁坏。生物多样性的主要威胁就是生境丧失,由于生境的丧失,许多生物的分布区在缩小，甚至会造成全部灭绝。由于生境的直接消失，原本在生境区域上的生物因此而失去了食物的来源和隐蔽的场所，其结果在很大程度上都会灭亡。研究表明，生境面积减少90%时，生存于其中的物种灭绝50%左右。① 因此一旦整个生境全部丧失，除非物种能够寻求到新的藏身之处，否则，整个物种就会灭绝。

目前，生境丧失的根源主要在于人口增长对土地的需求量的增加，大面积的森林、草地、沼泽等变为城镇、村落、道路、农田、牧场等。解决生境丧失的问题要防止人类无限制地向大自然索取土地、掠夺资源。因此，对于这些生物生存与发展的生境要着重保护，在一些生境脆弱的地方或者是关键物种休憩的区域、拥有关键生态系统的区域，要设立自然保护区，防止生境破坏的发生。

(二) 外来物种入侵

外来物种入侵是指某种生物从其原先栖息地因某种原因到了一个新的生态系统环境中，在新的生态系统中不断繁殖、扩散，并对该生态系统构成威胁的生物现象。这里所谈论的外来物种入侵，是指因人类有意或无意带入而使某一物种进入到新的生态系统环境并造成危害的现象。

从整体上来说，外来入侵的物种会对本地生态系统造成破坏、减少生物链的长度，使当地生物多样性减少，甚至会形成"多米诺骨牌"效应，完全摧毁当地生物群落体系。具体来说，生物多样性包括物种多样性、遗传多样性、景观多样性、生态系统多样性，因此，外来物种入侵通过损害这四个方面来破坏生物多样性。

1. 外来物种入侵对遗传多样性的损害

入侵物种会污染当地遗传资源的多样性，生境被入侵物种侵蚀和分割。在这种环境下，植被近亲繁殖。一方面，物种因无法交配异种而形成适应近交甚至自交的遗传机制，最终使该物种不适应环境而灭绝；另一方面，入侵物种与同属甚至异属物种杂交，改变了其正常的遗传基因，最终造成被入侵的物种基因不复存在。在广东，外来蔓藤植物薇甘菊覆盖了大片的香蕉、荔枝和一些乔

---

① 张恒庆：《保护生物学》，科学出版社2005年版，第50页。

木，使它们难以进行光合作用而死亡。而云南昆明市的滇池，过去曾有十六种本地高等植物，但随着水葫芦的肆虐，大多数本地水生植物失去生存空间。

2. 外来物种入侵对物种多样性的损害

在一个完善的生态系统中，原本各种各样的生物依靠食物链相互依存，入侵的生物由于缺失了自己的天敌而疯长，侵占了大片领域，使其他物种逐渐减少甚至灭绝，生态系统中的食物链被打破后，生物多样性也就被破坏，物种的丧失使那些与人类密切相关的、我们所需要的遗传资源也逐渐减少。例如，原产于非洲的罗非鱼，在20世纪60年代作为经济鱼种被引进我国进行人工养殖，上世纪八九十年代养殖数量大增。目前世界上罗非鱼有二三十个品种，我国引进的有五六个品种，近年来通过杂交还不断产生新品种。罗非鱼个体小、繁殖能力强，成年鱼每月可产卵一次，全年都可为繁殖期。由于适应能力强，幼鱼成活率高，混入江河后，适应当地自然条件并开始繁殖，以小型鱼类、虾等水生动物为食，现在已经导致其所在河流很多种类的鱼虾绝迹。

3. 外来物种入侵对生态系统多样性的损害

正是由于外来物种入侵造成了当地物种多样性、遗传多样性、景观多样性的减少，间接导致依赖于这些物种生存的当地物种种类和数量减少，最后导致生态系统的单一和退化，正常的生态循环周期也随之变化，严重时还会导致生态系统的崩溃。

4. 外来物种入侵对景观多样性的损害

一般来说，外来物种入侵会造成生物种类的减少，这对景观多样性是一种损害；另一方面，入侵生物因其过度生长而又有悖于传统审美观念。如水葫芦起初是作为猪饲料引进，近年来被视作一种"毒草"、污染环境的有害生物，困扰着我国大多数的南方城市。每年夏秋之间，江河里的水葫芦大肆泛滥，阻塞河道，流入城市的水葫芦更是影响市容。

（三）人口的过度增长

影响生物多样性存在的原因很多，人口的增长是破坏生物多样性的重要原因。世界人口1930年为20亿，1975年为40亿，到2020年可能为80亿，预计到本世纪末将达到120亿，是现在人口的2倍。在人口增长的过程中，为满足人类日益增长的需求，将加速对生物资源及其生存环境的开发利用，导致的生境破坏、污染加剧、疾病传播、外来物种入侵等问题的出现。

工业革命之前，由于生产力水平低下，人类不断扩大耕地、毁坏森林和草原来满足自己的需求。这种破坏对于生物多样性虽有影响，影响程度不是很严重。进入工业革命之后，人类自以为已摆脱自然的束缚，成为自然的主宰，尤其是人口的迅速增长，人类为了满足自己的欲望，忽视了客观规律，破坏了生物多样性。过多的人口使得人类活动的足迹踏遍世界各地，挤占了原先生物群落赖以生存与发展的区域和外围环境，干扰了生物正常的繁衍生息，致使生物多样性受到前所未有的严重威胁。

面临着巨大的人口压力，人类让生物群体及整个生态系统超负荷地运转。生物多样性得不到维持，将来会是一个生命种类极度贫乏的世界，最终将危害到人类自身。因此，生物多样性的保护应当解决人口过度增长所带来的问题。

（四）资源的不当利用

人类对生物资源的过分掠夺和对非生物资源的过度开发给生物多样性带来了史无前例的灾难。人类滥杀、滥捕动物使很多物种濒临灭绝甚至已经灭绝，严重威胁着生物多样性的存在。人类为了满足自己的私欲而猎杀无度；野生物种的国际贸易也正在成为许多物种灭绝的元凶。人类无限制的索取使生物多样性遭受严重破坏。人类对植物的摧毁损坏了生态环境，也使许多物种的生存受到威胁。100多年来，人类疯狂地砍伐森林、破坏草原植被，不仅使许多植物品种灭绝或濒临灭绝，而且还使全球荒漠化加剧、水土流失严重、全球气候变暖，将导致更多生物的灭绝。

对于非生物资源的过度开发利用，严重危害着生物多样性。第一，人们疯狂地利用土地，把更多的土地改造为耕地，种植粮食，在这个过程中，只知一味地利用土地上的养分而不知还原，一旦土地贫瘠就开发更多的土地资源，从而在根本上影响了水土保持，造成土地荒漠化；人们还因为对土地的不科学的使用而造成土地盐碱化，这些都严重破坏了生物多样性存在所依赖的环境，使当地物种数量和种类锐减。第二，人类过分地采挖矿藏，改变了所采挖地区的地质结构，从而造成地质塌陷等严重后果，改变了当地的生态环境，从而使物种的生存环境遭到破坏，严重影响了生物多样性的存在。第三，人类对水资源的无限制利用和不当使用很可能造成水位的断带和破坏，不仅直接影响了水生动物，而且也会影响到陆生动物对水的需求，从而造成生物多样性的毁损。

（五）环境污染

人类对环境的破坏也是造成生物多样性丧失的重要原因。一方面，环境污染直接使一些物种受到污染的侵害，造成中毒，导致物种灭绝；另一方面，环境污染破坏了生物赖以生存与发展的环境，使原先适宜生物生存的地域变得不再适合生物繁殖与发展。

环境污染主要是大气污染、水体污染、固体废弃物污染和噪声污染。大气污染主要来源于化工厂烟尘及有毒气体的排放、汽车燃油尾气等。这些有毒的气体进入空气后不能得到有效的治理，就会越积越多，形成规模，并向周围扩展，一旦进入生物群体的主要生存环境，就会毒害树木致其枯竭、毒死动物，从而使生物多样性锐减；严重时，这些气体中的酸性气体还会与空气中的水蒸气发生化学反应，形成酸雨，进入土壤之中，形成过于酸性化的土壤，使植物分布格局发生不正常变化，从而影响了更多物种的生存。

水体污染主要来自于工业废水、生活污水、农药残留、原油泄漏等。这些水体一旦被排入河中或被雨水冲刷到更多的地方，会造成水域生态系统的极端不稳定，存在于水体中的污染物还会影响岸上动植物的生存，导致这些动植物的死亡与基因突变，严重影响生物多样性的存在。

固体废弃物主要是指人类的生活垃圾。人类过多地向大自然排放的废弃物超出了自然本身所具有的净化能力，带来了破坏生态的效应，而这些不可以被自然所吸收的残留物，影响损害了动植物向积极方面进行遗传变化的能力和生活的能力。而噪声污染则主要体现为影响动物的个体发育。虽然植物可以吸收噪音而不受其污染，但动物却受其影响，过于巨大的声响和杂乱的音律使动物原先的生活受到干扰，原先的生活习惯被不正常地加以改变，这些都在很大程度上影响了动物，使其繁衍生息受到严重的干扰。

因此，在人类对环境进行污染的情况下，生境虽然没有被破坏，但由于受到巨大的干扰而在逐步退化，污染正在使生物多样性遭到直接和间接的破坏。

三、生物多样性面临的挑战

2006年，联合国《生物多样性公约》执行秘书长艾哈迈德·朱格拉夫

（Ahmed Djoghlaf）就曾发出警告："人类正处在自恐龙灭绝后的第六次物种大灭绝的危急关头，地球从未出现像目前这样的生物多样性流失速度，而导演这一悲剧的正是人类自身。"有科学家预测，如果按现在每小时 3 个物种灭绝的速度，40 年后的 2050 年，地球上 1/4 到一半的物种将会灭绝或濒临灭绝。根据计算机模拟，这一速度比生物自然灭绝的速度快 1000 倍，比物种形成的速度快 100 万倍。人类不可能在地球上独自存在，物种的大规模减少，直接削弱了人类的生存基础，而且还会通过食物链引发其他物种的灭绝。导致这种状况发生的原因很多，其中气候变暖、森林退化、野生动物的非法贸易等问题不容忽视。因此，保护生物多样性的工作迫在眉睫。

（一）气候变暖

全球气候变暖，对生物多样性来说是一场空前的灾难，而人类自身也在劫难逃。科学数据已经证明，地球正以前所未有的速度变暖，速度越来越快，而且是不可逆转的。全球变暖是由于人类自身活动造成的。人类对森林和植被的过度砍伐和焚毁，大量地使用石油和天然气，向大气中排放了过多的温室气体，最终导致气候变暖，而且愈演愈烈。

气候变暖之后，海水对二氧化碳的容纳能力降低。随着气温升高，大量的二氧化碳释放到大气中。另外，大量的甲烷原本储存在永久的冻土层、沼泽和海底，由于海水温度上升，甲烷会释放到大气之中，甲烷对气候变暖的影响远远超过二氧化碳。接下来的问题就是，冰川的断裂和融化，导致海平面的上升，导致沿海地带被淹没、低地农田盐碱化、自然灾害增多、疾病蔓延。

气候变暖对生物多样性产生了严重的影响，一些野生物种面临着灭绝，其他物种不得不改变自身来适应气候的变化。

（二）原始森林严重退化

地球上原始森林极为丰富，几乎遍布地球的各个角落。地球上这些尚未遭受人类侵扰的森林中汇集了世界上 2/3 的陆生物种，而且生活在原始森林的大多数物种，离开了它们的生存环境就无法生存。在广袤的原始森林中，生活着非洲丛林象、天堂鸟、西伯利亚虎这些大家耳熟能详的珍贵野生动物，它们的存在，使宁静的原始森林充满了生机。然而，这些珍贵野生生物的家园正在面临着巨大的威胁。

如今的原始森林所剩无几，地球上接近50%的原始森林已经被砍伐，另外30%也接近枯竭，残存的部分大多也处在工业发展的威胁和蚕食之中。世界上仅剩20%的原始森林未遭采伐而保持原状。世界自然保护联盟的首席科学家Jeffery McNeely在2001年曾指出：如果按照20世纪90年代森林的砍伐速度计算，现在的森林资源到21世纪中叶就会基本耗尽。

原始森林的快速消亡，给生物多样性带来了巨大的生存威胁，当前物种仍以前所未有的速度加速灭绝。一些科学家推算，当前这一轮物种灭绝的速度是历史上最快的一次，是没有人类影响下物种灭绝速度的1000倍。2009年11月3日，国际自然保护联盟（IUCN）发布的《受威胁物种红色名录》显示，在47677个被评估物种中，17291个物种受到灭绝威胁，比例高达36.3%。根据这份《受威胁物种红色名录》，在至今所有已评估的物种中，有22%的哺乳动物、30%的两栖动物、12%的鸟类、28%的爬行动物、37%的淡水鱼、70%的植物、35%的无脊椎动物受到生存威胁。

造成原始森林退化和消失的原因很多，主要包括农业生产、采矿、工业人工林、基础设施建设和森林火灾等。

（三）野生动物非法贸易

2008年2月，广东省汕头市海关缉私局在码头发现一艘渔船，缴获了圆鼻巨蜥5776只，马来西亚闭壳龟260只，眼镜蛇1170条以及亚洲巨龟370只。2008年12月，越南广宁省海关查获4400公斤冷冻穿山甲和900公斤穿山甲鳞片，这些货物准备运往印度尼西亚，然后再转道到中国。正是这些商业化的非法贸易将已经家园破碎、岌岌可危的野生动物推向灭绝之路。2009年4月在泰国主办的打击野生动物非法贸易高级研讨会上，世界银行行长罗伯特·佐利克呼吁：生物多样性是可持续生态系统的血液，对于人类生存至关重要。

由于人类的贪婪和自私而驱动的野生动物的非法贸易，正在严重地威胁着生物多样性。科学家将物种灭绝的原因归为四类：栖息地的破坏、过度开发利用、外来物种入侵和传播的疾病，其中后三种都与野生动物的非法贸易有关。

野生动物的非法贸易是刺激过度开发利用的根源。世界上24%的哺乳类动物和12%鸟类处于灭绝的威胁中，其中34%的哺乳动物和37%的鸟类面临的主要威胁是过度的猎捕。例如东南亚地区对龟类的大量消费是对亚洲龟类的巨大威胁，亚洲有90种龟类，但其中有67种已被列入世界自然保护联盟红色濒危等级。

野生动物是植物花粉和种子的重要传播者，由于过度猎捕，看似完好的森林中野生动物的数量却极为稀少，科学家称这样的森林患"空林综合征"。失去了野生动物，生态系统的多样性和健康也会崩溃。

野生动物的非法贸易所带来的物种入侵问题也不容忽视。外来物种入侵是仅次于栖息地破坏的第二大导致生物多样性丧失的因素。野生动物的非法贸易商业化和全球化导致生物地理隔离的瓦解。许多外来物种不仅在新的栖息地生存和繁殖，并且逐渐变得具有侵略性，对整个生态系统和生物多样性造成了极其严重的负面影响。

野生动物非法贸易已经威胁着人类健康。野生动物的生活范围与人类完全不同，二者处于相对隔离的状态，人类体内往往缺乏野生动物所携带病菌的抗体。食用野生动物或者把野生动物当宠物来养，或者在非法运输的途中的接触都可能被感染。例如，猴痘是通过加纳到美国的宠物贸易，由非洲野生啮齿类动物感染当地的啮齿动物，最终感染人类。很多学者也推测SARS病毒来自野生动物，而且与食用野生动物有关。

第二章 生态系统的多样性

生物多样性是一个广泛而复杂的概念，通常从遗传资源多样性、物种多样性和生态系统多样性等方面来论述。物种内的多样性属于遗传多样性（genetic diversity），物种之间的多样性为物种多样性（species diversity），而在生态上或栖息地水平上的多样性为生态系统多样性（ecosystem diversity）。依据 di Castri 和 Younes（1996）的观点，遗传多样性、物种多样性和生态系统多样性是相互关联、相互作用的，如图所示：

由此可见，生态系统多样性是物种多样性、遗传多样性的基础。

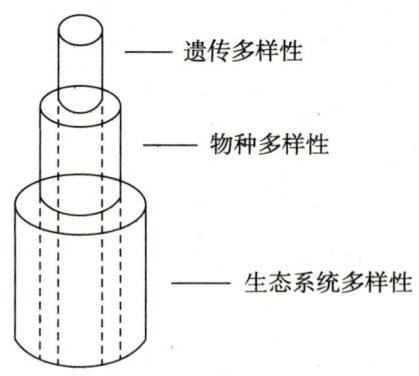

图示　生物多样性的三个层次及其相互关系①

---

① ［印度］K. V. 克里施纳默西：《生物多样性教程》，张正旺主译，化学工业出版社2006年版，第2页。

第一节 生态系统概述

生态系统（ecosystem）是由生物群落与无机环境构成的统一整体。生态系统的范围可大可小，相互交错，最大的生态系统是生物圈，最为复杂的生态系统是热带雨林生态系统。人类主要生活在以城市、乡镇和农村为主的人工生态系统中。生态系统是开放的体系，为了维系自身的稳定，生态系统需要不断输入能量，许多基础物质在生态系统中不断循环。

生态系统由无机环境和生物群落两部分组成。无机环境是生态系统的基础，其决定着生态系统的复杂程度和其中生物群落的丰富度。同时，生物群落又反作用于无机环境，生物群落在生态系统中既要适应环境，也在不断影响着周边环境。生物群落的初生演替甚至可以把一片荒漠变成绿洲，生物群落与无机环境紧密联系又相互作用，使得生态系统成为具有一定功能的有机整体。

一、生态系统的分类

目前，人们对生态系统的分类有许多种，分类的标准也不同。其中 Udardy（1975）提出的分类得到了世界自然保护联盟（IUCN）和联合国教科文组织（UNSCO）的承认。这种分类认为生态系统包括 14 个生物地理群系，它们分别是热带雨林、亚热带/温带森林/林地、温带针叶林/林地、热带旱林/林地、温带阔叶林、常绿硬叶林、温带沙漠、半荒漠、热带草原/热带稀疏草原、温带草原、混合岛屿系统、苔原群落、混合山地系统及寒带沙漠和湖泊系统。此外，Udardy 还将生态系统划分为 193 个区。这种分类的问题在于没有考虑到海洋生态系统以及陆地与海洋、淡水和海水的分界面，这些区域是生物多样性非常丰富的地区。

通常情况下，我们可以将生态系统分为自然生态系统和人工生态系统。自然生态系统可分为陆地生态系统和水域生态系统。人工生态系统可分为农田、城市等生态系统。陆地生态系统进一步可分为森林生态系统（热带雨林、温带森林、北方森林等）、草原生态系统、荒漠生态系统等；水域生态系统可以

分为海洋生态系统、湿地生态系统。以下简要介绍主要的自然生态系统。

（一）热带雨林

热带雨林分布在南北回归线之间，属于热带气候地区，占地球表面积的6%—7%。其特点是动植物种类繁多，群落结构复杂，种群密度长期处于稳定状态。据不完全统计，热带雨林拥有全球40%—75%的物种。热带雨林还拥有非常丰富的特有物种，生物的类型也非常多样。另外，即使称之为雨林，每年也会有一个月或几个月的旱季，旱季每月降雨量不足100毫米，只有少数的热带雨林常年湿润。雨林的生物多样性会受到降雨量的影响。

（二）温带森林和北方森林生态系统

温带森林主要分布在北半球，包括东亚、欧洲、北美洲和南美洲太平洋沿岸、新西兰岛和塔斯马尼亚岛，主要由落叶阔叶林构成，常绿阔叶林和针叶林较少。温带森林大约有1200多个树种，东亚是物种多样性最高的地区。北方森林生态系统主要分布在北美和欧亚大陆，就其物种的丰富度而言，物种多样性比较贫乏，但是组成物种的功能多样性比较高。

（三）草原生态系统

草原是陆地表面常见的自然植被类型，约占陆地总面积的25%，是被广泛利用的非耕地类型。草原可以分为天然草原、半天然草原和人工草场，主要由禾本科和似禾本科的植物种类构成，在一些地区伴有灌木、非禾本科草本植物以及乔木。影响草原生态系统进化和维持的主要因素是干旱、火烧和动物的取食。食草动物的取食使草原生态系统进化面临着巨大的压力，适度的放牧可以使草原植物群落达到最大化。草原的物种数量是多变的，多样性最高的草原位于南美洲北部和非洲南部。

（四）湿地生态系统

湿地包括天然或人工的、永久性或暂时性的沼泽地、泥炭地、河流、湖泊、红树林、水库、池塘、沿海滩涂、深度小于6米的浅海。湿地生态系统广泛地分布于内陆和沿海地区，可以为生活、工农业用水提供水源，补充地下水；亦可作为水禽的栖息地，鱼类的生存场所。

（五）海洋生态系统

海洋分布为太平洋、大西洋、印度洋、北冰洋，占地球表面的71%。生物群落受光照、温度、盐度等非生物因素影响较大。生物种类包括浮游生物、大型藻类、鱼、海生哺乳动物和无脊椎动物等。海洋具有复杂的生物地理学特点，对其生物多样性难以准确计算，就全球范围而言，海洋生态系统的物种数大概是陆地生态系统的两倍。

二、生态系统多样性的丧失

生态系统多样性的丧失是物种多样性和遗传多样性丧失的最终原因。造成生态系统丧失的主要因素包括过度开发利用、栖息地破坏、外来物种入侵、污染等。过度开发利用是指处于生产、生活、科研等目的，没有节制地对植物进行采集、对动物进行狩猎、对非生物资源的过度开发等。栖息地破坏是由一系列的土地改造引起的，主要包括修路、建设大坝、发展工业、湿地汲水、旅游与农业生产等；此外，土地荒漠化也导致了栖息地的破坏与丧失。外来物种入侵造成本地物种群落结构发生变化，进而破坏当地生态系统。引起污染的原因是复杂的，但人为因素是主要的，空气、水、土壤的污染，都严重影响到生态系统。上述因素的两个或多个组合，将会导致次生性生态系统的丧失。

导致生态系统丧失的最主要现象是生境破碎，是降低生物多样性最严重的原因。生境破碎是将大片的生境分离或隔离成空间独立的小片段的非自然过程。由于片段太小而无法维持物种的长期生存，甚至引起物种的灭绝。生境破碎会导致一个大种群分割为两个以上的小种群，对生物多样性的维持非常不利。事实证明，破碎化森林中的物种丰富度更低、种群的数量更少。

三、人类面临的生态困境

1998年7月，联合国环境规划署负责人克劳斯·特普费尔概括了威胁人类发展的十大环境资源问题，这些问题均直接涉及生物系统的完整和安全，它们是：（1）土壤遭到破坏。可耕地的肥沃程度降低，土壤侵蚀情况十分严重，土地受到严重污染。（2）气候变化和能源浪费。温室效应严重威胁着整个人类。气温升高将造成海平面升高，使许多人口稠密地区被淹没，并将对农业生态系统造成严重影响。世界能源消耗仍在增加，大量的温室气体仍在排放。

(3) 生物多样性减少。数以千计的物种灭绝，目前物种灭绝的速度是 1600 年时的 100 倍。生物多样性的减少直接降低生物圈的平衡调节能力，对人类危害极大。(4) 森林减少。过去数百年里，温带地区国家失去了大部分森林。最近几十年来，热带地区国家森林面积减少的情况也十分严重。在 1980—1990 年间，世界上有 1.5 亿公顷森林消失，占全球森林面积的 12%。(5) 淡水资源受到威胁。在农业开发程度比较高的国家，地表水和地下水都受到了严重污染。在发展中国家，80%—90% 的疾病和 1/3 以上的死亡者死因都与水污染有关。进入 21 世纪，世界上将有 1/4 的地区长期缺水。(6) 化学污染。工业带来的数百万种化合物存在于空气、水、土壤、植物、动物和人体中。有机化合物、重金属和有毒物质富集于整个食物链中，并最终威胁动植物和人类健康。(7) 混乱的都市化。大城市的无序扩大使环境受到严重破坏，生活条件进一步恶化。(8) 海洋的过度开发和沿海地带被污染。海洋渔业资源正在以可怕的速度减少，海洋污染使有害物质富集于鱼虾等海产品中，这给人类的健康带来严重危害。(9) 空气污染。多数大城市的空气含有许多污染物，威胁着市民的健康，导致许多人丧生。(10) 极地臭氧层空洞。北极的臭氧层为 20%—30%，南极的臭氧层损失 50% 以上。[①]

　　生态破坏问题自古就有。早在 100 多年前，恩格斯在《自然辩证法》一书中曾写道："我们不要过分陶醉于我们对自然界的胜利。对于每一次这样的胜利，自然界都报复了我们。美索不达米亚、希腊、小亚细亚以及其他各地的居民，为了想要得到耕地，把森林都砍完了，但是他们梦想不到，这些地方今天因此成为荒芜不毛之地，因为他们使这些地方失去了森林，也失去了积聚和贮存水分的中心。阿尔卑斯山的意大利人，在山南坡砍光了，在北坡十分细心地保护的松林，他们没有预料到，这样一来，他们把区域里的高山畜牧业的基础给摧毁了；他们更没有预料到，他们这样做，竟使山泉在一年中的大部分时间内枯竭了，而在雨季又使更加凶猛的洪水倾泻到平原上。"[②] 由于人类的生存环境遭到了破坏，古埃及文明、巴比伦文明等许多一度灿烂的古代文明逐渐衰落。中国的楼兰文明也因为人类对生存环境的破坏而被埋到了荒漠沙砾之

---

① 陈茂云、马骧聪：《生态法学》，陕西人民教育出版社 2000 年版，第 7 页。
② 恩格斯：《自然辩证法》，人民出版社 1971 年版，第 159、187 页。

下。现代的工业文明不仅没有解决生态破坏问题，反而加剧了生态破坏的程度，生态环境日益恶化。直到今天，生态破坏仍然是人类不得不面对的严重的环境问题。

在当代，环境污染问题突出地表现为引起世人关注的公害事件。公害事件多发生在相对较短的时期内，是由环境污染而引起的大量人群发病甚至死亡。最引人注目的是发生在20世纪初至20世纪70年代之间的"八大公害事件"，即1930年比利时的马斯河谷烟雾事件、1948年美国多诺拉烟雾事件、1943年美国洛杉矶光化学烟雾事件、1952年英国伦敦烟雾事件、1955年日本的痛痛病事件、1956年日本的水俣病事件、1961年日本的四日市哮喘事件和1968年日本的米糠油事件。有"世界工厂"之称的伦敦作为工业革命的发源地，常被称为"雾都"，之所以有如此称谓不是由于伦敦为温带海洋性气候，而是因为其经久不散的烟雾。"习称的'伦敦烟雾事件'发生在1952年12月5日至8日，英国全境几乎全被浓雾覆盖，伦敦上空更是烟雾弥漫，煤烟尘经久不散。当时恰遇逆温天气，致使燃煤产生的烟雾不断积聚，污染物浓度急剧升高。大气中烟尘浓度高达 $4.46mg/m^2$，为平时的10倍；二氧化硫最高达 $1.34ppm$，为平时的6倍。烟雾笼罩之下，伦敦居民出现咳嗽、喉痛、胸闷、头疼、呼吸困难、眼睛刺激等症状，四天中死亡人数较常年同期约多4000人。"[①]

由于这些问题的存在，人类面临的生态环境问题十分严重，全世界的森林、淡水和海洋生态系统遭受了严重的破坏，不仅影响着人类的生存问题，也威胁着依靠环境生存的生物，生物多样性也在不断地减少。

第二节 生态系统的保护

生态系统是一个完整的体系，如果其中的物质和能量的流动是不受妨碍的，那么生态系统中的物种多样性和遗传多样性就会自动得到很好的保护。生

[①] 陈茂云、马骥：《生态法学》，陕西人民教育出版社2000年版，第5—6页。

态系统的保护是物种和遗传多样性保护最有效的途径。生态系统保护的关键是设计出适宜物种生存的生态体系，最为重要的是栖息地，建立保护区域网络，将濒危物种置于保护区之内。因此，我国与世界其他国家相继建立了保护区，对生态系统实施保护。

自1956年建立第一个自然保护区以来，我国自然保护区经历了数量从无到有、规模从小到大，功能从单一到综合的历程。截至2007年底，全国共建立各种类型、不同级别的自然保护区2531个，约占陆地国土面积的15.2%。其中国家级自然保护区303个。自然保护区的建设和管理对于生态系统的保护发挥了重要的作用。

一、森林生态系统的保护

截至2008年底，中国林业系统自然保护区数量达2006处，面积1.23亿公顷，占国土面积的12.78%，使300多种重点保护野生动物和130多种重点保护野生动物主要种群及其栖息地得到良好保护，有效保护了90%的陆地生态系统类型、85%的野生动物种群和65%的高等植物群落。

森林生态系统是陆地生物多样性最为丰富的生态系统，保护区的建立不仅有效地保护了大量的森林资源，而且还保护了各种具有典型性和代表性的森林生态系统，在改善生态环境方面具有极其重要的作用。我国森林类型保护区不仅数量较多，为全国自然保护区主体；而且分布较广，遍布全国林区和生物地理区域，代表着各种森林植被类型。比较典型和重要的有：保护寒温带针叶林的黑龙江呼中保护区；保护温带针叶、落叶阔叶混交林的黑龙江丰林、凉水保护区，保护暖温带落叶阔叶林的辽宁白石砬子、河北雾灵山、河南老君山等保护区；保护亚热带落叶、常绿阔叶林的河南鸡公山、安徽马宗岭等保护区；保护亚热带常绿阔叶林的安徽清凉峰、福建梅花山、江西井冈山等保护区；保护热带雨林、季雨林的云南西双版纳、海南尖峰岭、白水岭、五指山等保护区。此外，我国还建立了一批保护山地森林垂直分布带谱的保护区，如吉林长白山、陕西太白山、湖北神农架、贵州梵净山、云南高黎贡山、哈巴雪山等自然保护区。

中央和地方政府已经意识到保护区的重要意义，对自然保护区的重视程度也在增加，并且制定了《中国自然保护区发展规划纲要》（1996年—2010年），规划指出：2001—2010年：自然保护区总数达1200个左右（其中国家级160—170个），自然保护区面积占国土面积的比例达10%，加上风景名胜区，合计约占国土面积的12%。到目前为止，这一规划已经实现。我国85%以上的珍稀野生动植物物种，特别是61%的大熊猫等物种的野生种群都是依靠自然保护区得到保护的。

保护区建立之后，由于管理不当，许多保护区的保护工作存在与当地社区发展产生冲突的现象。一些保护区无法禁止一些经济活动，结果造成有法不依、执法不严等情况发生，致使生物多样性的保护受到严重影响；而风景名胜区和森林公园由于过度旅游，失去了对生物多样性的保护作用。

我国保护区占国土面积的15%，数字看起来很大，而从科学的角度讲，保护地的类型远远不能够满足保护生物多样性的需求。例如，要成功地保护一个可长期维持种群的野生东北虎，需要1万平方公里的面积。野生东北虎生存和繁衍并不要求一定是原始森林，次生林就可以，但要求有大量的蹄类动物、饮用水、隐蔽和安全的区域。因此，应加强执法，坚决杜绝偷猎东北虎，更为重要的是扩大栖息地的范围。常言道：一山不容二虎，成年虎平常都是独来独往，只有在交配期和哺乳期，雄虎和雌虎、母虎和幼虎才生活在一起。一只老虎一年大约需要50只平均重约60公斤的猎物维持生活。要维持这些老虎的生存，需要基数达到500只的猎物。一只抚育幼仔的母虎需要450平方公里的林地，一只雄虎需要覆盖3—5只母虎的领域。因此，要维持一个20只可繁殖雌虎的种群（总数大约60只），则需要9000平方公里保护良好的连续栖息地。目前在中国还没有一个如此大的保护区。我国长白山自然保护区，在1960年建成，为了保护区内的东北虎、金钱豹、梅花鹿等野生动物，保护区的面积是1905平方公里，由于保护区的面积太小，并且人们大规模地采集红松子，蹄类动物大量减少。由于人类对野生动物的干扰，现在很难见到林中的东北虎、金钱豹和梅花鹿。因此建立更大范围的保护区，为东北虎提供足够的生存空间，才能够恢复东北虎种群。20世纪80年代，我国开始用迁地保护、人工养殖的方法来保护东北虎。有学者认为，中国圈养虎已经形成封闭繁育群体，在人工饲养条件下，圈养虎走向了一条与野生虎不同的进化途径，中国虎保护需要新策略。①

我国森林类型自然保护区已初步形成全国性网络，具有一定的基础，但与我国森林资源和森林生态系统多样性保护的要求相比，尚有很大的差距。

二、草原生态系统的保护

我国草原资源十分丰富，中国一直是世界上草原面积较大的国家：草原东西横跨49个经度（78°—127°E），南北纵越36个纬度（29°—65°N），总面积约4亿公顷，占我国国土面积的41.7%。草原类型主要有典型草原、草甸草原、荒漠草原和高寒草原四大类。这些草原不仅生活着众多的珍贵野生动物，并盛产珍贵的中草药。

我国草原虽然"地大"，但已不再"物博"。现代化的开发进程使草原遭到了严重破坏。建立草原自然保护区，可以对我国具有代表性的草原类型、珍稀濒危野生动植物以及具有重要生态功能的草原，加以严格保护。除此之外，我国一些优良牧草、畜种的原产地，重要的江河源头草原区，重要的水源涵养草原区，有重要科研、旅游观光价值的草原区域，以及重要地质剖面、冰川遗迹、温泉和历史遗迹、遗址也急需进行保护。

草原自然保护区一般禁止人类活动，这就避免了人类对这些地区的不良影响，草原不会出现退化、沙化、盐碱化现象，国家重点野生动物和植物将不会因捕杀而灭绝，草原生态系统以及生物多样性因之得到了维持。

截止到2007年底，我国共有各级草原自然保护区45个，总面积316.05万公顷，数量和面积还很不够。我国规划到2010年，草原和草甸生态系统类型的自然保护区面积将达1600万公顷，2050年将达2000万公顷。目前，我国有以下主要草原（草地）自然保护区：锡林郭勒草原国家级自然保护区，阿鲁科尔沁草原国家级自然保护区，若尔盖湿地国家级自然保护区，青海湖国家级自然保护区，可可西里国家级自然保护区，三江源国家级自然保护区，珠穆朗玛峰国家级自然保护区，羌塘国家级自然保护区，祁连山国家级自然保护区，敦煌西湖国家级自然保护区，安西极旱荒漠国家级自然保护区，尕海—则

---

① 蒋志刚、谢宗强编：《物种的保护》，中国林业出版社2008年版，第168页。

岔国家级自然保护区，盐池湾国家级自然保护区，安南坝野骆驼国家级自然保护区等。

三、荒漠生态系统的保护

我国荒漠面积约19200万公顷，占国土面积的30％左右，主要分布在西北内陆地区和青藏高原。主要类型有草地荒漠、典型荒漠、极旱荒漠以及高寒荒漠。截止到2007年，我国共建立荒漠生态系统类型自然保护区29个。其中比较典型和重要的有：保护原始高寒荒漠生态系统和珍稀野生动物的新疆阿尔金山自然保护区；保护高寒荒漠、高寒草甸和珍稀野生动物的西藏羌塘保护区；保护极旱荒漠生态系统的甘肃安西自然保护区等等。我国已建的荒漠生态系统类型自然保护区虽然数量不多，但这些保护区的建立对维持和改善我国西北地区的自然环境、保护野生动物和植被资源具有十分重要的作用。由于荒漠地区自然条件恶劣，荒漠生态系统十分脆弱，一旦破坏，很难恢复，特别是西北地区将是21世纪我国能源和经济建设的重点区域，因而当前更要注重荒漠类型保护区的建设，尽可能多地划定一些保护区。另外，由于荒漠保护区面积大，难以封闭管理，因而要采取特别措施，加强对已建保护区的管理，禁止在保护区乱捕野生动物、滥挖植物资源，特别要阻止保护区内非法采矿活动。

四、内陆湿地和水域生态系统的保护

内陆湿地和水域包括湖泊、河流和沼泽。我国湖泊、河流主要分布在长江中下游平原、东北三江平原、青藏高原、蒙新地区和云贵高原；沼泽主要分布在东北山地、三江平原和川西若尔盖高原等。内陆湿地和水域总面积3800万公顷，占国土面积的4％。截至2007年底，我国内陆湿地和水域生态系统类型自然保护区261个，面积达2713.02万公顷。其中，比较典型和重要的保护区有：保护原始沼泽生态系统及珍禽的黑龙江洪河保护区；保护高原湿地的贵州草海保护区；保护湖泊生态系统和珍禽的内蒙古达赉湖、吉林查干湖、云南茨碧湖、泸沽湖等保护区；保护河流生态系统的海南文澜江、四川通江诺水河等保护区。湿地生态系统具有滞纳洪水、抗旱排涝、净化水质和调节气候等功能，并且还是许多珍禽和水生野生动植物的重要栖息与繁衍场所。但湿地生态系统也具有脆弱易变的特点，易受自然条件制约和污染影响。目前，由于乡镇工业污染日益严重，许多湖泊和河流都受到不同程度的污染，甚至影响到人体健康，因此，应加强湿地生态系统保护区的建设。而目前湿地类型保护区的数量和面积都偏少。我国河湖众多，类型丰富，流域面积在100平方公里以上的河流有5万多条，面积在1平方公里以上的天然湖泊有2800多个，湿地保护区有着很大的发展潜力。

五、海洋和海岸生态系统的保护

我国濒临太平洋，拥有丰富的海洋资源，近海水域纵跨暖温带、亚热带和热带，有渤海、黄海、东海和南海四大海区，大陆海岸线长达1.8万余公里，近海有5100多个岛屿。我国近海因地域差异形成许多不同类型的生态系统，如河口、港湾、红树林、珊瑚礁、岛屿和海流等多种生态系统类型。截至2007年年底，全国共建立保护区68个，面积达99.91万公顷。其中，比较典型和重要的保护区有：保护珊瑚礁生态系统的海南三亚、临高角等保护区；保护红树林生态系统的海南东寨港、青澜港，广东内伶仃岛——福田，广西山口、福建龙海等红树保护区；保护海涂湿地等保护区；保护岛屿生态系统的海南万宁大洲岛、浙江南麂列岛等保护区。我国是一个海洋大国，近海海域面积相当于陆地面积的1/2，随着海洋国土意识的不断加强，对海洋资源的开发利用将逐年增加，海洋环境的污染也日益加剧。与保护生物多样性的需求相比，海洋和海岸生态系统类型自然保护区建设还存在较大差距，无论在数量上还是在面积上都有待于进一步发展。

附：2007年底全国自然保护区类型（GB分类）结构（来源：《2007年中国环境状况公报》）

	总数量（个）	占总数比例（%）	总面积（万公顷）	占总面积比例（%）
自然生态系统类	1717	67.84	10529.18	69.32
森林生态系统类型	1314	51.92	3372.76	22.21
草原与草甸生态系统类型	45	1.78	316.05	2.08
荒漠生态系统类型	29	1.15	4027.45	26.52

续表

内陆湿地和水域生态系统	261	10.31	2713.02	17.86
海洋与海岸生态系统类型	68	2.69	99.91	0.66
野生生物类	683	26.99	4483.38	29.52
野生动物类型	523	20.66	4220.86	27.79
野生植物类型	160	6.32	262.52	1.73
自然遗迹类	131	5.18	175.62	1.16
地质遗迹类型	99	3.91	123.04	0.81
古生物遗迹类型	32	1.26	52.58	0.35
合计	2531	100	15188.18	100

第三节 生态系统的法律保护

目前，我国已初步形成了生态系统保护的法律法规体系。有关部门和管理机构都编制并实施了保护规划，开展了科学研究和生态监测。对保护国家战略资源，维护国家生态安全，促进人与自然和谐，保障社会经济可持续发展发挥了重要作用。

一、海洋生态系统保护的立法

海洋是一个巨大完整的生态系统，占地球表面积的71%。地球上80%左右的动物生活在海洋中，并且海洋中还存在着大量的藻类、植物和微生物。在过去漫长的岁月中，海洋生物也受到环境不断变化的挑战，那些适应环境变化的海洋生物得以繁衍生息。但是，目前人类的过度捕捞、外来物种的入侵、生态环境的改变以及气候变化都直接或间接影响到海洋生物多样性的保护。

为了更好地保护海洋资源尤其是海洋中的生物资源，我国通过加强立法来保护海洋生态系统，进而保护海洋生物多样性。我国《宪法》明确规定："国家保护和改善生活环境和生态环境，防治污染和其他公害。""国家保障自然资源的合理利用，保护珍贵的动物和植物，禁止任何组织或者个人用任何手段侵占或者破坏自然资源。"

我国制定的与海洋生态系统保护有关的法律包括《环境保护法》（1979年制定，1989年修订）、《海洋环境保护法》（1982年制定，1999年修订）、《野生动物保护法》（1988年制定，2004年修订）、《水法》（1988年）、《水土保持法》（1991年）等。国务院制定的行政法规主要有《水产资源繁殖保护条例》（1979年）、《野生动物抢救管理规定》（1981年）、《防治海岸工程建设项目污染损害海洋环境管理条例》（1990年）、《防治陆源污染物污染损害海洋环境海洋管理条例》（1990年）、《水生野生动物保护条例》（1993年）、《自然保护区条例》（1994年）等。另外，还有一些地方性规章，例如《天津市海域环境保护管理办法》、《青岛市近岸海域系统环境保护规定》、《海南省红树林保护规定》、《海南省珊瑚礁保护规定》等。

与海洋生态保护有关的强制性环境标准有《海水水质标准》、《渔业水质标准》、《污水综合排放标准》、《船舶污染物排放标准》、《海洋石油开发工业含油污水排放标准》。

我国缔结或签署的与海洋生物多样性保护有关的国际公约主要包括《联合国海洋法公约》、《国际油污损害民事责任公约》、《国际干预公海油污事故公约》、《干预公海非油类物质污染议定书》、《国际油污防备、反应和合作公约》、《防止倾倒废物及其他物质污染海洋公约》、《国际捕鲸管制公约》、《跨界鱼类种群和高度洄游鱼类种群的养护与管理协定》、《亚洲—太平洋水产养殖中心网协议》、《核材料实物保护公约》等。

以上法律、法规以及公约对于我国海洋生态系统的保护提供了法律依据，其中《海洋环境保护法》对于海洋生态保护产生了最为直接的影响，以下简要介绍该法。

《海洋环境保护法》（1982年8月23日第五届全国人民代表大会常务委员会第二十四次会议通过，1999年12月25日第九届全国人民代表大会常务委员会第十三次会议修订），修订后的法律专章规定了"海洋生态保护"，从而更好地保护海洋生态环境以及海洋生物资源。

（一）海洋环境监督管理体制

海洋环境的保护工作十分复杂并且涉及方方面面，因此《海洋环境保护法》明确划分各部门的环境管理权限，规定实行统一监督管理与分工负责相结合的管理体制。

根据《海洋环境保护法》第五条的规定："国务院环境保护行政主管部门作为对全国环境保护工作统一监督管理的部门，对全国海洋环境保护工作实施指导、协调和监督，并负责全国防治陆源污染物和海岸程建设项目对海洋污染损害的环境保护工作。"国家海洋行政主管部门负责海洋环境的监督管理，组织海洋环境的调查、监测、监视、评价和科学研究，负责全国防治海洋工程建设项目和海洋倾倒废弃物对海洋污染损害的环境保护工作。

国家海事行政主管部门负责所辖港区水域内非军事船舶和港区水域外非渔业、非军事船舶污染海洋环境的监督管理，并负责污染事故的调查处理；对在我国管辖海域航行、停泊和作业的外国籍船舶造成的污染事故登轮检查处理。船舶污染事故给渔业造成损害的，应当吸收渔业行政主管部门参与调查处理。

国家渔业行政主管部门负责渔港水域内非军事船舶和渔港水域外渔业船舶污染海洋环境的监督管理，负责保护渔业水域生态环境工作，并调查处理前款规定的污染事故以外的渔业污染事故。军队环境保护部门负责军事船舶污染海洋环境的监督管理及污染事故的调查处理。

沿海县级以上地方人民政府行使海洋环境监督管理权的部门的职责，由省、自治区、直辖市人民政府根据本法及国务院有关规定确定。

(二) 海洋生态保护的相关规定

在《海洋环境保护法》中专章规定了"海洋生态保护"，并且规定了海洋生态保护的法律制度及相应措施。

1. 海洋区划和规划制度

为了能够更有针对性地保护管理海洋的生态环境，我国划分了海洋功能区，并且统筹安排了包括海洋生态保护、污染防治在内的工作。海洋功能区划，是指依据海洋自然属性和社会属性，以及自然资源和环境的特定条件，界定海洋利用的主导功能和使用范畴。①

根据《海洋环境保护法》的规定，国家海洋行政主管部门会同国务院有

---

① 陈茂云、马骧聪：《生态法学》，陕西人民教育出版社2000年版，第202页。

关部门和沿海省、自治区、直辖市人民政府拟定全国海洋功能区划，报国务院批准。沿海地方各级人民政府应当根据全国和地方海洋功能区划，科学合理地使用海域。国家根据海洋功能区划制定全国海洋环境保护规划和重点海域区域性海洋环境保护规划。毗邻重点海域的有关沿海省、自治区、直辖市人民政府及行使海洋环境监督管理权的部门，可以建立海洋环境保护区域合作组织，负责实施重点海域区域性海洋环境保护规划、海洋环境污染的防治和海洋生态保护工作。①

2. 政府对海洋生态保护职责

国务院和沿海地方各级人民政府应当采取有效措施，保护红树林、珊瑚礁、滨海湿地、海岛、海湾、入海河口、重要渔业水域等具有典型性、代表性的海洋生态系统，珍稀、濒危海洋生物的天然集中分布区，具有重要经济价值的海洋生物生存区域及有重大科学文化价值的海洋自然历史遗迹和自然景观。对具有重要经济、社会价值的已遭到破坏的海洋生态，应当进行整治和恢复。沿海地方各级人民政府应当结合当地自然环境的特点，建设海岸防护设施、沿海防护林、沿海城镇园林和绿地，对海岸侵蚀和海水入侵地区进行综合治理。禁止毁坏海岸防护设施、沿海防护林、沿海城镇园林和绿地。②

3. 海洋自然保护区的建设

保护海洋生态环境的有效措施之一是建立海洋自然保护区，《海洋环境保护法》对建立海洋自然保护区做出了原则性规定。根据法律规定，国务院有关部门和沿海省级人民政府应当根据保护海洋生态的需要，选划、建立海洋自然保护区。国家级海洋自然保护区的建立，须经国务院批准。具有下列条件之一的，应当建立海洋自然保护区：（一）典型的海洋自然地理区域、有代表性的自然生态区域，以及遭受破坏但经保护能恢复的海洋自然生态区域；（二）海洋生物物种高度丰富的区域，或者珍稀、濒危海洋生物物种的天然集中分布区域；（三）具有特殊保护价值的海域、海岸、岛屿、滨海湿地、入海河口和海湾等；（四）具有重大科学文化价值的海洋自然遗迹所在区域；（五）其他

---

① 参见《中华人民共和国海洋环境保护法》第六条、第七条之规定。
② 参见《中华人民共和国海洋环境保护法》第二十条、第二十七之规定。

需要予以特殊保护的区域。①

此外，凡具有特殊地理条件、生态系统、生物与非生物资源及海洋开发利用特殊需要的区域，可以建立海洋特别保护区，采取有效的保护措施和科学的开发方式进行特殊管理。②

在实践中，从1990年至今，我国建立了30个国家级海洋自然保护区和60个地方级海洋自然保护区。1995年发布实施了《海洋自然保护区管理办法》。

目前，海洋生物资源面临的两大威胁是经济性物种灭绝和区域性物种濒危。为了海洋生物资源的可持续利用，必须保护好生态环境。建立自然保护区是一个有效的办法，将濒危资源生物种的繁殖和活动区保护、管理起来，使这些生物种群得以恢复和发展。

为正确处理海洋生态系统的保护与开发、利用的关系，《海洋环境保护法》还规定：开发利用海洋资源，应当根据海洋功能区划合理布局，不得造成海洋生态环境破坏；引进海洋动植物物种，应当进行科学论证，避免对海洋生态系统造成危害；开发海岛及周围海域的资源，应当采取严格的生态保护措施，不得造成海岛地形、岸滩、植被以及海岛周围海域生态环境的破坏；国家鼓励发展生态渔业建设，推广多种生态渔业生产方式，改善海洋生态状况。③

4. 海洋生态保护的其他相关法律、法规

除《海洋环境保护法》之外，与海洋保护有关的法律还有《领海及毗连区法》、《专属经济区和大陆架法》、《海域使用管理法》、《海商法》、《渔业法》、《野生动物保护法》等。为实施上述法律，国务院还制定了相应的行政法规，国家海洋局、环境保护部等部门制订了相关部门规章，沿海地区还制订了地方性的法规和规章。

（三）存在的问题与建议

我国虽然已建立了海洋生态保护的法律体系框架及相应的法律制度，但还存在着一些问题。主要表现在两个方面：一方面，与《联合国海洋法公约》、

---

① 根据《中华人民共和国海洋环境保护法》第二十二条之规定。
② 根据《中华人民共和国海洋环境保护法》第二十三条之规定。
③ 参见《中华人民共和国海洋环境保护法》第二十四、二十五、二十六、二十八条之规定。

《生物多样性公约》配套的法律、法规还不够健全，例如公海生物资源利用与养护，我国还缺少配套的法律与法规。另一方面，有待于进一步完善已经建立的海洋管理制度。例如，《海洋环境保护法》规定，要建立船舶油污保险、油污损害赔偿基金制度。2009年9月2日国务院审议通过自2010年3月1日起施行的《防治船舶污染海洋环境管理条例》。该条例借鉴了国际惯例，其中包括配套设立船舶油污损害民事责任强制保险制度、船舶油污损害赔偿基金制度等一系列新制度。可见，制度的完善需要相当长的时间和过程。

根据海洋生态系统保护与发展的需要，结合所存在的问题，提出以下建议：首先，制定海洋生态系统保护立法规划，按照轻重缓急，分步骤制定相应的法律、法规；其次，相关部门尽快制定相应的实施条例、细则，使法律、法规得以落实。再次，相关行政部门严格执法，确保法律、法规、规章的实施。

二、草原生态系统保护的立法

草原是指在中纬度地带大陆性半湿润和半干旱气候条件下，由多年生耐旱、耐低温的以禾草占优势的植物群落的总称。① 草原生物群落、微生物群落与土壤及其他非生物因子共同组成草原生态系统。草原是一个巨大的物种基因库，保护养育了种类繁多的草原动植物，丰富了生物多样性。但是人类对草原采取了不合理的利用方式，致使草原面临着沙化、盐渍化、草原退化、动植物种类减少等严重问题。为了依法对草原进行保护，我国于1985年6月18日全国人民代表大会常务委员会通过了《中华人民共和国草原法》，并于2002年12月28日进行了修订。

（一）保护草原植被

草原生态系统的基础是草原植被，因此保护草原的主要任务是合理利用草原、保护草原植被不减少、不退化，以及防治鼠虫害对草原植被的破坏等。主要包括以下几个方面：

1. 对草原的合理利用

《草原法》规定：草原承包经营者应当合理利用草原，不得超过草原行政

---

① 陈茂云、马骧聪：《生态法学》，陕西人民教育出版社2000年版，第205页。

主管部门核定的载畜量；草原承包经营者应当采取种植和储备饲草饲料、增加饲草饲料供应量、调剂处理牲畜、优化畜群结构、提高出栏率等措施，保持草畜平衡。牧区的草原承包经营者应当实行划区轮牧，合理配置畜群，均衡利用草原。国家提倡在农区、半农半牧区和有条件的牧区实行牲畜圈养。草原承包经营者应当按照饲养牲畜的种类和数量，调剂、储备饲草饲料，采用青贮和饲草饲料加工等新技术，逐步改变依赖天然草地放牧的生产方式。在草原禁牧、休牧、轮牧区，国家对实行舍饲圈养的给予粮食和资金补助，具体办法由国务院或者国务院授权的有关部门规定。县级以上地方人民政府草原行政主管部门对割草场和野生草种基地应当规定合理的割草期、采种期以及留茬高度和采割强度，实行轮割、轮采。国家对草原实行以草定畜、草畜平衡制度。县级以上地方人民政府草原行政主管部门应当按照国务院草原行政主管部门制定的草原载畜量标准，结合当地实际情况，定期核定草原载畜量。各级人民政府应当采取有效措施，防止超载过牧。①

2. 退耕还草与禁牧、休牧

对水土流失严重、有沙化趋势、需要改善生态环境的已垦草原，应当有计划、有步骤地退耕还草；对已经造成沙化、盐碱化、石漠化的，应当限期治理。对严重退化、沙化、盐碱化、石漠化的草原和生态脆弱区的草原，实行禁牧、休牧制度。②

3. 对草原开发与利用的限制

防止过度采挖、保护草原植被：禁止在荒漠、半荒漠和严重退化、沙化、盐碱化、石漠化、水土流失的草原以及生态脆弱区的草原上采挖植物和从事破坏草原植被的其他活动。

对草原开发利用须经严格的审批：在草原上从事采土、采砂、采石等作业活动，应当报县级人民政府草原行政主管部门批准；开采矿产资源的，并应当依法办理有关手续。经批准在草原上从事上述活动的，应当在规定的时间、区域内，按照准许的采挖方式作业，并采取保护草原植被的措施。在他人使用的草原上从事所列活动的，还应当事先征得草原使用者的同意。

---

① 参见《中华人民共和国草原法》第三十三条至三十六条、第四十条之规定。
② 参见《中华人民共和国草原法》第四十六、四十七条之规定。

对于矿藏开采和工程建设，应当不占或者少占草原；确需征用或者使用草原的，必须经省级以上人民政府草原行政主管部门审核同意后，依照有关土地管理的法律、行政法规办理建设用地审批手续。在草原上修建直接为草原保护和畜牧业生产服务的工程设施，需要使用草原的，由县级以上人民政府草原行政主管部门批准；修筑其他工程，需要将草原转为非畜牧业生产用地的，必须依法办理建设用地审批手续。

草原种植要符合规划，防止沙化：在草原上种植牧草或者饲料作物，应当符合草原保护、建设、利用规划；县级以上地方人民政府草原行政主管部门应当加强监督管理，防止草原沙化和水土流失。

开展旅游要适度：在草原上开展经营性旅游活动，应当符合有关草原保护、建设、利用规划，并事先征得县级以上地方人民政府草原行政主管部门的同意，方可办理有关手续。在草原上开展经营性旅游活动，不得侵犯草原所有者、使用者和承包经营者的合法权益，不得破坏草原植被。

对机动车辆的限制：除抢险救灾和牧民搬迁的机动车辆外，禁止机动车辆离开道路在草原上行驶，破坏草原植被；因从事地质勘探、科学考察等活动确需离开道路在草原上行驶的，应当向县级人民政府草原行政主管部门提交行驶区域和行驶路线方案，经确认后执行。[①]

4. 防治草原鼠虫害，保护草原生态

《草原法》第五十四条规定：县级以上地方人民政府应当做好草原鼠害、病虫害和毒害草防治的组织管理工作。县级以上地方人民政府草原行政主管部门应当采取措施，加强草原鼠害、病虫害和毒害草监测预警、调查以及防治工作，组织研究和推广综合防治的办法。禁止在草原上使用剧毒、高残留以及可能导致二次中毒的农药。

（二）建立草原自然保护区

为了保护草原濒危珍稀的野生动植物，国家在重点区域建立草原自然保护区。《草原法》第四十三条规定，国务院草原行政主管部门或者省、自治区、直辖市人民政府可以按照自然保护区管理的有关规定在下列地区建立草原自然

---

① 参见《中华人民共和国草原法》第三十八、四十一、四十九至五十二、五十五条之规定。

保护区：具有代表性的草原类型；珍稀濒危野生动植物分布区；具有重要生态功能和经济科研价值的草原。

（三）防止草原火灾

由于我国大部分草原地区干旱缺水、风大沙多、夏冬差异大，因此在秋冬季节我国草原地区很容易发生火灾，对草原的生态系统有巨大的破坏作用。为了做好草原防火工作，国务院于1993年10月5日发布了《草原防火条例》，具体规定草原防火工作的相关事项。

（四）草原生态面临的主要问题与对策

中国草原辽阔，由于人类的不当活动，草原生态却面临着种种的威胁。

第一，由于过度放牧，草场严重退化。例如美丽的呼伦贝尔草原和锡林郭勒草原，退化草原的面积分别已达23%和41%，退化最为严重的是鄂尔多斯高原的草场，退化面积达68%。内蒙古全区草场退化达50%左右。

第二，过度割草、采挖，物种多样性严重受损。多年来一直过度割草，自然生产力严重下降，优质牧草减少，劣质杂草增多。滥采、滥挖野生中药材，使一些珍贵的中药材濒临灭绝。

第三，工业开采，草原环境受到污染。一些草原地区蕴藏着丰富的矿产资源，地下资源的开采，将会带来环境的污染，甚至会破坏草原的生态系统的结构，进而损害到草原的生物多样性。

第四，过度开荒，土地沙化。随着人口的增长，对粮食的需求日益增加，草原被开垦成为粮食生产基地。但是，不适当的开垦，将会严重破坏草场，造成耕地沙化，生物多样性也会随之降低。

第五，滥捕滥杀野生动物，严重破坏生态平衡

早在20世纪60年代，成群的黄羊生长在辽阔的内蒙古草原，由于过度猎杀，黄羊种群数量急剧减少，种群密度大大降低。草原的猛禽也遭到猎杀，天敌的减少，导致草食性鼠类数量猛增，经常造成严重的危害。

针对上述问题，建议采取以下对策：

第一，依法保护、利用、管理草原，保持草原生态平衡，保护生物多样性。严格执法，对于违法行为，造成损害者，依法严惩，绝不姑息纵容。

第二，加强草原自然保护区的管理。从上世纪80年代开始，我国相继建

立了一批草地类自然保护区,初步形成了保护区网络体系。但是存在着资金困难、科技力量薄弱、设备落后、管理水平较低等问题,其中管理水平的提高是迫切需要的。

第三,根据现实需要,制订行动计划。目前,草原的开发与利用日益增加,草原生态遭受的破坏与威胁日益严重,需要根据生物多样性保护的总目标制定保护草原的行动计划,建立草原生物资源可持续利用的管理体制。

三、森林生态系统保护的立法

森林是非常重要的生态系统,它能够保存森林生物物种、增加生物多样性、维护生态平衡、涵养水源、保持水土、防风固沙、调节气候等。随着人口和经济需求的增长,森林不断被砍伐,森林资源日益减少,越来越多的国家和地区开始采用各种手段来保护森林。尤其是在20世纪,绝大多数的国家制定了森林法,根据各自不同的情况采取相应的政策和措施来保护森林。如巴西在1980年制定的宪法中专设一章保护环境,其中就有关于林木保护和造林的内容。德国在1975年颁布了森林法,其中规定了严格的森林树木砍伐审批程序和更新补种制度。1992年联合国环境与发展大会通过了《关于森林问题的原则声明》,呼吁整个国际社会保护森林资源。

我国森林资源匮乏,政府制定了一系列的政策法规来保护森林生态系统。1953年政务院发布了《关于发动群众开展造林、育林、护林工作的指示》,1956年国务院发布了《关于保护和发展竹林的通知》,1963年国务院发布了《森林保护条例》,1973年农业部颁布了《森林采伐更新规程》。1984年9月20日第六届全国人民代表大会常务委员会通过《森林法》,(1998年修订)。1981年全国人民代表大会颁布了《关于开展全民义务植树的决议》,1982年国务院颁布了《关于开展全民义务植树运动的实施办法》,1988年国务院发布了《森林防火条例》,1987年原林业部颁布了《森林采伐更新管理办法》、2003年国务院公布的《退耕还林条例》等。目前,我国已经基本形成了以《森林法》为主干、其他法规规章相结合的较完善的森林法体系。

(一)森林法的立法目的

森林法的立法目的明确,是为了保护、培育和合理利用森林资源,加快国土绿化，发挥森林蓄水保土、调节气候、改善环境和提供林产品的作用，适应社会主义建设和人民生活的需要。

（二）根据森林的作用不同，对我国森林进行分类管护

我国森林分为五类：（1）防护林：以防护为主要目的的森林、林木和灌木丛，包括水源涵养林，水土保持林，防风固沙林，农田、牧场防护林，护岸林，护路林；（2）用材林：以生产木材为主要目的的森林和林木，包括以生产竹材为主要目的的竹林；（3）经济林：以生产果品，食用油料、饮料、调料，工业原料和药材等为主要目的的林木；（4）薪炭林：以生产燃料为主要目的的林木；（5）特种用途林：以国防、环境保护、科学实验等为主要目的的森林和林木，包括国防林、实验林、母树林、环境保护林、风景林，名胜古迹和革命纪念地的林木，自然保护区的森林。

（三）森林保护措施

1. 一般性保护

国家对森林资源实行以下保护性措施，根据《森林法》第八条规定：（一）对森林实行限额采伐，鼓励植树造林、封山育林，扩大森林覆盖面积；（二）根据国家和地方人民政府有关规定，对集体和个人造林、育林给予经济扶持或者长期贷款；（三）提倡木材综合利用和节约使用木材，鼓励开发、利用木材代用品；（四）征收育林费，专门用于造林育林；（五）煤炭、造纸等部门，按照煤炭和木浆纸张等产品的产量提取一定数额的资金，专门用于营造坑木、造纸等用材林；（六）建立林业基金制度。国家设立森林生态效益补偿基金，用于提供生态效益的防护林和特种用途林的森林资源、林木的营造、抚育、保护和管理。森林生态效益补偿基金必须专款专用，不得挪作他用。具体办法由国务院规定。

值得一提的是森林生态补偿工作，现取得了较明显的成效。除森林生态效益补偿基金外，天然林保护、退耕还林等六大林业生态工程也是对长期破坏造成生态系统退化的补偿。2004年中央森林生态效益补偿基金正式建立，财政部和国家林业局出台的《中央森林生态效益补偿基金管理办法》，标志着我国森林生态效益补偿机制真正建立起来了。

2. 林地保护

保护森林资源的非常重要任务是保护林地，为此我国严禁毁林开荒，改变林地用途。根据《森林法》的规定，森林、林木、林地使用权可以依法转让，也可以依法作价入股或者作为合资、合作造林、经营林木的出资、合作条件，但不得将林地改为非林地；转让双方都必须遵守本法关于森林、林木采伐和更新造林的规定。①

目前全国正在进行的集体林权制度改革，明晰产权，放活经营权，更加促进了林权的流转。2008年6月8日，中共中央、国务院颁发了《关于全面推进集体林权制度改革的意见》规定，在不改变林地用途的前提下，林地承包经营人可依法对拥有的林地承包经营权和林木所有权进行转包、出租、转让、入股、抵押或作为出资、合作条件。各地也规定了地方性政策、条例、办法，进一步规范林权流转。

3. 加强森林资源的管护

为防止森林的滥砍滥伐、盗伐林木，需要加强护林工作，建立护林组织、增加护林设施、组织群众护林、配备专职或兼职护林员。森林公安机关负责维护辖区社会治安秩序，保护辖区内的森林资源，依法行使行政处罚权。

4. 防止森林火灾

为了有效预防和扑救森林火灾，保护森林资源，促进林业发展，维护自然生态平衡，我国森林法规定了森林防火制度，国务院也于1988年1月16日发布了《森林防火条例》。森林防火的主要措施包括：设立中央森林防火总指挥部及地方指挥部，明确职责；地方各级人民政府应当切实做好森林火灾的预防和扑救工作；任何单位和个人一旦发现森林火灾，必须立即扑救并及时逐级上报。

5. 防治森林病虫害

我国《森林法》建立了防治森林病虫害制度，国务院也于1989年11月17日发布了《森林病虫害防治条例》。按照规定实行预防为主，综合治理的方针；实行谁经营、谁防治的责任制度。

---

① 参见《森林法》第十五条之规定。

（四）植树造林

从1953年至2007年，我国天然林面积下降30.6%，用材林面积下降46.5%，2009年国家林业局完成了第七次全国森林资源清查，全国森林面积1.95亿公顷，森林覆盖率20.36%。我国森林资源有限，人口众多，人均森林面积和蓄积量在世界排名的120名之后。生态问题也日益突出，包括水土流失、土地沙化、生物多样性锐减。由于历史原因，过去我们对森林生态系统服务认识不足，过多地强调了木材的生产，导致过度砍伐森林，森林面积急剧缩小。① 为了增加森林面积，提高森林覆盖率，改善森林生态系统，我国法律对植树造林作了专门的规定。

1. 政府职责

植树造林是政府的职责。《森林法》规定，各级人民政府应当制定植树造林规划，因地制宜地确定本地区提高森林覆盖率的奋斗目标。各级人民政府应当组织各行各业和城乡居民完成植树造林规划确定的任务。

2. 植树造林责任制

为落实植树造林责任制，《森林法》规定，宜林荒山荒地，属于国家所有的，由林业主管部门和其他主管部门组织造林；属于集体所有的，由集体经济组织组织造林。铁路公路两旁、江河两侧、湖泊水库周围，由各有关主管单位因地制宜地组织造林；工矿区，机关、学校用地，部队营区以及农场、牧场、渔场经营地区，由各该单位负责造林。国家所有和集体所有的宜林荒山荒地可以由集体或者个人承包造林。

（五）森林采伐更新

为了保证森林资源的可持续利用，必须把森林的砍伐量控制在一定的限度之内。我国森林法对于森林采伐更新的措施和要求主要包括以下几个方面：

1. 采伐要求

《森林法》对不同种类的森林提出了不同的采伐要求：成熟的用材林应当根据不同情况，分别采取择伐、皆伐和渐伐方式，皆伐应当严格控制，并在采伐的当年或者次年内完成更新造林；防护林和特种用途林中的国防林、母树

---

① 中国生态补偿机制与政策研究课题组编著：《中国生态补偿机制与政策研究》，科学出版社2007年版，161页。

林、环境保护林、风景林，只准进行抚育和更新性质的采伐；特种用途林中的名胜古迹和革命纪念地的林木、自然保护区的森林，严禁采伐。

2. 采伐限额制度

《森林法》明确规定，国家根据用材林的消耗量低于生长量的原则，严格控制森林年采伐量。国家所有的森林和林木以国有林业企业事业单位、农场、厂矿为单位，集体所有的森林和林木、个人所有的林木以县为单位，制定年采伐限额，由省、自治区、直辖市林业主管部门汇总，经同级人民政府审核后，报国务院批准。

国家对森林资源采取采伐限额制度，林业部1985年6月印发了《制定年森林采伐暂行规定》，对森林采伐限额的实施范围、制定原则、依据和报批办法做了规定。从1987年开始正式执行森林采伐限额管理制度，二十多年来，森林采伐限额制度是我国森林资源管理的核心内容，逐步形成了凭证采伐、凭证运输、凭证加工木材等一系列的控制体系。

采伐限额制度在过去产权不明晰、管理不到位的情况下，对于遏制森林资源过度消耗，起到了积极、有效的作用。随着时代的发展，这种严格控制采伐的管理制度的局限性和负面影响也显现出来。森林经营者无法自主经营和进行森林结构的调整；制定采伐限额的依据往往脱离现实，难以反映市场变化和经营者的意愿，与森林经营脱节；影响市场资金流入林业生产部门；行政主管部门与经营者之间是上有政策，下有对策，行政管理成本越来越高，森林资源管理的目标难以实现。因此林业建设应向生态建设、森林资源可持续利用的方向发展，这种采伐限额制度也需要进一步完善。

第三章 外来物种入侵

人类在地球上的出现,深刻地改变了这颗蓝色的星球。人类生活中的衣食住行都要依赖于其他生物物种,而世界各地的物种分布极不均衡,不同区域之间的物种会发生转移。随着人类活动范围的扩大,生物转移的规模也不断地扩大。

第一节 外来物种入侵概述

一、外来物种入侵的概念

从我国目前的文献分析来看,外来物种入侵与生物入侵是同义语。最早注意到生物入侵现象的是达尔文,他在《物种起源》一书中多次提到一个现象,物种跨越自然地理障碍的迁徙过程,达尔文并没有谈到物种入侵这一概念。英国科学家埃尔顿(Elton C. S.)是入侵生物学的奠基人,在他的著作《动植物入侵生态学》(The Ecology of Invasions by animals and plants)中提出,如果某种生物从原来的分布区域扩展到一个新的地区(通常是指遥远的地方),在新的地域繁殖后代、扩散并维持下去,该生物就成了入侵动植物(Elton CS, 1958)。但埃尔顿没有明确使用生物入侵(biological invasion)这一概念。1986年美国学者 H. A. Mooney 和 J. A. Drake 在他们出版的《北美和夏威夷外来物种入侵生态学》（Ecology of Biological Invasion of North America and Hawaii）的书中提到生物入侵（Biological Invasion）。

国内较早使用生物入侵一词见于1995年7月28日《北京日报》，在《防止"生物入侵"的国防线》的报道中，记者肖凤英描述了北京口岸的出入境检验检疫状况以及当时我国外来物种入侵的形势。

关于外来物种入侵的概念，学者提出了不同的见解。归纳外来物种入侵的定义，大致可以分为以下类型：

1. 外来物种入侵是指某种外来生物只要进入一个自然进化史上从未曾分布过的新地区，至于这些外来生物能否存活下去则不予考虑。实质上，这种定义等同于接种（inoculation），又称为传殖。这只是某一外来物种跨越某一界限进入另一地域的第一步，可称为非本地种（non-native species）、外来种（exotic species）或外地种（foreign species）、引入种（introduced species）等。

2. 外来物种入侵是指某一外来物种进入其自然进化史上未曾分布过的地区，并在这里落地生根，建立了一定规模的种群，并开始了某种程度的扩张。这一定义为多数从事外来物种入侵的自然科学研究的学者所接受。

3. 外来物种入侵是指某一外来物种进入一个新的自然生态系统中，并在这里定居下来，而且对本地种而言，还要达到某种程度的优势，或者处于扩张趋势并产生或可能产生危害。

入侵的生物具备生态适应能力强、繁殖能力强和传播能力强等特点。造成外来物种入侵要满足以下要件：

（1）入侵的生物在历史上不属于本国或本地区原产的物种；

（2）入侵的生物在新的区域归化（naturalization），逐渐形成了稳定的种群或群落，而且分布越来越广；

（3）入侵的生物已成为有害物种，至少给人类的生产、生活、经济或者健康带来了负面影响；

（4）外来物种入侵往往是人类自身的活动造成的，包括有意引入和无意引入。

对于外来物种入侵的认识，人类从最初关注生物、气候、地理等自然因素逐步扩展到历史、经济、文化等社会因素，对外来物种入侵这一复杂现象的认识不断地深化，为应对外来物种入侵问题奠定了基础。

二、外来物种入侵的自然因素

研究外来物种入侵的自然因素是从纯粹的自然角度观察、比较、分析来得出结论，尽量不考虑外来物种入侵所发生的作用，做实证分析要避免涉及人为的价值判断，不对外来物种入侵做出或好或坏的主观评价。

（一）外来物种入侵的主体及特性

外来物种入侵的主体就是通常所说的入侵物种，那么我们需要搞清楚物种、本地物种与外来物种的区别。

1. 本地物种与外来物种

物种是生物学的基本概念。我国昆虫学家陈世骧1978年提出，物种是繁殖的单元、进化的单元和分类的单元，由既连续又间断的居群所组成，是生物谱系的基本环节。也有学者认为，物种是指形态上类似的、彼此能够交配的、要求类似环境条件的生物个体的总和。[①]

物种是一种客观存在，它的形成是自然进化的结果，有其相对稳定的明确界限，可以与别的物种相区别。物种是为了研究的方便，根据相互之间的实质差别，而进行的人为划分。

根据自然保护联盟（IUCN）的定义，外来种是指那些出现在过去或现在的自然分布范围及扩散力以外的物种、亚种或以下的分类单元，包括所有可能存活、继而可能繁殖的部分、配子或繁殖体。在自然分布之外，在没有直接、间接引入或人类照顾之下，这些物种不可能存活；而本地种则是指现在其自然分布范围及扩散潜力以内的物种、亚种或以下的分类单元。其中的亚种是指由于地理隔离，不同种群间基因交流降低，各自向不同方向演化，有相当大的差异，但相互间仍能杂交，未达到种的级别，就定位亚种。

将物种划分为本地种和外来种，是根据空间标准和时间标准。空间标准主要是依据观察者所在的生态系统来进行。自然意义的外来种的概念不是以国

---

① 陈阅增主编：《普通生物学》，高等教育出版社1997年版，第460页。

界，而是以其所在的生态系统来定义的；本地种就是在一定的时间内存续于观察者所关注的生态系统中的物种，而外来种不在这一系统内，其由于某种原因而来到了这一生态系统中。就时间标准来讲，指一个物种来到一个新的生态系统到底需要的时间可以被认为是本地种，这是一个极其难以回答的问题。从地质、生物学来讲，所有的物种都是外来物种，只不过是以上百万年为时间尺度来衡量。我国也有学者主张以 100 年为时间标准来界定一个物种是本地种还是外来种。①

2. 入侵物种

如果外来物种过度繁殖或对该生态系统有严重负面影响，就被称为入侵种。外来种之所以转变为入侵种，是因为天然存在的区域性生态系统中并没有该物种的存在。该物种借助人类的活动越过原来无法逾越的天然障碍，进入到新的生态系统中，不断地繁衍、扩散，并对当地的生态系统及景观造成明显的改变，对原有的生物群落和生物物种产生显著的影响。

在自然界，为什么某些生物能够侵入其他生态系统？该生物需要具备什么特性才能跨越重重阻碍而仍然能显示出顽强的生命力？一种生物能够侵入与原来的栖息地不同的新环境中，入侵生物具有下列特点：

（1）适应能力强：入侵成功的外来种对各种环境因子的适应幅度较广，对环境的忍受能力较强，进而获得对本地种的竞争优势，或能够占据本地种不能占据的生态位（Elton, 1958）；

（2）适应范围广：许多外来入侵物种的适宜生存范围很广，可在多种类型的生态系统中生存；

（3）繁殖能力强：入侵生物能够大量繁殖后代或种子；

（4）传播能力强：入侵生物能够迅速地大量传播，能够找到更多的适宜栖息地；

（二）外来物种入侵的对象

外来物种入侵的对象通常指人类所生存于其中的外部生态环境，即围绕着

---

① 徐汝梅、叶万辉主编：《生物入侵——理论与实践》，科学出版社 2003 年版，第 102 页。

人群的空间及其中可以直接或间接影响人类生活和发展的种种自然因素的总体。① 在一般情况下，一个生态系统具有一定的自我调节能力，但这种调节能力是有限的，一旦超过这个限度，自我调节失去了作用。外来物种入侵后，被入侵的生态系统开始发挥其调节作用，但超过了一定的限度，无法抵御入侵种时，原来的生态系统就会退化甚至崩溃。

（三）外来物种入侵的原因、过程及后果

1. 外来物种入侵的原因

外来物种入侵的原因是具有潜在入侵性的外来生物以及有潜在可入侵的生境或生态系统因某种原因而发生契合，从而产生一定规模的、新的种群或群落。二者发生契合所需的传播途径多数是人为因素所导致的，只有少数情形是经由自然途径而侵入，外来生物借助自然因素而侵入的可能性不大，占外来物种入侵的比例，有少数成功的先例，如薇甘菊可能是通过气流从东南亚传入广东，紫茎泽兰、飞机草主要是经由公路沿线等从中缅、中越边境扩散入我国。②

入侵物种与被入侵的生态系统是怎样结合的？又是如何适应新的生态系统的？目前还没有一个令人信服的解释。许多人认为是外来种在新环境中缺乏天敌从而导致外来物种入侵的发生。最新的研究表明，生物入侵远比人们想象的复杂，缺乏天敌只是某些情况下外来物种入侵成功的原因。有些外来种与本地种之间存在着竞争关系，某些外来种比处于同一生态位上的土著种有更强的竞争力，从而取得生存优势，导致生物入侵的发生；有些外来种之间存在着相互协同的作用而成功入侵；有些外来种与土著种杂交而产生的后代兼具有双亲有利性状或具备双亲所没有的新的特征，进而增大了入侵的成功可能性；有些外来种在新的环境中能够快速进化，从而迅速繁殖和扩散而变成入侵种。③

因此，生物入侵的原因是多方面的，一次成功的入侵是多因素共同作用后产生的综合结果。在不同的个案中，起决定作用的因子可以是不同的，可能一

---

① 周珂：《环境法》，中国人民大学出版社2000年版，第222—223页。
② 解焱：《恢复中国的天然植被》，中国林业出版社2002年版，第14—16页。
③ 徐汝梅、叶万辉主编：《生物入侵——理论与实践》，科学出版社2003年版，第88—90页。

种因素起主要作用，也可能由多方面的因素导致入侵的成功。可以说外来物种入侵的机制是高度复杂多样的，并没有像早期研究者那样乐观地推测出一个一般的、通用的模式来描述外来物种入侵的自然原因。①

2. 外来物种入侵的过程

外来生物从其原居住地经由某种途径来到一个新的地域，得以生存并形成种群需要经历一个过程。对这一过程的解释，尚没有一个成熟的理论被普遍接受。一般认为，外来物种的传入扩散过程分为传入、定植和扩散三个阶段，也有学者将其划分为传入期、归化期、促进期、停滞期、扩张期、与本地生物互动期和稳定期等。每一种外来物种入侵都有其自身的侵入特点，传播过程和扩散机制也不尽一致，不可能有统一的模式准确阐明每一个侵入过程，但它们都有一些共同点。② 一般而言，外来物种入侵的过程可以分为四个阶段：

传入期：外来生物刚刚传入，开始适应当地的气候、土壤等外界环境，以大量繁殖的方式准备建立新的种群。这一时期较短，尚未建立起稳定的种群。

定殖期：部分外来生物逐渐适应了新的外界环境，开始归化为当地种，当然只有少数外来物种能够做到，大部分外来生物都无法适应严酷的新环境。

潜伏期：很多外来生物在新的环境中定殖后并不立刻扩张其种群，而是表现出一种相对的停滞状态，有的外来生物直接进入扩散期。

扩散期：外来生物在自身或外在因素的作用之下，形成了适应本地环境的繁殖机制和与本地物种强大的竞争的能力，从而表现出蔓延的趋势。

3. 外来物种入侵的后果

由于自然生态系统有自我调节的能力，能够保持相对平衡的状态，这是一种动态的平衡，包括结构上、功能上和能量上的稳定，能在很大程度上克服和消除外来的干扰，保持自身的稳定性。但生态系统的自我调节能力是有一定的限度的，当外来干扰因素超过一定的限度时，生态系统自我调节功能本身就会受到损害，从而引起生态失衡。③

---

① 徐承远等：《外来物种入侵机制研究进展》，载《生物多样性》2001年第9期。
② 丁建清：《我国外来入侵生物的入侵机制及其对生物安全的影响》，载《农业科技导报》2002年第4期。
③ 李博主编：《生态学》，高等教育出版社2000年版，第206—207页。

自然意义上的外来物种入侵的后果可以从以下方面加以认识：

第一，从个体层面来看，入侵种可直接影响本地种的个体行为或遗传效应，或导致其繁殖力减退。

第二，从群体层面来看，极端的例子是导致本土生物种群的灭绝，一般的是会引起本土生物种群的数量降低或竞争力下降。

第三，从群落或生态系统层面来看，入侵种可能会导致生物多样性显著降低，影响生态系统的功能和经济价值。

第四，从生物栖息环境来看，入侵种有可能改变地表覆盖，加速土壤流失。[①]

三、对外来物种入侵本质的认识

事物的本质往往隐藏在表象之中，是事物内在的、相对稳定的特性，要靠人类不断地研究、探索才能够发现。关于外来物种入侵的本质，至今还没有一个令人信服的说法，还处于不断地争论过程中。对外来物种入侵本质的探讨，有助于人类解决外来物种入侵所带来的问题。

外来生物的入侵和对人类造成的危害，是外来物种入侵的两个方面。如果没有外来物种入侵，就不会引起外来物种入侵带来的危害，如果人的应对能力足够强，能够及时发现并采取相应的措施，外来物种入侵也不会对人类造成危害。外来物种入侵之后，对生态系统、经济发展以及公共健康都可能产生不良的影响，从而造成人类利益的损失。因此，认识外来物种入侵的本质应当是解决外来物种入侵造成的危害、提高人类的应对能力的前提。

四、外来物种入侵的现状

在世界范围内，无论是大陆还是岛屿，温带还是热带，外来物种入侵无处不在，但是要精确地描述世界各地外来物种入侵的状况是非常困难的，很多国家没有对本国所有的物种进行普查。世界上约有超过1000多万种生物，鉴定和描述过的物种不超过150万种，即使有国家对入侵物种进行普查，但很难做

---

① 徐汝梅主编：《生物入侵 数据集成、数量分析与预警》，科学出版社2003年版，第12—14页。

到准确；另外，外来物种入侵后，常常是并不立刻显现结果，而是潜伏一段时间后，才显现危害的后果，因此，很难调查清楚目前世界范围内外来物种入侵的现状。

（一）国际外来物种入侵的现状

世界范围内，几乎所有类型的自然保护区都发现了外来（物）种，有的已造成损害，有的则构成了严重的威胁。生态脆弱性较高的岛屿生境外来物种入侵更是触目惊心。美国国会所下属的技术评估办公室（OTA）发布的评估报告显示，夏威夷是全美外来物种入侵最严重的地区之一，每年传入的外来物种数量最多，野外建群比例最高，受到灭绝威胁的本土种数量最大。海洋、湖泊、河流、河口、海湾及其邻近区域的水生生态系统，是外来物种入侵的重灾区。压舱水是水生生态系统外来物种入侵的主要途径之一，船舶所排放的压舱水带有外来物种，在新的环境下会泛滥成灾。

国际自然保护联盟（IUCN）一直高度关注全球范围内的外来物种入侵情况发展，并列出了世界上100种最恶性的入侵物种名单，其中陆生植物占有较大的比例。外来物种入侵在世界各地的分布没有准确的数字，欧洲和地中海植物保护组织（EPPO）、国际农业和生物科学研究中心（CABI）在上个世纪90年代末公布了134种对农林业及其产品有害的重要昆虫和蜱螨类害虫的全球分布图，除此之外，没有其他种类外来入侵生物全球分布的详细数据。

一般而言，岛屿型国家的外来物种入侵比大陆型国家、地区要严重，对外开放程度高，贸易往来频繁的国家、地区比封闭保守的严重，生态环境破坏程度高的比低的严重。外来物种入侵所造成的损失包括环境损失、经济损失和人的健康损失等，很难进行准确的量化。世界自然保护联盟（IUCN）2003年的报告认为，生物入侵给世界各国造成每年超过数千亿美元的直接经济损失与间接经济损失。在各类损失中，公认的最大损失是对全球环境的破坏，在导致全球生物多样性减少的因素中，生境的破坏与退化是最重要的原因，其次就是生物入侵（IUCN，2003）。美国科学家对其本土物种受威胁的因素进行分析如下：①

---

① 影响物种生存的主要因素转引自刘春兴：《物种入侵的法律对策研究》，北京林业大学2007，硕士学位论文，第5页。

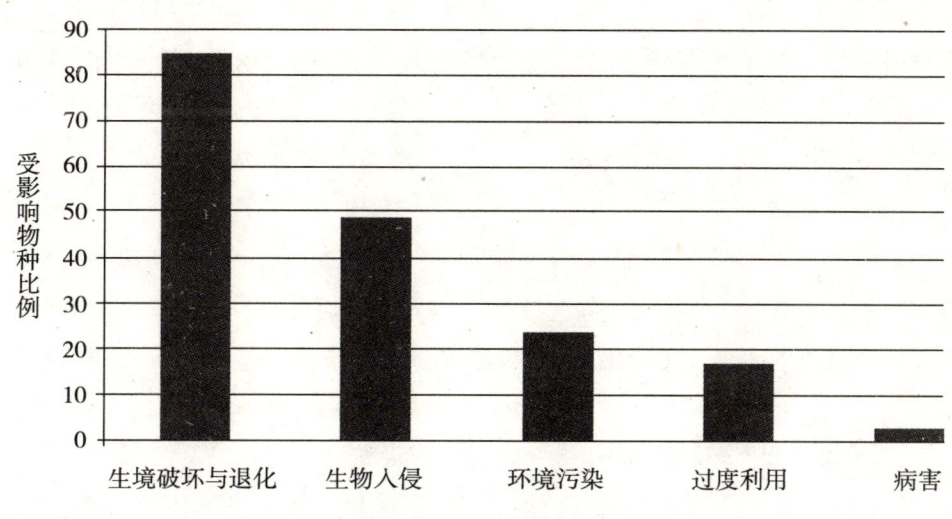

图示　外来物种入侵的途径

(二) 国内外来物种入侵的状况

我国生境类型众多，拥有森林、草原、湿地、沙漠、农田；气候变化多样，包括寒温带、温带、暖温带、亚热带和热带；动植物资源丰富，来自世界各地的大多数外来种都可能在中国找到合适的栖息地。目前，除了青藏高原偏远的保护区外，几乎所有的生态系统，包括森林、草地、水域、湿地、农田、地区等，都因为外来物种入侵而受到不同程度的影响。

2003年国家环保总局的调查结果就显示，外来入侵物种当年给中国造成的经济损失高达1198.76亿元，占中国国内生产总值的1.36%。[①] 据初步统计，目前我国已知的外来入侵物种至少有283种，IUCN公布的全球100种最具威胁的外来入侵种中，我国就占50种。据统计，每年外来入侵物种给我国经济造成的损失约2000亿元。[②] 外来物种通过以下途径进入到我国境内。

1. 传播途径

从传播途径上看，无意引入大于有意引入，自然传入的比例不大，目前尚

---

① 新华社：环保总局：《外来入侵物种每年造成经济损失逾千亿》，http://www.wuhuepb.gov.cn/huanbao/news/content.asp?id=11483。

② 《2009年纪念生物多样性日：外来入侵物种》，http://bz.zhb.gov.cn/ztbd/swdyx/bjjs/200905/P020090522564575959453.pdf。

有一些传入途径没有查明。有意引入（Intentional introduction）是指人类有意实行的引种，将某个物种有目的地转移到其自然分布范围及扩散潜力以外（这类引种可以是授权的或未经授权的）。有意引入的目的多种多样，主要体现在以下方面：

（1）作为牧草或饲料

我国畜牧业长期过度放牧，草场退化，加大了各地对新的优质速生牧草的需求，目前正在开展的大量新牧草实验，多是测试国外草种公司提供的品种是否能够在我国的土地上迅速生长，令人忧虑的是其中一些草种已成为危险的外来入侵种。

（2）作为改善环境植物

为快速解决生态环境退化、植被破坏、水土流失和水域污染等问题，人们往往片面地看待外来物种的某些特点，这就为外来物种的入侵提供了一个极好的机会。现在很多地区都在积极地进行植被恢复工作，但其中使用的一些物种是危险的外来物种。目前已经有一些物种造成了入侵的严重后果。城市景观建设和园林绿化也大量使用外来种，造成当地生态系统和景观的彻底改变。

（3）异地放生

在中国，人们放生被捕获的动物以表示行善。在放生的鸟类中，有6%是外来的；多数鱼类、龟鳖类更是在国外捕获用来圈养的物种，而这些物种有可能具有入侵性。人们没有外来入侵物种的概念，也不了解外来入侵种带来的危害。具有文化含义的"放生做善事"并未考虑到对本土生态体系产生的有害影响。

此外，还有作为观赏植物引入，致使一些国外花草、水生植物成为外来入侵种，例如万寿菊、加拿大一枝黄花；作为食物进口，例如福寿螺；我国许多城市都有动物园、植物园、鸟园，现在已经有外来物种逃逸归化，形成入侵的事例；水产养殖业的发展，在河流、湖泊、池塘和水库等生长着的外来物种，可能造成物种入侵，例如虹鳟鱼；作为宠物引入，例如巴西龟。

无意引入（Unintentional introduction）是指某个物种利用人类或人类运输系统为媒介，扩散到其自然分布范围以外的地方，从而形成的非有意的引入。无意引入的主要有以下几种途径：

(1) 随人类交通工具带入

许多外来物种随着交通路线进入和蔓延，加上公路和铁路周围植被通常遭到破坏而退化，因此这些地方通常是外来物种最早或经常出现的地方。

(2) 船只携带

携带的方式主要通过压舱水的异地排放。船上装载的生物繁殖体有时可能被丢弃，或在船沉没后逸出，随浪冲出海岸。

(3) 海洋垃圾

随着废弃的塑料物和其他人造垃圾漂浮的海洋生物正向陆地和一些岛屿进犯，对当地的物种造成威胁。

此外，还有随进口农产品和货物带入，例如，大宗粮食进口是杂草籽进入我国的重要渠道；旅游者带入水果、蔬菜等活生物体等。

但有的入侵生物并不是只通过一种途径传入，可能通过两种或多种途径交叉传入，在时间上并非只有一次传入，可能是两次或多次传入。

2. 外来物种入侵带来的损失

到目前为止，外来物种入侵给我国带来的直接损失和间接损失很难得出一个准确的数据。外来物种入侵的危害主要包括以下几个方面：

(1) 环境危害

外来物种入侵所带来的环境危害是最为明显和严重的，生态系统往往受到不可逆转的破坏。例如昆明市原来建了一条水上旅游线路，游人可以从市内乘船游滇池和西山，但由于大观河和滇池中的水葫芦疯长成灾后，花费巨资也很难恢复原来的生态系统，这条旅游线路就被迫取消了。

导致原有物种灭绝或退化，生物多样性遭到严重破坏。例如紫茎泽兰原产于美洲，经缅甸传入我国西南后蔓延成灾，侵入操场、林地，并很快形成单种优势群落，导致原有的植物群落衰退和消失。

造成环境退化。如桉树原产于澳洲，曾被认为可以形成绿色沙漠，因而在中国大量种植，看上去郁郁葱葱，但是该树种吸收了土壤中大量的水和养分，树下很难再有草本植物生存，容易使水土流失，导致土地的贫瘠和沙化。

(2) 外来物种入侵的经济危害

外来物种入侵对我国的农业、林业、渔业及其他产业都造成了严重的危害。对农业的危害,例如美洲斑潜蝇1994年入侵海南和广东,现已蔓延全国,每年防治费用超过4.5亿美元。对林业的危害,例如松材线虫病被称为松树癌症,1982年在江苏省南京市中山陵风景区首次发现,此后迅速向周围省份蔓延。对渔业的危害,例如云南水域中原有大量经济价值极高的本土鱼类420余种,外来鱼类引入后,本土鱼类数量急剧下降,近5年来,一直没有采集到的标本有130多种,另有150种已是偶见种。每年外来入侵物种给我国经济造成的损失约2000亿元。①

(3) 外来物种入侵对健康的危害

外来物种入侵所带来的健康危害也是不容忽视的。目前,人类的健康仍然面临着微外来物种入侵的威胁。由于气候变化、人类活动对于环境造成破坏等原因,许多野生动物的栖息地遭到严重的破坏,它们不得不闯进人类活动的地域。还有一些人贪图野生动物的毛皮、制品和野味,使人类感染动物身上的微生物的机会大大增加了。2003年发生在中国、加拿大、东南亚和欧洲一些国家的SARS,有科学家认为,可能是人类接触或食用果子狸而感染了SARS病毒,而且在短时间内有多个变种。SARS的流行危害到众多人的健康,给世界经济也造成了重大的损失。另外,侵入我国的豚草的花粉是引起过敏症的主要病原之一,造成北方地区近年来枯草热发病率逐年上升。

第二节 外来物种入侵的综合管理

外来物种入侵的综合管理是在对外来物种入侵问题深入研究的基础上,进行全过程、多层次、全方位地进行管理,以期实现事先防范、事后控制的管理目标。

一、外来物种入侵引发的问题

在外来物种入侵管理实践中,要对某些物种进行控制,而对另外一些物种

---

① 《国际生物多样性日关注入侵性外来物种》,载《科技日报》2009年5月22日(http://www.stdaily.com/kjrb/content/2009-05/23/content_62227.htm)。

进行保护。那么,物种有"好"与"坏"之分吗?评判的标准是什么呢?人类中心主义者往往以自身利益为中心,把人的利益作为价值判断的尺度,一个物种是"好"还是"坏",是根据它能够给人类带来利益还是造成危害为标准来判断的。外来物种入侵综合管理的哲学基础仍是人类中心主义价值观。随着社会的发展和认识的深入,人类对待自然的态度也发生了一些转变。现代管理,以人为本,以人的利益为出发点,并兼顾其他物种的生存权利,提出人与自然的和谐相处。人类对外来物种入侵进行管理和控制,要全面地了解外来物种入侵所引发的各种问题。

(一)环境问题

环境问题是指因自然灾害或人类不当的活动而引起的环境破坏,并给人类的生存和发展带来的不利影响。根据环境问题产生的原因不同,可分为两种情况。第一种情况是自然灾害,因自然界自身变化而造成的环境污染和环境破坏,如地震、火山爆发等。目前,这类环境问题发生的数量和影响的范围是有限的,也是人类无法控制的,其危害结果难以估量,人类主要通过采取预防措施,减少或避免危害后果的发生。第二种情况是因人类的生产和生活活动违背自然规律,不恰当地开发利用环境造成的污染和破坏。这类问题主要是由于人类活动引起的,可以通过调整人类活动而减少或避免其发生,可以采取有效的手段加以治理。

外来物种入侵作为环境问题情况比较复杂,极少数是经自然途径传入,绝大多数都由于人类有意引入或无意引入造成的。入侵生物破坏了当地的生态系统,降低了生物多样性,使濒危动植物受到侵害;外来种中的动植物与本地种杂交,改变了当地的遗传多样性和完整性。外来种在其侵入区内,除了直接的生存竞争,对当地的生物多样性进行干扰外,还有其他各种形式对当地生态系统产生影响外来物种入侵的结果,可能造成人类赖以生存的生物资源或环境不能可持续利用,使自然资源遭到破坏。

(二)经济损失

外来物种入侵造成的经济损失主要是指由此带来的直接经济损失和间接经济损失。物种入侵一方面对农业、畜牧业、水产业甚至交通、旅游和工业都可能带来直接的经济损失,另一方面又使森林、草场、农田、湖泊、河流、湿地等造成生态受损,由此带来间接经济损失。

所造成的经济损失到底是多少,人们对测算的方法和标准有争议,但对损失的存在没有争议。2003年环境保护部的调查结果显示,外来物种入侵当年给中国造成的经济损失为1198.76亿元,占中国国内生产总值的1.36%,而对中国生态系统、物种及遗传资源造成的间接损失高达1000.17亿元。据IUCN的报告,外来入侵物种给全球造成的经济损失每年超过4000亿美元。

(三) 社会问题

人们经过长期的生产和生活,人与人之间的关系相对稳定。外来物种的入侵,可能打乱这种稳定的秩序,引起纠纷,打破了原有的和谐。例如,在澳大利亚,长期以来农场主和养蜂人两大群体相安无事。有一种植物(拉丁名为Echium platagineum)入侵到这块土地,繁殖力极强,迅速占领了大片的可放牧的草场,在开花的季节,整个草场开满了紫色的花。农场主强烈要求政府采取行动清除这一入侵物种,而养蜂人坚决反对,因为蜂蜜的产量因此大大提高,二者的矛盾无法协商解决,政府制定了妥协性的生物控制法案(1994年),调和了二者的利益冲突。

(四) 政治问题

外来物种入侵引发的政治问题包括国际政治问题和国内政治问题。国际政治问题是国家与国家或地区之间的问题。因为外来物种入侵常常跨越国境,不可避免地引起国家之间的纠纷,常见的是贸易问题。贸易问题不是纯粹的经济问题,总是与国家之间的政治问题相联系。国际贸易往来过程中,会遇到由于政治因素导致的贸易保护主义,而却以防止外来物种入侵为借口。例如,美国以防止树木害虫进入本土为由,要求运到美国的货物所使用的所有木制包装材料要经过适当的处理(热处理、熏蒸消毒,或美国环保署认可的防腐剂处理),以确保所有害虫被杀死。这项新法规在实施过程中,检查过于苛刻,我国陶瓷制品多用纸制品包装,美国却要求每单都要提供非木制包装证明,增加繁琐的手续,增加了我国的出口成本。

国内政治问题主要指因生物入侵而导致的生态安全问题,它已经成为现代国家环境政策实施对象和国家安全的重要构成要素,保护生态安全的问题被提上了各国及国际社会的议事日程,许多国家已将保护生态安全提升到关乎国家或民族存亡的高度对待。外来物种入侵会严重地影响到生态安全,也应当引起我国各界的重视。

(五) 文化问题

1871年,英国人类学家泰勒(Edward Burnett Tylor)在其著作《原始文化》中提出:"一种复杂的整体,包括知识、信仰、艺术、道德、法律、习惯,以及作为社会成员的人所获得的任何其他能力及习惯的复杂合体。"外来物种入侵可能对某一区域的生态环境产生较大的改变,而生态环境是人生存与发展的自然载体,因而会对生活于这一区域的人群的生活方式产生影响。例如,在我国,飞机草、紫茎泽兰等外来入侵植物不断危害乃至取代云南、广西等地的植被景观,原有的特色生态系统正被逐渐取代,一些少数民族文化基础被逐渐削弱,传统的生活习俗也将被相应改变。①

除此之外,还有公共健康问题。许多入侵生物是人类的病原或病原的传播媒介,一旦它们入侵成功,可能会造成大范围的疾病流行,严重影响人类的健康。例如,在北京蜀国演义酒楼所发生的福寿螺事件,因厨师加工方法不当,造成160名顾客感染广州管圆线虫病。②

二、综合管理的原则

由于外来物种入侵带来了各种各样的问题,也带来了不同程度的危害,各国政府也采取措施应对外来物种入侵。综合管理外来物种入侵应考虑遵循以下原则:

(一) 预防原则与风险防范原则

预防原则是指在有明确科学证据证明会产生危害的情况下,采取措施来防止损害的发生,是在损害发生前就采取的行动,行动人对损害发生的原因和结果之间的因果关系有着很清晰的认识。应对外来物种入侵问题在时间上争取主

---

① 张润志、康乐:《控防入侵生物要重视人为因素》,载《科学时报》2002年11月26日第3版。

② 赵新培:《北京致病福寿螺来自桂林》,载《合肥报业网——江淮晨报》2006年9月4日。

动：在入侵物种传入的时候，将其阻挡在国门之外；在定殖时期，就将其消灭在萌芽状态；在扩散时期，采取行动消除或抑制蔓延，尽量消灭它或是将其控制在一个尽量小的范围内。对外来物种入侵的管理，动手越早，损失会越小，防治费用也越少，管理的效果更佳。在预防阶段，对外来物种入侵的管理没有间接费用，费用都用于预防事项的开支，如科学研究、法律制度建设、相关人员培训。如果能及早发现外来有害生物，尽早采取有效措施，费用还不是很高，但到了灾后阶段，即使花费巨资，也很难达到预期的效果。

预防原则与风险防范原则是不同的。1992年联合国环境与发展大会通过的《里约宣言》中第15项原则有明确的规定："为了保护环境，各国应该根据它们的能力广泛地采取预防性措施。当存在严重的损害威胁或可能发生的损害的后果具有不可逆转的性质时，缺少充分的科学依据不能成为推迟采取费用合理的预防环境恶化的措施的理由。"这里指的是风险防范原则，在缺少科学依据的情况下，采取预防性措施，防止环境恶化。在某些情况下，如果等找到确切的科学依据时再采取行动为时已晚。例如外来物种入侵已经成灾，造成了生态系统的破坏，往往难以恢复。因此，我们不一定要等找到明确的科学依据再采取预防措施。

（二）能力建设

应对外来物种入侵问题，涉及行政机关、科研机构、公众参与等方面的工作。加强各方面的能力建设，做好充分的准备的情况下，解决外来物种入侵所带来的问题。

首先，行政主管机关应加强自身的能力建设，应对外来物种入侵应当反应迅速，解决问题应当准确、高效。

其次，加强科学研究。外来物种入侵是一个极为复杂的问题，涉及专业方面的科学研究，没有高水平的学术机构做科技支撑，难以完成外来物种入侵的防范与控制工作。

再次，公众参与的意识和能力。加强对公众的宣传和教育，提高他们的防范意识，使公众能够很好地配合行政部门和科研机构开展外来物种入侵的防控工作。提高公众参与的能力，需要政府和相关机构进行防治外来物种入侵常识的宣传和教育。

（三）政府责任与公众权利

如前文所述，大多数的外来物种入侵是人为造成的，从某种意义上讲，是人祸而非天灾。外来物种本身无所谓"好"与"坏"，是由于人不适当的行为将这些外来物种带到了它不该去的地方，结果给当地物种带来了威胁甚至灾难。因此，在外来物种入侵的管理过程中，应当明确政府及其工作人员的责任和公众的权利。

首先，明确相关部门的责任。对外来物种入侵负有职责的相关部门，例如海关、检疫等部门，应严格履行其职责，把好第一道关口，尽力减少人为因素造成外来物种入侵的事件发生。

其次，明确相关人员的责任。对于那些与外来物种有密切关系、特别是从事外来物种的引进、运输、储存并以此为经营业务的单位和人员，要明确其责任，并赋予合理的注意义务，谨防引入的物种成为有害物种。

再次，唤醒公众的权利意识。外来物种入侵严重侵害了公众享有美好环境的权利，甚至健康的权利。公众应支持并监督相关部门采取防范措施，消除或抑制外来物种入侵造成的不良影响。

（四）国内与国际合作

外来物种入侵的防范与控制工作要求有关各方面相互交流、配合，共同完成任务，包括国际合作，国内的中央与地方、地方之间、各部门之间、政府部门与非政府组织间等相互间的合作。

《生物多样性公约》明确规定："为了生物多样性的保护及其组成部分的持续利用，强调促进国家、政府间组织和非政府部门之间的国际、区域和全球性合作的重要性和必要性。"外来物种入侵是一个国际问题，因此国际合作必不可少。

在国内，中央与地方（联邦政府与州政府）的合作尤为重要。为了防范入侵物种在国内的蔓延，更加需要地方之间的合作。外来物种入侵又涉及社会生活的诸多方面，需要各部门之间的相互配合。因此，中央政府的协调将发挥重要的作用。1999年2月3日美国总统克林顿签署了第13112号行政命令（Executive Order），建立国家入侵物种委员会，对联邦各有关机构的职能进行明确划分，确保联邦机构与州政府进行有效的合作，并协调州政府之间的合作。

（五）公众参与

生态环境的保护和自然资源的合理开发利用必须依靠社会公众的广泛参与，公众有权参与解决生态问题的决策过程，参与环境管理，并对环境管理部门以及单位、个人与生态环境有关的行为进行监督。[①] 现代社会是一个公民社会，公众对国家政治、经济与社会事务有序参与的程度越高，就越能发挥其能动性，在外来物种入侵的防范与控制工作中发挥的作用就越大，社会成本越低，成效越显著。在我国，普通民众参与社会事务的热情并不是很高，有的人认为解决问题是政府的职责，这种思想需要逐步转变。外来物种入侵的危害已经对整个社会、生态环境造成了威胁，公民作为社会的主人，其参与对于问题的解决至关重要。

三、管理过程

外来物种的侵入需要经历一个复杂的过程，在这个过程中，如果我们切断任何一个环节，就能够有效地控制外来物种入侵的发生、发展和蔓延。采取措施越早，离源头越近，成本越低，效果越好。正所谓预防胜于治疗。

将外来物种入侵的过程分为传入期、定殖期、潜伏期、扩散期，相对于传入过程，我们在不同的阶段采取不同的措施进行管理。

（一）前期管理

外来有害生物有传入的危险，应提前采取行动，将其阻止于边境之外，需要采取积极防御的措施。在这一阶段，要加强对潜在的入侵性物种进行科学研究和国际合作，建立入侵物种数据库，实现信息共享，建立有效的评估体系；并加强能力建设和人员的培训以及对公众的教育；完善法律体系，为应对外来物种入侵建立法律保障。

（二）传入期的管理

有效的边界控制是防治外来物种入侵的重要手段，大多数国家都有严格的动植物品种出入境检验检疫法律法规及操作规程，这是外来物种入侵的第一道防线，也是比较容易控制的关口。但走私的物品中所带来的外来物种却很难掌

[①] 曹明德：《生态法原理》，人民出版社2002年版，第224页。

控。因此，加强打击走私的力度，也是防治外来物种入侵必不可少的措施。

（三）潜伏期的管理

外来有害生物侵入境内，尚未建立种群时，处于潜伏阶段。外来物种刚进入一个新的区域，往往并不立即显现入侵的态势，而是处于一个潜伏的状态，此时最为重要的事是尽早发现，及时采取措施，加强监测和预警，采取有效措施清除，尽量做到防患于未然。

（四）扩散期的管理

外来物种入侵已经发生，而且还在不断地扩散、蔓延，此时应采取有效的措施进行清除和控制。通常情况下，在此阶段，清除外来物种是一件非常困难的事情，多数情况下是采取措施控制外来物种的进一步蔓延，尽量减少危害。采用生物控制、生境调节，阻止或延缓外来物种的蔓延，实现有效控制的目的，以期建立新的生态平衡，修复遭受破坏的生态环境。

四、管理对象

一般而言，外来物种入侵是由多种人为因素共同作用而导致的危害，是一个极为复杂的过程。外来物种入侵的多层次管理是通过入侵过程进行分析，找到造成入侵的主要原因，有针对性地采取措施，将外来物种入侵造成的危害降到最低。可以看出，人为因素主要涉及肇事者和监管者。

（一）对肇事者的管理

肇事者是对外来物种入侵有直接责任的人员。肇事者的行为是导致外来物种入侵的主要原因，可以主观方面的过错分为故意和过失。有意引入有害生物，在主观上存在着故意，肇事者明知引入某类物种可能会造成外来物种入侵，但为了一己之利，不惜牺牲公众利益。无意引入，是指肇事者应当预料到他的行为可能会造成外来物种入侵，但由于疏忽大意没有预料到，或者虽然预料到了，但心存侥幸，认为可能不会发生严重的后果。对肇事者的管理分为两个方面，事前宣传教育，事后依照法律、法规承担相应的责任。

（二）监管者应恪尽职守

监管者对外来物种入侵事务负有监督和管理的职责，主要是指国家政府的有关部门和机构及其工作人员。他们平时应加强对公众的宣传教育，以减少外来物种入侵事件的发生。对于肇事者，应当严格依法进行处罚。在外来物种入侵事件的发生、发展过程中，监管者的责任更加重大，应当采取及时、有效的措施，协同有关的科研机构，对外来物种入侵进行综合管理，消除或控制入侵灾害。

此外，与外来物种入侵有关的人员包括肇事者、监管者，还有其他相关人员。例如科研机构，外来物种的鉴定专家，为政府提供咨询意见的学者，还有肇事者的交易对象等都会对外来物种入侵产生很大的影响，外来物种入侵的综合管理应当考虑到这些相关的人员。

五、管理手段

外来物种入侵问题的复杂性决定了必须采取多种手段来应对。主要包括以下几种管理手段：

（一）行政手段

行政手段是一定的社会组织在其活动过程中所进行的各种组织、控制、协调、监督等活动的总称。首先，它属于国家的范围，即属于公务，不是其他社会组织和个人的任务；其次，也不是一切国家权力都是行政权力，只有行政机关或者政府的权力才是行政权力。它有别于议会的立法权和司法机关的检察和审判权；第三，行政权属于"执行权"，它是按照法律规定的权限和程序去行使国家职能从而实施的法律的行为。行政手段，是国家通过行政机构，采取强制性的行政命令、指示、规定等措施，来调节和管理社会、经济的手段。行政手段在现实生活中还是很常见的，往往是自上而下，具有直接、快速、强制等特点，往往可以收到立竿见影的效果，例如工商、税务检查等。在外来物种入侵的防治过程中，行政手段是必不可少的，主要包括监管、对群众宣传教育、协调各部门机构的工作。

（二）技术手段

在外来物种入侵防治过程中，不同的阶段会采取相应的措施，主要包括以下几种技术手段：

1. 传入之前

（1）有害生物风险分析（Pest Risk Analysis，简称PRA），是国际上植物检疫决策工作的重要环节,包括有害生物风险评估(Pest Risk Assessment)和有害生物风险管理(Pest Risk Management)两部分。有害生物风险评估指根据可能实施的动植物卫生检疫措施来评价病虫害在进口到境内传入、定居或传播的可能性,以及相关的潜在生物和经济后果。有害生物风险管理是指为降低检疫性有害生物传入风险的决策过程。①

(2)建立入侵生物信息数据库,通过广泛的调查,收集外来物种入侵国内与国际的现状,列出具有威胁的生物物种名录、特性和分布的情况等信息,力求找出防范的策略。

2. 传入与潜伏期

在传入与潜伏阶段,主要采用动植物检验检疫手段,对入境货物进行严格的检验,发现有害生物后进行及时的处理,该措施针对性强,效果显著,是防止外来物种入侵的关键。

随着有害生物的进入,需要采取监测的手段,在地面上使用诱捕器进行监控,在空中使用航空遥感技术,对有害生物实施大面积的定期监测,制定清除和控制的措施。

3. 扩散期

(1)人工和机械物理方法防治

在入侵物种扩散的前期,可以考虑采取人工的防治。例如,在佛罗里达,手工除蜗牛就是根除非洲大蜗牛时使用的方法。早期,在一定的范围内,使用人工和机械物理方法防治外来物种入侵可以比较快地达到预期的效果。然而,大多数外来物种无法用机械物理方法防治(如小昆虫和地穴动物),而且,机械设备的成本很高,对于发展中国家来说不一定适用。

(2)化学方法防治

对外来物种的化学方法防治(包括诱饵、驱赶剂和毒药)通常被认为不可取,因为众所周知的广谱杀虫剂对环境和人类健康的不良影响。表面看来,化学防治方便使用、迅速见效、易于控制大面积爆发的外来物种入侵,但是,其费用高、污染严重,甚至伤害到本地的物种。虽然有一些新型化学杀虫剂只

---

① 刘红霞、温俊宝、骆有庆、王保德:《森林有害生物风险分析研究进展》,载《北京林业大学学报》2001年第6期。

对某一种或几种害虫起作用，不会影响人类健康，但是，这些化学杀虫剂非常贵，而且需要反复使用，易使害虫产生抗药性。所以化学方法防治也只是在一定的程度上才有效可取。

(3) 生物防治

无论是从生态角度还是经济角度，生物防治被认为是继化学方法防治和机械物理方法防治之后最具吸引力的方法。现在我国泛滥的水葫芦，生物学家也找到了一种水葫芦的天敌——象甲。专家在实验室中发现：被放置了象甲的水葫芦，植株明显变小、叶子变小、茎干变细、分支减少，水葫芦的整个生长过程受到抑制。但象甲吃完水葫芦后，是否还会去吃其他的植物，是否会造成再次"引狼入室"？显然，生物防治确实是目前生物学家想到的最合理的方法，当然它的很多方面仍然需要作进一步的研究。

(三) 其他措施

除了行政手段和技术手段之外，还可以采取经济手段和法律手段等其他措施来应对外来物种入侵问题。经济手段是国家运用经济政策，通过利益调整，改变利益主体行为的管理手段，具有宏观性和指导性。例如采取补贴、收费等手段对生态环境管理的某些环节进行补贴，对可能造成外来物种入侵的物种引入进行收费，该收费用于防范外来物种入侵。

法律手段是外来物种入侵防治必不可少的手段，行政手段、经济手段和技术手段等应纳入法治的轨道。当外来物种入侵问题发展到比较严重的阶段，行政、技术、经济、管理等手段仍不能有效遏制外来物种入侵，法律手段显得尤为重要。

第三节 外来物种入侵的国际法和国外立法

法律对策在整个国际社会应对外来物种入侵所带来的挑战时发挥了重要的作用。国家层次的法律适用于一国境内，调整其公民相互间的关系以及公民与政府间的关系，是最普遍、也最有力的社会控制手段。就外来物种入侵的法律问题而言，一方面，国内立法与国际立法往往不同步；另一方面，国际层次的法律文件要通过国家的立法加以实施。因此，国家层次的法律是外来物种入侵防范与控制最重要的法律工具。

一、国际法律文件

有关外来物种入侵的国际法律文件主要分为有法律约束力的公约、协定和没有法律约束力的指南性文件。这类文件大约有 50 多个，在针对外来物种入侵的国际层面的控制中发挥了巨大的作用。

（一）主要公约与协议

在全球范围内生效的公约主要包括《生物多样性公约》、《国际海洋法公约》、《国际植物保护公约》、《气候变化框架公约》、《拉姆萨尔湿地公约》和《野生动物迁徙公约》等等。在区域范围内生效的公约和协定主要包括《亚太植物保护协定》、《南太平洋自然保护公约》、《东盟自然资源保护公约》、《非洲自然与资源保护公约》、《马德里南极条约议定书》等等。

其中，《生物多样性公约》是保护生物资源最重要的国际公约。其第八条明确规定，缔约方尽可能防止引进、控制或消除那些威胁到生态系统、生境或物种的外来物种。制定或维持必要立法和/或其他规范性规章，以保护受威胁物种和种群。该条款成为国际上防控外来物种入侵的法律体系的基础，也使得生物多样性公约成为外来物种入侵国际法律体系中最重要的法律文件之一，起到了基本法的作用。此外，缔约方大会还制定了《关于威胁生物多样性的外来物种的预防、引进和减轻影响的指导原则》。该指导原则要求各国应重视外来物种问题，把防治外来物种入侵纳入国家生物多样性政策、战略和行动计划之中；并且鼓励各缔约方加强能力建设，就外来入侵物种对生物多样性所构成的威胁进行风险评估和分析；制定各种措施减少外来物种入侵威胁的活动。

（二）指南性的法律文件

世界自然保护同盟（IUCN）制定的《预防外来入侵物种造成生物多样性丧失指南》（IUCN Guidelines for the prevention of Biodiversity Loss Caused by Alien Invasive Species）是 2000 年在瑞士的格兰特制定，是生物多样性公约第八条的执行文件，目的在于提高人们对外来物种所带来的影响的认识和理解，对有关术语进行规范和解释。它是关于预防引入、再引入以及控制和根除外来入侵物种等方面的指南,也是目前指导外来物种入侵防控工作重要的国际法律文件,虽然不具有法律约束力,但却发挥着重要的作用。该指南强调预防原则的重要性,明确指出:"防止外来入侵物种的引入,是最廉价、最有效和最可取的方法,并且应该优先使用。即使在科学方面尚未肯定潜在的外来入侵的长远后果,也应该迅速采取行动,预防潜在的外来物种的引进。"

国际海洋组织(IMO)制定了《通过控制和管理船只压舱水尽量减少有害水生生物和病原体转移的指南》(IMO Guidelines for the control and management of ships' ballast water to minimize the transfer of harmful aquatic organisms and pathogens)。制定这部文件的目的在于尽量减少来自压舱水和沉积物的有害生物和病原体。随着国际贸易的发展,海运作为成本比较低的运输方式,发挥着越来越重要的作用,但由于压舱水而带来的外来物种入侵的现象也屡见不鲜。为了防止外来物种入侵,保护海洋及沿岸的生态系统,制定了该指南。

以下介绍几个有代表性的国家应对外来物种入侵的立法,为今后完善我国相关的法律制度提供借鉴。

二、国外立法经验

(一)新西兰的法律对策

新西兰是一个位于太平洋南部的岛国。它在赤道与南极之间,属典型的海洋性气候,温和多雨,境内河流密布,国土面积有 25 万平方公里,有着千差万别的地形地貌,集中了世界上几乎所有的气候带和地貌,还有着古老的树种、不能飞行的鸟类、体型巨大的昆虫和来自遥远的恐龙时代的大蜥蜴,虽然没有老虎、狮子那样的猛兽,但是,独特地形、地貌,适合多种生物生存,堪称自然界一个生物多样性的典范。[①]

1. 外来物种入侵的概况

新西兰最初的原住民是毛利人,其独特的地理位置与环境是动植物理想的家园。18 世纪末,欧洲人开始在新西兰建立殖民地。殖民者开始从欧洲有意

---

① 李树藩等主编:《最新各国概况》,长春出版社 2007 年版,第 1019 页。

或无意带来了许多哺乳动物、植物、鸟类等外来物种,使得当地的生物多样性遭到极大的破坏,新西兰成为世界外来物种入侵最严重的国家之一。在新西兰境内,约有40%的植物、76%的鱼类,近20%的鸟类都是外来种,外来物种是新西兰生物多样性最大的威胁。新西兰的经济高度依赖旅游业、畜牧业等与生物多样性密切相关的产业,外来物种入侵给国家的经济发展带来了巨大的挑战。

面对这一日益严峻的局面,新西兰近年来建立了最广泛、最完整的外来物种入侵立法体系,按照《生物多样性公约》外来物种入侵临时指导原则,确立了三大目标:一是阻止入侵于国门之外,二是在尚未扩散之前就清除入侵种,三是在无法做到清除外来入侵生物的情况下,尽力控制其负面影响。

2. 法律对策

新西兰应对外来物种入侵的法律主要包括两部法案。1993年《生物安全法案》(Biosecurity Act 1993),主要应对有害生物体及偶然释放;1996年《有害物质和新生物体法案》(Hazardous Substances and New Organisms Act 1996),主要应对新生物体的有意进口的批准,这两部法律的负责机构主要是由环境部、农林部和环境风险管理署(ERMA)执行。

《有害物质和新生物体法案》是很有新西兰特色的应对外来物种入侵的法律,该法主要是为了处理对新生物体的进口和把它们从中释放出来的过程中出现的问题,建立了环境风险管理署来进行评估并对当事人的申请作出最终决定。该法将新生物体定义为:任何生物种类(包括病毒、细菌、任何种类的动植物),不是在此法生效前(1998年7月)合法存在于新西兰的物种;任何只保存在容器内而不向野外释放,若为了进一步研究所用、或在动物园展览的生物体;任何基因修饰体并且尚未经批准可以释放的;任何本法第140条规定的可能有风险的物种;任何本法第68条未经批准释放的或任何已经从环境中被清除的物种。

《有害物质和新生物体法案》由环境部颁布,主要由 ERMA 来执行。ERMA 是独立的管理机构,中心任务是运用风险评估程序来批准和控制有害的物质和新生物体,监督法律的遵守和执行,促进对有害生物和新生物体的安全管理。生物传入时,管理在边界进行,由海关和农业部负责,必须确保遵守由

ERMA 基于实验和野外试验的结果，ERMA 监督其他机构对法律的执行，避免体制上出现的管理重叠和空隙。法案中还有一些条款确保法律实施，违反法案将会受到高额罚款，甚至可以监禁 3 个月。此外，法院可以令违法者采取补救措施，以减轻带来的不利影响。

3. 结论

生物多样性成为新西兰的重要资产，也是政府重点保护的对象。新西兰很少进口农产品，只引进少数的优良品种，并且有极其严格的动植物检疫制度，有效地防范外来物种入侵。其目前的问题主要在于对于影响生物安全的物种的认识，过于重视对外经济贸易，对私人领地的外来物种入侵问题重视不够等等。

(二) 美国的法律对策

美国国土面积 936 万平方公里，居世界第四位。西部是高原山地、中部是平原，东部是阿巴拉契亚山地，境内河流湖泊较多。本土大部分地区属温带和亚热带气候，佛罗里达半岛南端属热带，阿拉斯加州属北极圈内的寒冷气候区，夏威夷属热带气候区。美国独特的地理位置、气候条件及地形结构等因素使得美国的生物多样性处于得天独厚的地位，广阔的森林、草原和河流湖泊为生物提供了良好的栖息地。

1. 外来物种入侵状况

美国最初是印第安人的居住地，1492 年哥伦布发现了这块新大陆，欧洲各国殖民者开始在这块土地上拓荒。几百年来，外来物种被带到了美国，绝大多数物种给人们带来了便利，是有益的，但是也有极少数的物种引起了环境、健康和经济等问题，这些被称为入侵种 (invasive species)。这些外来物种每年给美国造成的经济损失达 137 亿美元。[①] 来自非洲的西尼罗河病毒引起的病例时常在东部 12 个州出现，从东亚传入的光肩星天牛对美国森林造成了严重的威胁，高达 46% 的美国濒危动植物面临灭顶之灾。[②]

---

① Pimentel et al, Environmental and economic costs of non-indigenous species in the United States, *BoiScience*, 2000, (60): 63 – 66.

② Wilcove et al, Quantifying threats to imperiled species in the United States, *BioScience*, 1998, (48): 607 – 616.

美国是当今世界在经济、政治、文化等方面高度发达的国家,与世界各地的联系十分密切,人员来往非常频繁,因此,美国外来物种入侵问题是世界上最为严重的国家之一。外来物种入侵已严重影响到社会生活的许多方面,饮用水短缺、环境退化、自然灾害发生的频率与严重程度日益加重,美国政府的技术评估署发表了一份400多页的报告,记录了众多的外来植物、动物和微生物所造成的危害。

2. 法律对策

近几十年来,美国对外来物种入侵问题的认识日益深刻。与其他国家不同的是,美国在早期,对外来物种入侵没有深刻认识的情况下,甚至还没有外来物种入侵的术语时,就开始对外来物种进行法律管制,主要是针对外来的动物和少数的植物。

《莱西法案》(Lacey Act 1900)是美国最早对外来生物进行法律规制的立法之一,[①] 主要针对外来动物对美国环境、农业、渔业等造成的损害进行管制。此后,美国制定了一系列的法律,构成了美国对外来物种入侵的法律体系。美国是联邦制国家,应对外来物种入侵的法律分为联邦法律和州法两个层次。以下简要介绍联邦层次的应对外来物种入侵的法律。[②]

(1)《国家入侵物种法案》(National Invasive Species Act 1996)。该法案是1996年国会通过的重要法案,主要是针对1990年《外来水生有害物种阻止与控制法案》(Non-indigenous Aquatic Nuisance Prevention and Control Act of 1990)的修改与补充。主要是为了防止和控制无意引入外来有害物种及其在五大湖区、旧金山湾、火奴鲁鲁港和哥伦比亚河流的扩散。此法案对有害水生物种进行了界定:威胁本地物种的多样性或丰度、影响水体的生态稳定性以及对依赖于这些水体的商业、农业、水产养殖业或观光业造成损害。要求建立压舱水排放指南,在不影响船只安全航行的情况下,外国船舶必须在美国水域之外排放压舱水之后才能进入美国水域,运输部长监督该指南的执行情况,定期再评估

---

① http://www.animallaw.info/articles/ovuslaceyact.htm. Rebecca F. Wisch, Overview of the Lacey Act (16 U.S.C. SS 3371 – 3378).

② http://www.invasivespeciesinfo.gov/laws/main.shtml. Invasive Species: Laws and regulations.

该指南的执行有效性。

（2）1999年由克林顿总统颁布13122号行政命令（Executive Order 13122），这是美国外来物种入侵立法过程中的一个非常重要的事件。根据这一行政令，成立了国家入侵物种委员会，从此结束了多个机关管理外来物种入侵事务、各自为政的局面。虽然这一行政命令不是国会通过的立法，但是其发挥了巨大的作用，把分散的力量凝聚在一起应对外来物种入侵所带来的挑战。

（3）2000年《植物保护法案》（Plant Protection Act 2000）。该法案允许农业部长或经过农业部长的授权，农业部动植物卫生监察局（Animal and Plant Health Inspection Service，APHIS）禁止或限制某些植物、植物产品、用于生物防治的某些生物体、杂草、植物害虫等的进口、出口或在洲际跨界转移。违反该法案者，要承担比非法走私、携带植物病虫害的植物或农产品更加严格的民事责任，监察局有权要求违法者支付在美国港口处理违法货物所支付的费用。

（4）2000年《有害外来杂草控制法案》（Harmful Non-native Weed Control Act of 2000）。该法案批准了联邦政府对各州在控制外来杂草事务方面的费用分担制度，在杂草蔓延初期进行控制最为有效，据此划拨资金给有关的州政府，然后分配给各地的工作组。

（5）1992年《外来物种防止与执行法案》（Alien Species Prevention and Enforcement Act 1992）。该法案规定，莱西法案所管制的动植物，禁止通过美国的邮政系统进行邮寄，植物保护法案所管制的植物或植物产品也禁止邮寄运输。

（6）1900年《莱西法案》。该法案是最主要的控制外来生物的法律，除法律允许外，禁止进口或运输任何活的野生动植物，允许以科学、医学展览或配种为目的的进口或运输。如果指定的物种和其他脊椎动物、软体动物、甲壳类动物对人的健康、对农业、园艺、林业、或对野生动植物资源产生损害，那么这些物种将被禁止进口。如果情况紧急，执法者有权未经批准进行逮捕，签发传票或令状，搜查或查封财产，检查从国外到达美国的船只、车辆、航空器、包裹和集装箱。并且，在追究法律责任方面，民事责任的赔偿高达1万美元，刑事责任的罚金个人高达25万美元，团体高达50万美元。

另外，还有1931年《动物损害控制法案》（Animal Damage Control Act 1931）、1944年《有机体法案》（Organic Act of 1944）、1947年《联邦杀虫剂、

杀菌剂和灭鼠剂法案》（Federal Insecticide, Fungicide, and Rodenticide Act 1947）、1968 年《卡森福里法案》（Carson-Foly Act of 1968）、1970 年《国家环境保护法案》（National Environmental Protection Act 1970）、1972 年《沿海地区管理法案》（Coastal Zone Management Act 1972）、1973 年《濒危物种法案》（Endangered Species Act 1973）、1992 年《野生鸟类保护法案》（Wild Bird Conservation Act 1992）。

美国承袭了英国的普通法的传统，但在外来物种入侵法律体系方面，大多数采用的成文法，而不是判例法。因为外来物种入侵是近年来才引起人们的重视，外来物种入侵的危害后果是需要经过相当长的时间才能显现出来，国会立法或行政部门立法构成了外来物种入侵法律体系的主要内容。

3. 具体应对措施

(1) 重视预防

如果要进口动物及动物产品、植物及植物产品，必须事先申请许可证。美国农业部动植物检疫局负责颁发对农业、环境或本土物种可能带来风险的生物体的进口许可证，鱼类和野生动物管理局负责其他种类动物的进口。各州根据各自的实际情况，决定是否进行货物跨越州界的检查或检疫。

(2) 早期预警

美国农业部动植物检疫局负责外来物种入侵的早期预警。一旦有外来有害生物上报，农业部动植物检疫局牵头组成专家小组就会召开紧急会议，提出咨询意见和建议供决策者参考。

(3) 清除工作

联邦政府和州政府负责对外来物种控制，13112 号行政命令要求所有相关的联邦机构在外来物种侵袭时作出快速反应，有效行动，协调配合。若是联邦所属的土地，很快就会采取行动，进行清除；如果是私有地，要征得土地所有人的同意，并提供技术帮助。除非情况紧急，通常情况下，政府不得随意进入私有土地。各州有自己的政策来清除有害植物，个人进行清除项目可以得到政府资金的支持。

4. 综合评价

美国的外来物种入侵法律对策值得借鉴，其应对外来物种入侵的法律制度主要包括以下几个方面：

首先，美国的外来物种入侵立法体系包括联邦和各州的主要法律和规章以及国际法律文件。

其次，根据13112行政命令，建立国家入侵物种委员会，负责协调各个部门应对外来物种入侵。联邦与州之间在外来物种入侵问题上，职责划分明确，相互配合到位。

再次，美国联邦政府以及州政府对外来物种入侵法律的强有力的执行，使外来物种入侵的防治工作落到了实处，并取得了显著的成效。

（三）日本的法律对策

日本是由本州、北海道、四国、九州四个大岛和多个小岛组成的岛屿国家，属于温带海洋气候，森林覆盖率高，境内河流密布。古代的日本与世界各地的交往并不频繁，很少有外来生物进入日本。明治维新之后，随着与外界的交往增多，日本也引入了外来生物，有些是危害严重的入侵物种。外来入侵物种的来源地主要是亚洲相邻的国家和美国。目前已有外来动植物、昆虫在日本形成种群，有一些已演化成为入侵物种。例如，对日本森林生态系统构成巨大威胁的松材线虫导致木材严重损失，甚至对美丽的海滨松林也构成了巨大的威胁。

1. 立法状况

为应对外来物种入侵，日本最为重要的法律是2004年制定的《外来入侵物种法案》（Invasive Alien Species Act），该法案2005年7月1日开始实施。《外来入侵物种法案》将外来物种分为入侵物种（IAS）、未归类物种（UAS）和其他物种三大类进行有针对性的管理，对它们的饲养、种植、储存、运输、养殖、进口或其他处理方式进行管制，建立了可操作性很强的一套实施流程。

另外，与外来物种入侵防治有关的法律还有《进口植物检疫条例》、《植物保护法》、《森林法》、《野生动植物濒危物种保护法》等。

2. 管理体制

新西兰特别创设了环境风险管理署（ERMA），美国总统颁布了第13112号行政命令，建立了国家入侵物种委员会，由农业部长、商务部长和内政部长共同领导。日本对于外来物种入侵的防治，并没有成立专门的机构，而是由环境省负责。如果对农业、林业、渔业产生影响的事务，环境省和农林水产省共同负责。环境省设有环境咨询机构，外来物种入侵专家工作小组向行政机构或公众提供咨询意见。

3. 管理办法

根据《外来入侵物种法案》，外来物种分为入侵物种（IAS）、未归类物种（UAS）和其他物种三大类，并对其进行分类管理。

第一类是入侵性外来物种（invasive alien species，IAS），列入内阁级的《外来入侵物种法案》（Cabinet Ordinance of the Act）命令之中。这些物种已经有充分的科学依据证明该类物种对日本的生态环境、人的生命与健康和农林渔业等有危害。除非获得主管大臣的许可，否则，任何可能导致此类物种入侵的活动都被禁止，严格禁止任何饲养、种植、储存或运输 IAS 的行为；不得进行 IAS 任何形式的进口，任何情况下不得丢弃 IAS。

第二类是尚未归类的外来物种（Uncategorized Alien Species，UAS），列入大臣级执行《外来入侵物种法案》（Ministerial Ordinance of the Act）命令中，被认为有可能产生危害，但科学依据不够充分，经过进一步研究确认，有可能列入 IAS 之中。对该类物种，经过当事人提出申请，日本政府有关部门进行详细的调查研究后确定是否允许进口。若没有风险，列入非限制类；若有风险，列入 IAS，则禁止进入。

第三类是非限制类的外来物种，这类物种可以进口。如果在后来的调查中或以其他方式发现它们可能有害，则随时都可以被归入 UAS，甚至被归入 IAS 的类别。

对于在日本已经形成种群的外来物种，如果是有害的，应采取必要的措施控制其进一步蔓延，防止危害及损失的扩大。

日本对于违反《外来物种入侵法案》的制裁力度相当大，违反规定进口外来入侵物种最高可判 3 年以下的有期徒刑或 300 万以下的罚款，上述两种处罚可以并用。①

4. 评析

日本政府对外来物种入侵保持着高度的警惕，政府的立法和执法对防止外

---

① 国际野生动物保护协会：《拯救野生生物》，http://www.chinabiodiversity.com/read.php?tid=2198。

来物种入侵发挥了巨大的作用。《外来入侵物种法案》首次对日本外来物种进行了统一的分类，对早期的动植物病虫害以及所有的外来物种进行归类，并纳入法制化管理的轨道，该法成为强制性的行为规范。这种分类管理的做法值得我们借鉴。

三、国际合作

（一）国际社会的参与

应对外来物种入侵不只是一个国家或一个地区的任务，需要国际社会共同努力。1996年联合国环境问题科学委员会（SCOPE）、世界自然保护联盟（IUCN）、联合国环境规划署（UNEP）等机构共同组织全球入侵物种项目（GISP）。该项目旨在世界范围内交流和共享外来物种的知识、信息和防治措施，制定外来有害物种管理策略，涉及外来入侵物种的评价、入侵途径、入侵生态学、法律与政策、教育与培训等方面的内容，运用科学技术和专业知识增加所有国家减少入侵物种的传播和影响的能力。该项目实施以来，在预防与管理外来入侵物种、组织实施国际合作等方面取得了很大的成果。

（二）高度重视风险预防

1992年《里约环境与发展宣言》提出风险预防原则（Precaution Principle）。为了保护环境，各国应根据本国的能力，广泛适用预防措施。遇有严重或不可逆转损害的威胁时，不得以缺乏科学充分确实证据为由，延迟采取符合成本效益的措施防止环境恶化。

外来物种入侵所造成的严重后果往往在很长时间之后才显现出来，而且所造成的损害往往是不可逆的，因此风险预防原则适用于外来物种入侵的防范。这一原则在《生物多样性公约》序言中就有体现：注意到生物多样性遭受严重减少或损失的威胁时，不应以缺乏充分的科学定论为由，而推迟采取旨在避免或尽量减轻此种威胁的措施。《卡塔赫纳生物安全议定书》明确提出应对外来物种入侵建立在风险预防法律原则基础之上。这说明，引进外来物种，在科学上没有足够证据证明外来物种的危害时就应采取预防行动。

风险预防原则并非在所有国家都有效，各国从自身利益出发，来确立该原则的法律地位。环境保护与经济发展往往存在矛盾，各国价值趋向不同，对该原则的适用也不同，采取的风险标准也不同。实践中，也存在打着风险预防原则的旗子，以环境保护为名，实施贸易保护主义。

事实上，在物种引进时，我们很难准确预知后果，如果等到有足够的科学依据之后再采取措施，可能已经错过了最佳的防治时机，危害已经造成。入侵物种所造成的损害远比一般水污染和大气污染难以治理，而且难以逆转。因此，风险预防原则的确立，对于国际社会规制外来物种入侵，保护生物多样性具有重要的意义。

第四节　我国防治外来物种入侵的法律对策

一、立法现状

外来物种的控制与管理已经引起了国际社会的高度重视，许多国家也相继制定了相关的政策和法律。目前，我国还没有制定一部专门的法律来规制外来物种的入侵。涉及外来物种控制与管理的现有法律包括《农业法》、《环境保护法》、《海洋环境保护法》、《进出境动植物检疫法》、《过境卫生检疫法》、《传染病防治法》、《动物防疫法》和《种子法》等；行政法规和部门规章包括《植物检疫条例实施细则》、《重大动物疫情应急条例》、《突发公共卫生事件应急条例》、《森林病虫害防治条例》、《国家突发环境事件应急预案》、《林业外来有害外来物种入侵灾害预案》；此外，一些省市还制定了地方性法规，如《安徽外来物种入侵突发事件预案》、《沈阳外来物种防治管理暂行办法》。

二、具体法律制度

（一）分类制度

我国已经初步建立了外来物种名录。2002年12月，国家环保总局和中国科学院联合发布了《中国第一批外来入侵物种名单》，公布了我国包括紫茎泽兰、飞机草、牛蛙等在内的外来入侵物种；农业部发布了《进境植物检疫危险性病、虫、杂草名录》、《禁止携带、邮寄进境的动物、动物产品和其他检疫物名录》、《进境植物检疫禁止进境物名录》、《全国植物检疫对象和应施检疫的植物、植物产品名单》；国家质检总局发布了《进境植物检疫潜在危险性病、虫、杂草名录》（试行）；原林业部发布了《森林植物检疫对象和应施检疫的森林植物及其产品名单》等。

这些名录的建立为我国抵御外来物种入侵发挥了较大的作用，特别是在入境阶段，但也存在严重的不足。最大的问题在于没有统一的分类标准及其管理体系，环保、质检、农业、林业各部门都制定一套自己的名录体系，相互之间既有重叠，又有疏漏。因此需要建立统一的外来物种名录，这对分类管理制度的建立至关重要，为外来物种入侵防治法的制定打下坚实的基础。

将外来物种根据统一的标准进行分类之后，实行分类管理。分类管理的方式很多，可以借鉴日本的做法，将外来物种进行分类，采取不同的方式进行管理，我们很难做到像新西兰那样，禁止所有的外来物种进入。

因此，结合我国的实际情况，将外来物种可以分为以下三类：

第一类是入侵性外来物种，已有充分的科学依据证明该物种具有入侵性，例如：地中海实蝇、松材线虫、飞机草等。

第二类是非入侵性外来物种，已有充分的科学依据证明该物种不具有入侵性，或入侵性很小，依靠现代科学技术和方法，完全能够控制在允许的范围之内。但这个分类并不是不变的，一旦有科学依据证明该物种现在有入侵性，就要将其列为入侵性物种。

第三类是不确定性外来物种，根据目前所掌握的情况，尚不能确定其是否具有入侵性。如果要引进这一类物种，经过法定检验、检疫程序，确定其是否具有入侵性，确定是否允许进入。

以上分类是在信息收集、整理和科学研究的基础上进行的，随着实际情况的改变，物种所在的类别可能发生变动，分类的依据和标准应当相对稳定。

（二）检疫制度

1. 动植物入境检疫

在入境阶段，主要是动植物入境检疫，目的是为了防止动物疫情和有害生物的侵入。相关的法律包括：《出入境检验检疫法》及其实施条例，国家质检总局颁布的《进境动物遗传物质检疫管理办法》；我国加入的国际条约：《国际植物保护公约》和《关于卫生和植物卫生措施协议》(SPS)等。

输入动植物及其产品，经检验不合格，由口岸动植物检疫机关签发《检疫处理通知单》，并通知货主或其代理人，在口岸检疫机关的监督和技术指导之下，进行除害处理，需要对外索赔的，口岸动植物检疫机关出具检疫证书。海关、边防等部门截获的非法进境的动植物及其产品和其他检疫物，应交就近的口岸动植物检疫机关检疫。

国内法和国际公约共同构成了我国动植物入境检疫法律制度，是防止外来物种入侵的一道屏障，将外来入侵物种阻挡在国门之外。

2. 国境卫生检疫

国境卫生检疫是为了防止传染病的传入或传出，保护人的健康，卫生检疫机关对出入境的人员、交通工具、运输设备以及可能传播传染病的行李、货物、邮包等物品进行传染病检疫、监测和处理。国境口岸是指国际通航的港口、机场、车站、陆地边境和国界江河的关口。卫生检疫机关在国境口岸工作的范围包括为国境口岸服务的涉外宾馆、饭店、俱乐部，为入境、出境交通工具提供饮食、服务的单位和对入境、出境人员、交通工具、集装箱和货物。对外来物种入侵而言，《国境卫生检疫法》及其实施细则和《国际卫生条例》对防范与控制微生物及寄生虫等外来物种入侵发挥了巨大的作用。

3. 其他入境控制

正常的口岸实施的动植物检疫和卫生检疫无法触及非法进入我国的物种，如动植物的走私。在我国，走私现象一直是十分猖獗的，不仅严重扰乱了正常的经济秩序，而且是造成外来物种入侵的隐患。例如原木走私就可能引入外来的病虫害，我国的海关和边防更多考虑的是对走私行为进行处罚，对走私物品予以没收，很少关注外来物种入侵的问题。这是外来物种入境控制的一个很大漏洞，现有的法律没有作出具体的规定，建议在今后的外来物种入侵防治基本法中予以明确。

(三) 监测、监控与报告

目前我国有环境监测，主要是对影响人类和其他生物生存和发展的环境质量状况进行监视性测定活动。它主要运用于对某些代表环境质量的数值进行长期的监视与测定，以掌握环境污染的状况并判明环境质量的好坏，由各级环境保护部门负责。

对于外来物种入侵防治而言,可以分为自然传入、无意传入和有意传入三大类。对不同的途径传入的物种,监测存在着很大的不同。自然传入的监测通常比较困难,对于自然传入的物种,通常人们不太关注,除非引发了传染病等严重后果,例如,由于候鸟的迁徙引起的禽流感的传播。对于无意引入的外来物种,应加强调查,确定其是否存在于境内,是否有造成危害的可能。对于有意引入的外来物种,需要监测是否形成种群、是否有入侵的迹象。

在我国,外来物种的监测与环境监测有着很大的不同。对外来物种的监测有不同的部门来负责。农业部负责外来农业病虫害的监测,林业部门负责林业病虫害的监测,卫生部负责传染病的监测,出入境检疫部门负责口岸外来动植物病虫害的监测。这些部门各行其是,应当由一个部门进行协调。由于没有相关的法律规定明确各部门的监测职责,协调各部门的工作,环保部所进行的环境监测很难与上述监测相结合,这样的局面不利于外来物种入侵的防治工作。

因此,建议该项监测工作由环保部门总负责,合理划分农业、林业等相关部门的监测职责,减少各部门工作之间出现漏洞,并将监测结果汇总到环保部门,制定相应的防治措施,分工协作,将各项防治工作落到实处。

(四) 法律责任

1. 民事责任

民事责任是指民事主体违反合同义务或法定义务而应承担的法律后果,具有强制性、财产性和补偿性等特征。

根据我国2010年7月1日开始施行的《侵权责任法》第六条的规定,行为人因过错侵害他人民事权益,应当承担侵权责任。根据法律规定推定行为人有过错,行为人不能证明自己没有过错的,应当承担侵权责任。

在过错责任原则制度下,只要同时满足下面四个条件,行为人就应当承担侵权责任:第一,行为人实施了某一行为,包括作为和不作为;第二,行为人实施行为时有过错,包括故意和过失;第三,受害人的民事权益受到损害;第四,行为人的行为与受害人的所受的损害之间存在因果关系。

《侵权责任法》规定了过错推定的原则,是从侵害事实中推定行为人有过错,免除了受害人对过错的举证责任,加重行为人的证明责任。需要注意的是，法律对过错推定原则的适用有严格的限定。根据《侵权责任法》第六十六条的规定，因污染环境发生纠纷，污染者应当就法律规定的不承担责任或减轻责任的情形及其行为与损害之间不存在因果关系承担举证责任。可见，环境污染侵权认定实行举证责任倒置，由污染者就其行为与损害之间的因果关系承担举证责任。

外来物种入侵所引起的法律关系十分复杂，所造成的危害不仅会造成民事权益受损，而且还可造成生态和环境的破坏，造成的损失往往难以确定和量化，有的损害当时并不明显，而随着时间的推移，会逐渐显现出来。民法中的侵权责任难以适用。其次，《民法通则》第124条规定：违反国家保护环境防止污染的规定，污染环境造成他人损害的，应当依法承担民事责任。体现了造成环境污染应当承担的民事责任。但外来物种入侵可能造成其他的损害，例如还可能对工农业等方面造成损害，还可能危害到不特定人群的身体健康，引发公共健康的问题。现有的民事法律规范难以调整。再次，举证困难。外来物种入侵造成危害，有时需要经过潜伏期，人们对外来物种入侵的发生、发展的原因以及造成损失的多少都难以举证。最后，外来物种入侵所造成的损失往往是多方面的，数额也是巨大的，当事人难以支付损害赔偿的数额。

因此，对于外来物种入侵事实清楚，受害人明确，而且损失容易计算的案件，可以用民事诉讼的方法及时解决纠纷，用损害赔偿的办法弥补损失、平衡各方的利益，并要求停止侵害，避免损失进一步扩大。对于大多数外来物种入侵造成的纠纷，现行的法律是难以解决的。

2. 刑事责任

刑事责任是指因违反刑事法律应承担的不利后果，是最为严厉的惩罚性的责任。对于违反卫生检疫规定，有相关的刑法规定。例如《刑法》第337条规定，违反有关动植物防疫、检疫的国家规定，引起重大动植物疫情的，或者有引起重大动植物疫情危险，情节严重的，处三年以下有期徒刑或者拘役，并处或者单处罚金。单位犯前款罪的，对单位判处罚金，并对其直接负责的主管人员和其他直接责任人员，依照前款的规定处罚。该规定是为了防止植物病虫害和动物疫情的发生、传染性病原物的蔓延，但对于外来物种入侵的防范缺乏针对性，难以发挥应有的作用。目前，我国没有关于外来物种入侵刑事法律规定。可以考虑在今后的外来物种入侵防治法中规定相应的刑事责任,明确外来物种入侵防治的刑法措施。

3. 行政责任

行政责任是指行政法律关系主体由于违反行政法律规范而应当依法承担的否定性的法律后果,由有关国家机关依照法定程序予以追究。行政责任包括行政主体违法而承担行政责任和行政相对人违法而承担行政责任。对行政主体的行政责任的规定,例如《进出口动植物检疫法》第 45 条规定,动植物检疫人员滥用职权,徇私舞弊,伪造检疫结果,或者玩忽职守,延误检疫出证,构成犯罪的,依法追究刑事责任;不构成犯罪的,给予行政处分。对行政相对人的行政责任的规定,例如上述法律第 40 条规定,报检的动植物、动植物产品或者其他检疫物与实际不符合的,由口岸动植物检疫机关处以罚款;已取得检疫单证的,予以吊销。

关于行政责任的相关规定散见于各个单行法中,没有统一的规定,不利于对外来物种入侵行为的调控。如果将来能够制定外来物种入侵防治法,可以将有关的行政责任规定在该综合法中。

三、存在的不足与完善

我国有关外来物种入侵的法律规定散见于多部法律、法规和行政规章和一些文件之中,法律之间有冲突,缺少一部关于外来物种入侵的基本法。在前期预防阶段,采取的措施层级低,入侵物种的种类还不明确,采取的措施缺乏针对性。在外来生物入境阶段,我国有比较完善的检验检疫措施,但还是存在漏洞。外来生物入境之后,监测、监控措施不力,缺少快速反应机制。外来物种造成灾害之后,采取的措施对于生态恢复考虑的不足,更加关注病虫害的治理。

虽然我国采取了积极的措施防治物种入侵,但外来入侵物种没有得到有效的遏制。近十年来,新入侵我国的外来物种的数量不断增加。造成这种结果的原因是多方面的,其中应对外来物种入侵的立法不够完善是根本原因之一。法律制度的不完善具体表现在以下几个方面:

(一)立法内容偏重动植物检疫

目前,有关的法律主要是关于动植物的检验检疫,针对病虫害和杂草,涉及外来物种入侵的防范和管理的法规很少。由于法律没有对造成外来物种入侵的法律责任进行明确的规定,使得物种的引入者更多地考虑自身的经济利益,而忽略外来物种入侵给社会造成的严重后果。《进出口动植物检疫法》是目前防范物种入侵的基本法律依据,但难以发挥应有的作用。该法主要是针对病虫害,将其他有害生物列入病虫害的范畴,但对外来物种是否有害很难判断,往往是入境之后,大量繁殖,肆意蔓延,造成了严重后果的时候,才发现是有害物种。现行立法很少涉及生物多样性得到保护、生态安全和可持续发展等内容。

（二）立法体系的问题

我国《环境保护法》、《农业法》、《森林法》都没有对外来物种入侵概念以及防治做出具体的规定,有关的规定散见于前文所述的法律、法规和条例之中,这种局面不利于有效地防范入侵生物。

我们可以借鉴美国的做法。美国在 1996 年颁布实施了国家入侵物种法案 (National Invasive Species Act 1996),并按照 1999 年 13112 号总统令成立国家物种入侵委员会,制定联邦政府的计划指南,涉及专项基金,及时开展疫情监测、风险预防和入侵防治等工作。目前我国需要对外来物种入侵进行专项立法,综合防治。

依照现行法律,只对国际上已经造成严重危害后果的有害生物进行检疫,对于新出现的外来物种入侵没有引起足够的重视,更难以做到事前预防。例如罗非鱼已对环境、生态造成了严重危害,但没有采取有效措施阻止引进。

（三）管理机制不够完善

有权审批从境外引进生物的部门有农业部、国家林业局等部门,不同部门引种时执行的标准不同,会出现顾此失彼的情况。另外,行政法规和部门规章出自不同的部门,规定会出现矛盾和真空,这些情况给有害物种的入侵带来可乘之机,给我国农业、林业、渔业和牧业等领域造成了巨大的损失。

从国外的立法实践可以看出,美国制定了比较具体明确的外来物种入侵法律制度,由国家入侵种法案和总统行政令组成,联邦法和各州的法律错综复杂。日本关于外来物种入侵的法律规定比较原则,为了便于执行,颁布了相应的内阁法令和部级法令,这种关系类似于我国的法律及其实施细则。针对我国目前遭受到的外来物种入侵比较严重的状况，我们有必要制定一部外来物种管理法，以防治外来物种入侵。

四、制定外来物种管理法

防治外来物种入侵是一项综合性、系统性的工作，它包括对外来物种的风险进行评估、对外来物种的引进监管以及危害发生后的救济和责任追究等一系列内容，涉及农林牧渔各业以及包括进出口检疫部门在内的各职能部门。防控外来物种入侵，需要各职能部门之间的协调。因此，外来物种管理法应当是一部综合性的法律，包含以下基本原则和重要制度。

（一）基本原则

1. 风险防范原则

《生物多样性公约》在序言中提出：注意到预测、预防和从根源上消除导致生物多样性严重减少或丧失的原因至关重要，并注意到生物多样性遭受严重减少或损失的威胁时，不应以缺乏充分的科学定论为理由，而推迟采取旨在避免或尽量减轻此种威胁的措施。风险防范作为生物多样性保护的一项基本原则，为各国所确认。许多国家为保护本国的生物多样性，防止外来物种入侵，实行了风险防范原则。美国、新西兰、欧盟等许多国家都非常重视风险预防工作。例如，美国上世纪90年代建立了外来有害生物风险评估机构，建立有害生物信息库，及时进行风险评估，以遏制外来物种的入侵。

在具体操作层面，对于风险防范应采取有效的措施。对于有意引进，在物种引入之前，应进行充分、科学的评估，评估结果是安全的，才可引入。引入之后，在可控的范围内进行释放，还要持续地跟踪，发现问题及时解决，避免造成大面积的灾害。对于无意引进，应加强检查、检疫。对于各种交通工具、运输的货物和携带的行李以及压舱水都要进行仔细检查，有效阻止外来物种的入侵。

2. 污染者付费原则

污染者付费原则（polluters pay principle）是1972年联合国经济合作与发展组织（OECD）环境委员会提出的，污染者必须承担控制污染的费用。这一原则在我国得以确认并不断深化。1979年《环境保护法（试行）》中规定的是"谁污染,谁治理"的原则,1989 年《环境保护法》发展为"污染者治理"原则,1996 年《国务院关于环境保护若干问题的决定》发展为"污染者付费"原则。① 根据污染者付费原则,造成外来物种入侵的责任人应当承担环境污染造成的损失及防治污染的费用。对于有意引进,责任人比较容易确定,适用该原则。对于无意引进,比如压舱水带来的有害物种,情况复杂,责任人难以确定,适用该原则就会出现困难。

3. 国际合作原则

造成外来物种入侵的原因是多方面的,防治外来物种入侵,可能会涉及国际经济与贸易、海关、边境等方面。一个国家孤立行动无法有效地控制外来物种入侵,我国与其他国家的合作与信息交流显得越来越重要,特别是与周边的国家。有害物种的信息收集、整理、使用是重要的基础性工作,各国应将有关信息尽快地整理,及时与相关国家共享信息资源,有效地防治外来物种入侵。

立法时还应考虑我国的法律制度与国际条约的衔接问题,我国所采取的防治措施应当符合国际条约的规定,例如天敌的引入应当符合国际条约的限制。

(二) 重要制度

1. 许可证制度

《卡塔赫纳生物安全议定书》规定了事先知情同意程序(AIA),对于有意引进,应当由物种引进者向有关部门提交拟引进物种的详细资料,包括物种的原产地、生物学特性、引种历史、风险评估等,由管理部门会同技术机构对资料进行审核,决定是否引进该物种,是否需要附加保障措施。对于不产生危害的物种或危害很小、可以接受或控制的物种,颁发引进许可证。我国《进出境动植物检疫法》规定了物种引进的审批程序,对防御外来物种入侵起到了一定的作用,但主要是针对病虫害的防治,并且缺乏必要的技术支持,难以发挥防治外来物种入侵的作用。

完善我国的物种引进许可证制度,首先要建立一套技术标准和规则,使审查在科学依据的基础上进行,减小人为因素所带来的风险。其次,根据危害程度对物种进行分类,列出清单。按照大多数国家的做法,清单可以分为黑名单

---

① 中国生态补偿机制与政策研究课题组编著:《中国生态补偿机制与政策研究》,科学出版社 2007 年版,第 74 页。

或者红色警示名单,即可能造成严重生态灾害而必须禁止引进的物种;白名单或绿色名单,即证明了一定不会造成威胁而可以进行引进的物种;灰名单或黄色警示名单,即不知道是否有侵袭性。① 对于这类物种,我们应当暂时不引入,等有了科学依据,进行充分的论证后再作决定。有了一系列清单,使许可证的发放有科学的依据,使操作更加透明和公正。另外,还要建立高效的审批程序。如果审批程序过于繁杂,申请者冒险进行非法引进物种的可能性就会增加。

2. 风险评估与管理制度

风险评估是对有意引进的物种进行科学论证,包括该物种的特性、所要进入的环境、引进的数量与用途、产生危害的可能性、控制危害的成本等等,综合各种因素评估,然后作出是否引种的决定。风险的存在可能是多方面的,包括对人类的健康、环境的破坏、对当地生物的威胁、生态平衡的破坏等等。风险评估的目的是为了确定风险的大小,为以后的风险管理提供科学的依据。《卡塔赫纳安全议定书》规定每个国家应进行风险评估,对可能查明的风险予以管理和控制。有效风险管理机制包括监测制度、研究方案、技术培训和政府机构及公用事业单位之间加强协调。

我们已经认识到风险评估的重要性,在《全国生态环境保护纲要》第14条明确规定:"对引进外来物种必须进行风险评估,加强进口检疫工作,防止国外有害物种进入国内。"可见,只有经过风险评估,确认不会造成危害的物种才能引进,从源头上控制有害物种的入侵,真正做到防患于未然。风险评估和管理是一项专业性很强的工作,国家质检总局开展对有害生物的风险分析,环境保护部也在完善风险评估体系,这项工作需要多学科、多部门共同努力和相互协调才能更好地完成。

3. 早期预警和快速反应制度

防治物种入侵是一项复杂而长期的工作,要对外来物种进行监测,监测的部门包括农业、林业、渔业、检疫、卫生等部门,不同的监测部门还要相互配合。国际上1997年建立了全球入侵物种项目(GISP)和外来入侵物种数据

---

① 童兆法主编:《我国外来物种入侵的法律对策研究》,知识产权出版社2008年版,第162—164页。

第三章　外来物种入侵

库，将外来入侵物种的有关信息收录到数据库中，为监测工作提供依据。我国应当借鉴这种做法，当监测发现外来物种繁殖能力很强、迅速蔓延、破坏其他物种生长、生存的时候，监测机构应当发出预警，密切监视该物种的发展态势。不同的外来物种带来的危害也不同，应建立分级预警机制，根据不同地区、不同物种、发生不同的危害程度等发出等级不同的预警。

当监测部门发出外来物种入侵的预警之后，防治物种入侵的主管部门应采取快速反应，否则可能会造成难以挽回的损失，因为物种入侵对生态平衡的破坏、对环境造成的污染往往是难以恢复的。虽然我国农业部建立了重大疫情快速反应机制，但防止物种入侵的工作涉及的农业部、林业部、卫生部等多个部门和单位，需要建立全面防控体系，真正实现信息共享，协调统一，反应快速，防控及时。

第四章 遗传资源多样性

第一节 遗传资源的概述

一、遗传资源的内涵

生物多样性包括生态系统多样性、物种多样性和遗传资源多样性。遗传多样性主要是指种内遗传结构和组成的多样性，即基因的多样性。《生物多样性公约》对生物资源、遗传资源和遗传材料的内涵作了界定。生物资源是指对人类具有实际或潜在用途或价值的遗传资源、生物体或其部分、生物种群或生态系统中任何其他生物组成部分。遗传资源是指具有实际或潜在价值的遗传材料。遗传材料是指来自植物、动物、微生物或其他来源的任何含有遗传功能单位的材料。

生物资源是一个比较大的范畴，包含遗传资源。遗传资源是具有实际或潜在价值的来自植物、动物、微生物或其他来源的任何含有遗传功能单位的材料。潜在价值的鉴别没有现成的标准。目前有些物种尚未发现特别的价值，随着科学技术的发展，物种的潜在价值被不断发现，因此，广义的遗传资源概念应包括地球上所有具有实际的和潜在价值的生物种类所拥有的基因资源，并包括物种本身。考虑到潜在价值的不确定性和编目的可行性，将遗传资源的范畴定义在具有实际经济价值的动植物和微生物种及种以下的分类单位及其遗传材料的所有生物遗传单位，包括物种和基因两个层次。

传统上的狭义遗传资源是指栽培作物品种和家养畜、禽、鱼品种的种质资源，主要是指种以下的分类单位。作物种质资源，也称作生物遗传资源，包括农业栽培植物各个种所包含的所有品种、品系、类型和遗传材料，并包括与该栽培植物在分类意义上关系密切的野生近缘种质资源，这些野生近缘种质资源多为种、亚种和变种的水平。因此，即使是狭义遗传资源的概念也不仅仅限于"种"以下的单位，也包括部分"种"的水平。联合国粮农组织（FAO）的多边系统将植物遗传资源称之为"粮食和农业植物遗传资源"，实际上是植物（或作物）种质资源的概念。①

广义的遗传资源概念，包含了已有的各种概念和定义，在实践中具有可操作性，对加强保护和管理遗传资源具有现实意义。有专家认为使用"物种资源"的概念更加通俗易懂，也包含遗传资源层面，但容易被误认为更加关注物种层面，忽略了遗传资源的层面。《国务院办公厅关于加强生物物种资源保护和管理的通知》使用了"生物物种资源"的概念，在文件中第一次提到"生物物种资源"的地方说明包括生物遗传资源。生物遗传资源与生物物种资源二者相互包含，可以将二者等同理解。

遗传资源主要包括植物遗传资源、动物遗传资源和微生物遗传资源。任何物种及其包含的基因都可能是有经济价值的，随着科技的发展，潜在价值会逐渐被发掘出来。从经济价值来看，植物遗传资源包括野生经济植物资源、栽培农作物种质资源、野生和栽培经济林木遗传资源、野生和栽培药材与花卉植物遗传资源；动物遗传资源包括野生经济动物资源、半驯化经济动物资源、家养动物遗传资源、渔业生物遗传资源；微生物遗传资源包括农业微生物菌种资源、林业微生物菌种资源、工业微生物菌种资源、医学微生物菌种资源、药用微生物菌种资源、兽医微生物菌种资源和普通微生物菌种资源。

---

① 薛达元等：《遗传资源、传统知识与知识产权》，中国环境科学出版社2009年版，第1—2页。

二、遗传资源原产国的利益保护

《生物多样性公约》第2条规定：遗传资源的原产国是指拥有处于原产境地的遗传资源的国家。遗传资源提供国是指供应遗传资源的国家，此种遗传资源可能是取自原产地来源，包括野生物种和驯化物种的种群，或取自移地保护来源，不论是否原产于该国。

《生物多样性公约》解释了生境与原地条件。生境是指生物体或生物种群自然分布的地方或地点。原地条件是指遗传资源生存于生态系统和自然生境之内的条件。对于驯化或培植的物种而言，其生境是指它们在其中发展出其明显特性的环境。

值得注意的是，遗传资源原产国与遗传资源提供国有着本质的区别。遗传资源原产国是指遗传资源的特定物种起源的地方，一般是在生物多样性极其丰富的国家，例如中国是大豆、茶、柑橘等作物起源的国家。这些遗传资源的原种和野生近缘种至今尚存在于这些国家的原生境条件下。遗传资源提供国不一定是生物多样性丰富的国家，例如美国在过去200多年的发展过程中，从世界各地搜集到大量的农作物种质资源，是全球农作物遗传材料保存量最多的国家。在其60万份遗产材料中，有80%来源于国外，只有20%来自国内。中国的农作物遗传资源保存量居世界第二，农业历史悠久，在保存的40万份农作物遗传材料中，有80%源于本土，是中华民族在悠久的历史中创造、积累的遗传资源财富，20%是与国外交换或引进的遗传材料。

《生物多样性公约》第15条是关于遗传资源的取得，是公约最为重要的条款之一。该条款确认国家对遗传资源拥有主权；遗传资源的取得必须经过资源提供国的事先知情同意，能否取得由提供国政府决定，并依照国家法律行使。各缔约国应酌情采取立法、行政或政策性措施，以期与提供遗传资源的缔约国公平分享研究和开发此种资源的成果以及商业和其他方面利用此种资源所获的利益。这种分享应按照共同商定的条件，力求使提供遗传资源的国家能够充分参与这种开发与研究，并在尽可能的情况下，在这些资源提供国境内进行开发和科学研究。

公约第15条第3款特别指出："为本公约的目的，本条以及第16和19条所指缔约国提供的遗传资源,仅限于这种资源原产国的缔约国或按照本公约取得该资源的缔约国所提供的遗传资源。"公约第16条是关于技术的取得与转让,要求缔约国应酌情采取立法、行政或政策措施,以期根据共同商定的条件向提供遗传资源的缔约国,特别是其中的发展中国家,提供利用这些遗传资源的技术和转让此种技术。第19条是关于生物技术处理和惠益的分配,要求缔约国应酌情采取立法、行政和政策措施,让提供遗传资源用于生物技术研究的缔约国,特别是其中的发展中国家,切实参与此种研究活动;应采取一切可行措施,以赞助和促进那些提供遗传资源的缔约国,特别是其中的发展中国家,在公平的基础上,优先取得基于其提供资源的生物技术所产生成果和惠益。

根据公约的规定,无论是遗传资源的获取还是惠益分享,都限定在原产的遗传资源,或者是按照公约取得的遗传资源。因此,享受获取与惠益分享的遗传资源不包括移地条件下的遗传资源,这就使得在美国、英国等发达国家保存的遗传资源不享有公约有关的获取与惠益分享,除非这种资源是依照公约的规定取得的。这样的规定有利于遗传资源原产国的利益,是对原产遗传资源的一种保护,也是遗传资源丰富的发展中国家在公约起草和谈判过程中不懈努力和长期斗争的结果。

三、遗传资源的重要意义

随着世界人口的不断增长,对粮食的需求与日俱增,农业问题受到各国政府的日益重视。如何培育优良品种,提高粮食产量,科学家把目光投向了可以用来改良作物品种的遗传资源。在上个世纪70年代,东亚地区的稻作物患上了一种草状矮化病,人们面临着粮食危机,科学家努力在全世界范围内找寻抗病基因,终于在印度的一个山谷中找到了一种野生稻米,从中取出了抗病基因,化解了稻米危机。1970年,袁隆平课题组在海南的一片沼泽地的小池塘边发现了一株雄性败育的野生稻,第一个具有优势的杂交组合"南优2号"培育成功,单产比一般常规稻增产20%左右。

世界上很多国家将种质资源作为国家发展的战略物资,予以特别关注,想尽办法收集世界各地的珍稀、野生物种。从上个世纪初,发达国家就派专门的人员深入到资源丰富的国家,特别是经济不发达但资源丰富的发展中国家,使用各种方法收集、掠夺各种种质资源。例如美国保存的种质资源中有80%以上是从国外收集的；日本目前保存的3000多份野生稻种资源，绝大多数是从中国和东南亚国家收集的。种质资源不仅为人类提供衣食等基础物质条件和良好的生态环境，并且为高产、抗病、抗旱、环保等优质新品种选育提供生物多样性丰富的遗传材料，为疾病的防治、新药物和疫苗的开发提供丰富的基因资源。

优质新品种如果没有生物多样性作为基础支持，没有新基因的导入，久而久之就会显现它的弱势并走向衰退。地方品种及其近缘野生物种的灭绝，会导致丧失可供利用的优良基因，优良品种培育之路就会越来越窄。寻找高产作物新品种是目前解决粮食问题的唯一出路，因此必须重视地方品种及其野生近缘物种的保护和利用。我国耕地资源紧缺而且不断减少，而人口却在不断地增加。据估计，到2030年我国人口将达到16亿，这样我国粮食单产要比目前再提高50%，总产量再提高40%以上，才能满足需求。要增加粮食的产量，培育优良品种是提高产量的主要方法。优良品种的选育是对遗传资源的再加工，缺少了遗传资源，作物育种就会成为无米之炊，根本无法实现。因此，遗传资源的保护和利用是中国人衣食的根本保证，也是国家粮食安全的保障。

四、中国遗传资源的现状

中国是世界农作物起源的八大中心之一和世界四大栽培植物起源中心之一，被称为世界"花园之母"。中国幅员辽阔，独特的地形地貌，为我国提供了丰富的遗传资源。据统计，中国拥有高等植物30000余种，仅次于巴西和哥伦比亚，居世界第三位。脊椎动物6347种，居世界前列。在漫长的农牧业发展过程中，培育和驯化了大量优良的作物、果树、家禽、家畜物种和数以万计的品种。中国的生物遗传资源为世界农业、畜牧业以及医药等多方面的发展作出了巨大的贡献。

目前，我国生物遗传资源却面临难以估算的破坏和流失。首先，由于过度开发造成的环境污染和破坏，生物遗传资源的生境遭到严重破坏，遗传资源灭失严重。其次，由于管理不当，盲目引进外来物种，使当地物种的生存受到严重威胁。同时，对生物资源的过度利用、非法贸易及走私，致使一些珍贵濒危生物数量严重衰退，甚至灭绝。再加上我国的生物科学技术水平不高，导致现有的生物遗传资源保护利用水平低下，无法满足育种和生产发展的需求。此外，我国目前对生物遗传资源管理不善以及相关法规和体制不健全，导致大量遗传资源流失。

随着人们对生物遗传资源的重要价值的认识提高，一些发达国家对我国生物遗传资源进行掠夺，致使我国遗传资源流失严重。中国人口众多，人均资源匮乏，环境保护与经济发展之间的矛盾日益突出，自然生境不断被破坏，生物多样性遭到严重的威胁，同时遗传资源多样性锐减。

第二节 遗传资源的获取和惠益分享

《生物多样性公约》提出了三大目标：旨在保护生物多样性、持续利用其组成部分以及公平合理分享由利用遗传资源而产生的惠益。① 公约指出各国对其生物资源拥有主权，因而可否取得遗传资源的决定权属于国家政府，并依照国家法律行使。遗传资源的获取须建立在提供这种资源的缔约国事先知情同意，以及公平分享研究和开发这种资源的成果以及商业和其他利用此种资源所获的利益。②

一、关于遗传资源获取的原则

（一）主权原则（State Sovereignty）

《生物多样性公约》第15条第1款规定："确认各国对其自然资源拥有的主权权利，因而可否取得遗传资源的决定权属于国家政府，并依照国家法律行使。"因此，遗传资源能否获得要视该资源提供国的法律而确定。

（二）事先知情原则（Prior Informed Consent）

《生物多样性公约》第15条第5款规定："遗传资源的取得须经提供这种资源的缔约国事先知情同意，除非该缔约国另有决定。"缔约国提供的遗传资

---

① 《生物多样性公约》第1条。
② 《生物多样性公约》第15条。

源，仅限于这种资源原产国的缔约国或按照本公约取得该资源的缔约国所提供的遗传资源。

（三）公正和公平合理分享原则（Fair and Equitable Sharing）

《生物多样性公约》第15条第6款规定："每一缔约国使用其他缔约国提供的遗传资源从事开发和进行科学研究时，应力求这些缔约国充分参与，并于可能时在这些缔约国境内进行。"

《生物多样性公约》第15条第7款规定："每一缔约国应按照第16和19条，并于必要时利用第20和21条设立的财务机制，酌情采取立法、行政或政策性措施，以期与提供遗传资源的缔约国公平分享研究和开发此种资源的成果以及商业和其他方面利用此种资源所获的利益。这种分享应按照共同商定的条件。"

《生物多样性公约》第8条第j款规定："依照国家立法，尊重、保存和维持土著和地方社区体现传统生活方式而与生物多样性的保护和持续利用相关的知识、创新和实践并促进其广泛应用，由此等知识、创新和做法的拥有者认可和参与其事并鼓励公平地分享因利用此等知识、创新和做法而获得的惠益。"

此外，还要妥善处理知识产权与遗传资源取得及惠益分享的关系。《生物多样性公约》第16条第3款规定："每一缔约国应酌情采取立法、行政或政策措施，以期根据共同商定的条件向提供遗传资源的缔约国，特别是其中的发展中国家，提供利用这些遗传资源的技术和转让此种技术，其中包括受到专利和其他知识产权保护的技术。"并在第5款规定："缔约国认识到专利和其他知识产权可能影响到本公约的实施，因而应在这方面遵照国家立法和国际法进行合作，以确保此种权利有助于而不违反本公约的目标。"

因此，公约的缔约国有权审查各自在遗传资源取得方面的立法是否符合公约的规定。特别对于遗传资源丰富的发展中国家，可根据公约的规定，制定符合本国利益的国内法，或修改现行法律法规，以实现保护与可持续利用本国的遗传资源和惠益分享。

二、《波恩准则》

遗传资源获取和惠益共享（Access and Benefit Sharing，简称ABS）是《生

物多样性公约》的三大目标之一。在公约的实施过程中，缔约国大会、秘书处都致力于促进三个目标的平衡发展，努力寻找途径使生物多样性的保护和利用能够产生真正的惠益。由于缺少法律和具体的配套措施，加上物质条件和管理上的欠缺，三大目标的实现受到了阻碍。

面对基因资源遭受掠夺，发展中国家已经意识到保护基因资源的重要性。在联合国《生物多样性公约》的谈判中，发展中国家坚持遗传资源的国家主权，并将资源主权概念写入《生物多样性公约》。《公约》第15条第1款规定："确认各国对其自然资源拥有的主权权利，因而可否取得基因资源的决定权属于国家政府，并依国家法律行使。"《公约》第16条第3款规定："每一缔约国应酌情采取立法、行政或政策措施，以期根据共同商定的条件向提供遗传资源的缔约国，特别是发展中国家，提供利用这些遗传资源的技术和转让此种技术，其中包括受到专利和其他知识产权保护的技术。"提供基因资源的国家有必要审查是否具备有关遗传资源管理的国家法律法规和政策，需要根据《公约》规定和具体国情，尽快制定符合本国利益的法律，作为处理国家之间遗传资源获取事务的准则，以保护本国的遗传资源，并获取发达国家开发利用此遗传资源的技术。

为履行《公约》第8条、第10条、第15条、第16条和第19条等与遗传资源获取与惠益分享相关的规定，公约秘书处主持召开了三次政府间会议，商讨和谈判一项旨在制定遗传资源获取与惠益分享国际准则的计划，并且于2001年10月22—26日在德国波恩召开的"获取和惠益分享问题不限名额特设工作组会议"上达成《关于获取遗传资源并公正和公平分享通过其利用所产生的惠益的波恩准则》（简称《波恩准则》，全名是 Bonn Guidelines on Access to Genetics Resources and Fair and Equitable Sharing of the Benefits Arising our of their Utilization）。该准则于2002年4月7—9日提交给在荷兰海牙召开的《生物多样性公约》第六次缔约方大会批准。

《波恩准则》是为促使便利遗传资源获取、公平合理分享惠益的原则成为现实，并设计了自然人和法人之间商定遗传资源获取与惠益分享协议的参考条款，无论在国家之间、国际组织之间还是自然人之间都具有可操作性。因此《波恩准则》具有公开、透明、弹性、可操作、相互补充、与其他条约相协调

等特性。《波恩准则》的主要内容如下:

《波恩准则》的目标是:提供缔约方和利益有关者一个透明的框架来促进获取遗传资源和公平分享惠益;特别向发展中国家,尤其是最不发达的国家和小岛屿发展中国家提供能力建设,以确保有效谈判和实施获取与惠益分享的安排;加强资料交换所机制;帮助各缔约国建立保护土著社区知识、创新和实践的机制及获取与惠益分享制度。

《波恩准则》明确了相关利益者、遗传资源提供方与使用方的关系及权利与义务;要求缔约方应指定一个获取和惠益分享方面的国家联络点和国家主管部门,根据本国法律、法规和政策,批准获取遗传资源;规定遗传资源的使用者和提供者在执行共同商定条件时应负的责任。

《波恩准则》提出遗传资源获取和惠益分享的步骤,包括"事先知情同意制度"和"共同商定条件"。事先知情同意程序要求获取遗传资源需要取得资源提供国的事先知情同意,主要内容包括:给予知情同意的主管部门、时间规定、用途说明、取得事先知情同意的程序,与利益相关者的协商机制等等。共同商定条件是遗传资源提供方和获取方双方达成的协议,主要内容包括:遗传资源的类型、数量、活动的地理区域,对材料用途的可能限制,原产国的主权,能力建设要求,向第三方转让的规定,尊重土著社区的权利,保密资料的处理,如何分享惠益,包括惠益类型、惠益时间性、惠益的分配和惠益分享机制等。

《波恩准则》第V部分规定,根据遗传资源获取与惠益分享的条款,国家应监督:遗传资源的使用是否符合规定;研究与开发的进展;与所提供材料有关的知识产权申请;利益相关者的参与,特别是土著居民与地方社区应该在遗传资源与惠益分享协议的不同履行阶段,协助国家监督协议的执行情况。

《波恩准则》是自愿性的国际规则,不具有强制性。虽然其致力于使惠益分享变为现实,但要实现其目标,无论在理论上还是在实务操作上,各个国家要制定法律和相关措施都存在相当的难度。首先,一般情况下,遗传资源并不属于某一特定的自然人、法人或组织,通常属于某一社区或多个社区的共同资源,这些社区不在同一地区或同一个国家。即便可以追溯到某一特定生境的遗传资源,对于大多数融合各种因素的遗传资源来讲,惠益分享也是很难做到

第四章 遗传资源多样性

的;其次,惠益分享不应影响遗传资源的合理使用,特别是科学研究中使用遗传资源。现在已有一些国家采取收紧获取的政策已经限制了生物学家对遗传资源的研究。① 再次,各国国情差异较大,立法技术、执法水平相距甚远,加上经济、文化和体制的不同,都会影响到惠益分享的实现。

为此,《波恩准则》提供遗传资源商业化产生的货币利益与非货币利益分配的范文,以供各国在遗传资源转让过程中选择适用。

三、遗传资源获取与惠益分享谈判的国际背景

2002 年 4 月在荷兰海牙召开的《生物多样性公约》第六次缔约方会议(COP-6)通过了《波恩准则》。2002 年 8 月在南非召开"可持续发展问题全球高峰会议",号召在《公约》的框架内,制定一项促进公平和公正地分享利用遗传资源产生惠益的国际制度而进行的谈判。2003 年 12 月 1 日特设工作组在加拿大蒙特利尔召开第二次会议,就有关 ABS 的未来国际制度的进程、性质、范围、要素和形式等议题进行了讨论,并以工作组名义向《生物多样性公约》第七次缔约方大会提出建议。工作组制定了国际制度谈判的工作大纲,提交给 2004 年 2 月在马来西亚吉隆坡召开的第七次缔约方会议。吉隆坡第七次缔约方会议公告了有关遗传资源的获取和惠益分享(ABS)问题的第 19 号决定。② 主要包括:关于执行《波恩准则》、补充《波恩准则》、支持履行公约有关 ABS 条款的其他措施;对在其管辖范围内获取遗传资源时能够满足"事先知情同意"和遵守"共同商定的条件"的情况采取各种支持措施,包括审议这些措施的可行性、实用性和费用;ABS 问题的能力建设;就 ABS 国际制度问题进行谈判。

《生物多样性公约》第八次缔约方会议(COP-8)在 2006 年 3 月 20 日至 31 日在巴西 Curitiba 召开。主要内容为:特设工作组需要继续进行 ABS 国际制度的起草和谈判工作,并要求最快在第十次缔约方会议(2010 年)之前完成。并决定建立一个技术专家组,在没有预先设计结果的情况下,探讨一项国际认

---

① Revkin, A. "Biologist Sought a Treaty; Now they fault it", New York Times, 7 May, 2002.
② http://www.cbd.int/convention/COP-7-dec.shtml? m = COP-07&id = 7756&lg = 0. COP 7 Decisions.

可的遗传资源原产/来源/法律出处证书的形式、目的、功能的可选择方案，并分析其证书的实用性、可行性、成本与效益，以实现《公约》第 15 条和第 8 条的目标。

《生物多样性公约》第九次缔约方会议（COP-9）于 2008 年 5 月 19 日至 30 日在德国波恩举行，就 2010 年之前完成国际制度下一步谈判设定的路线图达成共识，称为"波恩路线图"。会议主席德国环境部长 Sigmar Gabriel 着重强调要对 ABS 国际制度的谈判进程做出明确的指示，以尽快完成 ABS 国际制度的制定工作。他明确指出 ABS 国际制度具有政治意味，承诺尽他最大努力使这项议题取得进展，要求明确波恩会议的使命，因为国际制度"必须在 2010 年通过"。谈判的背后是发展中国家希望在不同程度上对抗发达国家，以解决"生物剽窃"问题。因此，会议主席指出："当发达国家从热带雨林获得遗传资源，并从这些资源中制备产品，但没有返还 1 分钱。发展中国家将之形容为生物海盗，的确恰如其分。""我们必须实现公平的惠益分享。原产国拥有我们星球大量的生物多样性……希望能有所补偿……在我看来，经济补偿不是主要的方面，这是原则性的问题。工业化的世界必须认识到生物资源的成果必须与那些为人类将生物多样性保存至今的人们一起分享。"会议决定成立一个 ABS 问题非正式磋商小组（ICG）来起草有关 ABS 问题决议草案，包括为 ABS 特设工作组未来两年的工作进程制度路线图。以达到在 2010 年第 10 次缔约方大会前完成 ABS 国际制度谈判工作的目标。

各利益相关方关于 ABS 的问题，对最终要达成的国际制度存在明显分歧，成立了非正式磋商小组进行协商。生物多样性大国希望在 ICG 不仅仅只是讨论进程和制定路线图，还争取讨论和推动实质性问题的谈判；欧盟、加拿大、新西兰和日本等国只是希望讨论进程，不愿涉及 ABS 国际制度中的实质性问题，在所有有关进程的安排上不能对实质性问题谈判的结果有任何的预测和预判，认为这应在今后两年安排的 ABS 特设工作组中去谈判。经过磋商，达成一致的 ABS 谈判路线图的内容是：

（1）以日内瓦案文为基础，继续谈判 ABS 国际制度，在 2010 年第十次缔约方大会前完成工作，并向 COP-10 报告结果。

（2）在 2010 年第十次缔约方大会前举行三次 ABS 工作组会议。

(3) 成立三个技术专家组，召开三次专家组会议。

(4) 对上述技术专家组的工作大纲初步达成一致。

在关于获取和惠益分享问题上，缔约方大会重申了对获取和惠益分享问题工作组在缔约方大会第十届会议之前尽早完成获取和惠益分享国际制度的拟订和谈判的指示。缔约方大会还决定工作组第八次会议谈判关于与遗传资源有关的传统知识的工作文案，设立三个不同的技术和法律专家组，以便为谈判进程提供信息，其中的两个专家组专门处理与遗传资源相关的传统知识方面的问题：与遗传资源相关的传统知识问题专家组 2009 年 6 月在印度海德拉巴举行了会议，关于履约问题的专家组 2009 年 1 月在东京举行了会议。

缔约方大会还在第 IX/12 号决定第 20 段中要求继续与获取和惠益分享问题工作组合作，并帮助工作组执行任务，为此就与遗传资源有关的传统知识问题和履约问题技术专家组的成果提供详细和有所侧重的观点，供获取和惠益分享问题工作组在工作中参考。

获取和惠益分享问题工作组第七次会议 2009 年 4 月 2 日至 9 日在巴黎举行。会议专门讨论了关于目标、履约、公平和公正的惠益分享以及遗传资源的获取的工作案文的谈判。

鉴于上述，邀请公约第 8 条（j）款相关条款问题工作组向获取和惠益分享问题特设工作组提供获取和惠益分享国际制度与相关传统知识和公平的惠益分享有关的意见，包括关于传统知识和履约两个专家组的成果的详细和有所侧重的意见。在致力于完成任务时，工作组还不妨考虑若干与土著和地方社区以及遗传资源的获取及惠益分享有关的举措。

2009 年 11 月 2 日至 6 日，在加拿大蒙特利尔特设工作组举行第六次会议，对《生物多样性公约》相关条款进行了讨论，关于 ABS 问题国际制度谈判取得了一些进展。①

在 ABS 问题谈判过程中，发展中国家与发达国家在建立国际体制问题上存在着重大的分歧。由于缺少国内立法和国际立法，发展中国家拥有丰富的遗传资源，发达国家通过各种方法和途径无偿或廉价获取遗传资源，并独自享有

---

① 《生物多样性公约》，http：//www.cbd.int/doc/meetings/tk/wg8j - 06/official/wg8j - 06 - 06 - rev1 - zh.pdf。

由此带来的利益。因此，发展中国家希望通过建立国际机制，能够实现惠益分享，但发达国家采取各种手段拖延谈判。遗传资源的获取和惠益分享涉及政治、经济、法律等多方面的问题，还有复杂的技术层面的问题。发展中国家希望通过谈判达成具有约束力的法律文件，发达国家的立场正好相反，谈判的进展十分艰难。

四、《名古屋ABS议定书》（Nagoya ABS Protocol）

《生物多样性公约》第10次缔约方大会于2010年10月18—29日在日本名古屋召开，通过了《生物多样性公约关于获取遗传资源和公正公平地分享其利用所产生惠益的名古屋议定书》（简称《名古屋ABS议定书》），在生物多样性公约发展的历史上具有里程碑意义。[①]

（一）谈判的重要成果

议定书的谈判过程是发展中国家与发达国家的较量，经过多次磋商，到10月28日夜晚并未达成一致，谈判破裂。东道国日本政府出面协调，CBD第十次缔约方大会主席日本环境大臣松元龙先生在10月29日提出了一个妥协文本，经过各方协商，最终达成一致。

1. 遗传资源利用与衍生物的定义

《名古屋ABS议定书》第2条对"遗传资源利用"和"衍生物"进行了定义。遗传资源利用是指遗传材料的基因与生物化学组成进行研究和开发，包括通过使用生物技术的使用与开发。衍生物是指由生物或遗传资源自然发生的基因表达或代谢过程产生的生物化学化合物，即使其中不含有遗传功能单位。衍生物是否包含在ABS的范围内是一个争议很大的问题，遗传资源使用者强调CBD只限于遗传功能利用的惠益分享，遗传资源提供者认为衍生物是使用遗传资源而直接产生的，应纳入ABS的范围。最终议定书文本的表达基本满足遗传资源提供者的要求。

2. 关于履行约定中的问题

遗传资源提供者坚持要求遗传资源的使用者披露遗传资源的来源，并提供

[①] 资料来源于薛达元：《〈生物多样性公约〉新的里程碑：〈名古屋ABS议定书〉》，载《环境保护》，2010年12月。

证据证明遗传资源获取是按照 CBD "事先知情同意"和"共同商定条件"的原则进行的，由遗传资源提供方签发许可证。遗传资源的使用者不愿意披露遗传资源的来源。最后发展中国家作出了让步，议定书没有将强制披露遗传资源的来源写入文本。

国际公认证书是对所利用遗传资源身份的说明，议定书在第13条规定：提供给 ABS 信息交换所的许可证或等同文件应成为国际公认的遵守证书。证书的信息包括：颁发证书的当局；颁发日期；提供者；证书的独特标识；被授予 PIC 的人或实体；证书涵盖的主题或遗传资源；已订立 PIC 的确认；获得 PIC 的确认；商业和非商业用途。

发展中国家（多为遗传资源的提供者）坚持要求缔约方设立多个环节的检查点，尤其是在国家专利局，以监督遗传资源的使用者是否遵循了事先知情同意和共同商定条件的原则。发达国家反对在国家专利局等环节设立检查点，只同意在国家主管部门设立一个检查点。最后发展中国家作出了让步，弱化了检查点的作用。议定书规定：可指定一个或多个检查点，指定的检查点将收集有关 PIC、MAT、遗传资源来源及利用的相关信息，并酌情提供给惠益分享信息交换所；检查点应同遗传资源的利用或同研究、开发、创新、商业化前和商业化中的任何阶段收集的信息相关联。

3. 关于遗传资源的获取与分享

关于遗传资源的获取，《名古屋 ABS 议定书》第5条规定：（1）遗传资源的获取需经该资源原产国缔约方或依据公约获得该资源的缔约方的"事先知情同意"（PIC）；（2）要求 PIC 的各缔约方应采取必要的立法、行政或政策措施：对其法律上的确定性、明晰性和透明性作出规定；对如何申请 PIC 提供信息；答复的时间周期；获取时签发许可证书，以证明符合 PIC 和 MAT，并通知 ABS 资料交换所，以书面形式为获取和共同商定条件等订出明确的规则和程序。

《名古屋 ABS 议定书》第6条（特殊考虑）规定：缔约方应创造条件，包括利用关于非商业性研究目的的简化获取措施，促进和鼓励有助于保护和持续利用生物多样性的研究，特别是在发展中国家，同时考虑到有必要解决研究意图改变的问题。并且规定：适当注意根据国家和国际法所确定的各种威胁或损害人类、动物或植物健康的当前或迫在眉睫的紧急情况。缔约方可考虑是否需要迅速获得遗传资源和迅速分享利用此种资源产生的惠益,让有需要的国家,特别是发展中国家获得支付得起的治疗。

可见,议定书在事先知情同意(PIC)方面体现了发展中国家的要求,在特殊情况下,例如紧急情况下公共健康问题的研究和非商业用途的研究等,对于遗传资源的获取体现了发达国家意愿。

关于遗传资源的惠益分享,《名古屋ABS议定书》基本体现了发展中国家的要求,惠益分享成为具有法律约束力的缔约方义务。其主要内容包括:(1)据CBD第15条第3款和第7款,应与提供遗传资源的缔约方(此种资源的原产国或根据《公约》获得遗传资源的缔约方)分享因利用资源以及嗣后的利用和商业化所产生的惠益,分享时应遵循共同商定的条件。(2)酌情采取立法、行政或政策措施,以落实上述第1款。(3)惠益形式可以包括货币和非货币性惠益,但不限于附件1所列的惠益形式。

(二)《名古屋ABS议定书》的意义和影响

1993年生效的《生物多样性公约》提出了三大目标:保护生物多样性;持续利用生物多样性的组成部分;公平公正地分享由于利用遗传资源所产生的惠益。《名古屋ABS议定书》达成,意味着以上三大目标将得以全面实现。

对中国而言,中国是一个遗传资源比较丰富的发展中国家,目前总体上属于遗传资源提供国,这次谈判中国也是站在发展中国家的立场上去争取共同的利益。另一方面,中国的生物技术正在迅速发展,从国外获取遗传资源的趋势不断加强,发达国家争取的利益也会部分惠及到中国。总体而言该议定书对于中国的发展是有利的。

然而,目前中国的现状也将面临挑战。在立法和政策方面,议定书要求缔约方采取法律、行政和政策措施,促进遗传资源的获取和惠益分享,并给各国立法留有很大的空间。中国目前还缺乏专门的遗传资源获取与惠益分享法律法规和政策,行政管理也涉及多个部门,相互之间难以协调。在履行议定书规定的义务时,例如事先知情同意,需要通过国内立法做出清晰的规定,明确如何提供PIC信息和程序,中国还需要确定处理ABS问题的主管部门、联络点和建立ABS信息交换所机制等。实施该议定书需要强大的技术支撑,在技术方面，中国目前比较薄弱。

《名古屋 ABS 议定书》与其他国际公约的关系也是一个有争议的问题。发展中国家坚持认为议定书的适用范围应包括遗传资源、衍生物、生物资源、遗传资源产品、农业与粮食遗传资源、南极和公海的生物资源、人类遗传资源、病原体和相关传统知识等。发达国家认为，《生物多样性公约》只涉及遗传资源，然后承认可以包括土著和地方社区与遗传资源有关的传统知识，而其他的类型都不包括，因为已经有相关的公约、条约和国际组织对这些类型的资源实施管理。二者的争议最终没有能够通过谈判解决。最后，经过东道国日本的协调，通过了议定书，第 3 条作出如下规定：本议定书适用于《生物多样性公约》第 15 条范围内的遗传资源和利用此种资源所产生的惠益。本议定书还适用于与《生物多样性公约》范围内的遗传资源相关的传统知识以及利用此种知识所产生的惠益。本议定书与现有国际协定和文书之间的关系是：（1）本议定书不妨碍任何缔约方履行现有其他国际协定所产生的权利和义务；（2）本议定书的任何规定都不妨碍缔约方制定和执行其他相关国际协定，包括其他专门性 ABS 协定；（3）应以同其他与本议定书相关的国际文书相互支持的方式执行本议定书，应适当注意在这些国际文书和相关国际组织下开展的有意和相关的现行工作或做法。

第三节　遗传资源保护的国际立法

一、TRIPS 协议与遗传资源的保护

（一）TRIPS 协议与生物多样性

TRIPS 协定中与生物多样性有关的条款是第 27 条可获专利的发明。第 27 条第 2 款规定：如果是为了保护公共秩序和社会公德，包括人类、动物和植物的生命与健康，或为避免对环境的严重破坏所必需，各缔约方均可排除某些发明于可获专利之外，可制止在该缔约方地域内将这类发明进行商业化使用，只要这种排除并非仅由于该成员的域内法律禁止该发明的实施。第 3 款规定：缔

约方可以排除下列各项于可获专利之外：诊治人类或动物的诊断方法、治疗方法和外科手术方法；除微生物之外的动物、植物，以及生产动物、植物的主要是生物方法；生产动物、植物的非生物方法及微生物方法除外；然而，缔约方应以专利制度或有效的专门制度，或以任何组合制度对植物新品种进行保护。对本项规定应在"建立世界贸易组织协定"生效的四年之后进行检查。

由此可以看出，对于动物、植物产品，以及为生产动物、植物的生物方法，不得授予专利权；对于生产动物、植物的非生物方法或微生物方法，给予专利保护；对于植物新品种提供保护；对于微生物而言，无论是产品还是生产方法，均给予专利保护。

TPIPS 协议和 CBD 从促进人类的进步与发展而言，二者的目标是一致的，但要解决的问题不同，立法目的也不同。TRIPS 协议的目的在于确立保护知识产权的最低标准，更加关注保护利用遗传资源的发明人的利益；而生物多样性公约在于保护遗传资源的获取和惠益分享，更加关注保护生态环境和遗传资源提供者的利益。二者并不矛盾，并可以相互补充。例如：TRIPS 协议规定专利保护可以为惠益分享提供经济来源与保障，CBD 规定资源的保护与分享的实现为生物技术的可持续发展提供了广泛的原材料和公平合作的基础。[①]

由于不同的利益方对有关规定会有理解上的分歧，在 TRIPS 协议和 CBD 实施的过程中，结果就有可能大不相同。例如：CBD 确认国家对其生物资源享有主权的原则、事先知情同意和惠益分享，TRIPS 协议强调对知识产权的保护，如果对一个新品种授予专利，在一定的时期内，只有专利权人可以处分，显然，这对于公共利益的保护，特别是对生物多样性的保护是不利的。WTO 将来的谈判应当把如何在专利合理保护的同时，保障产生专利权所涉及的遗传资源的惠益分享。

关于协调 TRIPS 与 CBD 的关系，主要问题集中在是否应该要求 WTO 成员在采取国内立法规定专利申请必须披露传统知识或遗传资源的信息。具体包括：在发明中使用的遗传资源的信息；在发明中使用的传统知识；已经获得遗传资源来源国有关部门事先知情同意的证据；已经作出公平的惠益分享安排的

---

① 薛达元等：《遗传资源、传统知识和知识产权》，中国环境科学出版社 2009 年版，第 72 页。

证据。

关于 TRIPS 与 CBD 协调的方案，至今没有形成共识。主要有三种方案：第一种方案，发展中国家要求修改 TRIPS，将专利申请中要求公开遗传资源的来源作为 TRIPS 协议中的一项信息披露义务，并提供获得事先知情同意和公平分享惠益的证据。第二种方案是建议通过 WIPO 披露信息。瑞士建议在《专利合作公约》增加修正案，通过国内立法要求发明人在申请专利时公开遗传资源和传统知识的来源。这只是形式要求，各成员可以选择适用。第三种方案是要求披露信息，但不纳入专利法的框架内。欧盟提早在专利法范围之外设定信息披露义务，专利申请人不披露人可以获得专利权。美国认为通过国内立法采用合同机制解决商业化使用遗传资源和传统知识信息披露的问题。①

《生物多样性公约》关于遗传资源的规定有利于遗传资源丰富的发展中国家和最不发达国家。在遗传资源的取得问题上，各国拥有其生物资源的主权，其他缔约方取得遗传资源用于无害环境的用途，必须经过提供者的事先知情同意。遗传资源提供者可与使用者公平分享研究和开发遗传资源所获得的利益。TRIPS 对遗传资源取得的事先知情、无害使用和惠益分享都没有提到，有利于生物技术先进、遗传资源相对贫乏的发达国家。

（二）TRIPS 相关谈判

2001 年《多哈宣言》第 19 段提到："我们指示 TRIPS 理事会在根据其工作方案进行工作时，包括对第 27.3（b）条进行审议、对《与贸易有关的知识产权协定》第 71.1 条实施进行审议以及在开展根据本宣言第 12 段将要进行的工作时，要特别注意考察《与贸易有关的知识产权协定》与《生物多样性》之间的关系，保护传统知识和民间文化，以及成员国在实施第 71.1 条时其他与发展相关的新问题。在进行此项工作时，TRIPS 理事会应以《与贸易有关的知识产权协定》第 7 条和第 8 条的宗旨和原则为指导，充分从发展的角度考虑问题。"印度等发展中国家提出修订 TRIPS 协议，建议将关于专利申请中披露生物资源和用于发明的传统知识原产地和事先知情与惠益分享的义务纳入协定之中。挪威建议在 TRIPS 协议中引入一项专利申请中披露遗传资源和传统知识

---

① 薛达元等：《遗传资源、传统知识和知识产权》，中国环境科学出版社 2009 年版，第 73 页。

来源的强制性义务，并规定除非所要求信息已经提交，否则专利申请不应进入后续程序，但授权后发现的对于披露义务的违反不应影响专利的有效性。如果事后发现提供信息不正确或不完整，不影响已授权专利的有效性，但应以适当的方式予以处罚。美国等发达国家认为，使用合同等方式，采用因地制宜的办法就可以实现 CBD 中有关遗传资源的获取和惠益分享的各项目标，使用专利制度没有益处。

2006 年 6 月，中国、古巴、印度、巴基斯坦等国提出对 TRIPS 进行修改的建议，在专利申请中披露生物资源和相关传统知识的原产地、事先知情同意和惠益分享的要求。在 2007 年 6 月的 TRIPS 理事会上，其他一些国家包括委内瑞拉、非洲集团成员和最不发达国家集团成员也表示支持此议题，但没有取得实质性成果。

2007 年 10 月 23 日至 24 日，TRIPS 理事会议题包括：CBD 与 TRIPS 的关系、关于 TRIPS/27.3（b）的审议、传统知识和民间文艺的保护、对华过渡性审议、技术合作和能力建设等等。发展中国家重申使遗传资源的来源、事先知情同意和惠益分享的证据等信息披露成为专利申请的实质要件，并认为该披露要件不能仅在国家层面而必须在国际层面有所规定，同时要求尽快进入以文案为基础的谈判。

美国、加拿大等发达国家仍然继续反对修改 TRIPS，认为遗传资源信息披露等问题属于 WIPO、CBD、FAO 等其他论坛的讨论范围，根据 CBD 修改 TRIPS 超越了谈判授权，应通过完善国内立法、分享经验、建立全球数据库检索现有技术、许可和订立合同等方式实现 CBD 的目标，在专利申请中要求披露信息会增加审查负担和专利制度的不确定性。发达国家极力主张将修改 TRIPS 的争议推向 WIPO 等其他论坛，避开 WTO 的争端解决程序等强制约束力制度。欧共体和挪威等少数发达国家仍然坚持过去的观点，支持在专利申请中增加披露遗传资源和传统知识来源的要求，强调披露只为形式要件，不影响专利权的效力。

2008 年 6 月 17 日至 18 日在日内瓦召开 TRIPS 理事会年中例会。本次例会的议程包括 CBD 与 TRIPS 关系议题、接纳 CBD 秘书处成为 TRIPS 观察员等内容。由于原本与 CBD 议题同为例会一大重点的地理标志（GI）议题在会上并未直接讨论，而仅在关于是否将该两大议题捆绑并且共同纳入正式谈判的讨论中间接涉及，因此，CBD 议题成为此次会议的最主要内容。本次会议的重点是 CBD 与 TRIPS 关系议题。由于对于"是否根据 CBD 修改 TRIPS 协议、在专利制度中增加遗传资源及相关传统知识来源等信息的披露要求"这一问题，各方在以往会议上均已充分地表达了自身立场和主张，并且基本没有实质性改变，因此，除了个别成员几乎原封不动地就其在前几次会议以及 WIPO-IGC 会议上已经反复重申的观点主张进行发言之外，其他成员基本没有作太多重复，而将重点主要放在对 CBD 与 GI 议题捆绑的表态上。

在 TRIPS 当前的例会和特会议题中，GI 多边注册体系是拥有明确授权的特会议题，而 CBD、GI 扩大则是没有明确授权的非正式议题，只能在例会中进行一般性的讨论而非谈判。各方即围绕这一话题纷纷表态。以巴西、印度为首的发展中成员和以挪威、瑞士、欧盟为主的部分发达成员均对捆绑推进持积极赞成态度。我国也对此表示支持。而美国、日本等部分发达成员则对此表示明确质疑和反对，认为 CBD 议题与 GI 扩大、GI 多边注册体系议题不具有关联性，因而不应捆绑，谈判议题的授权也应维持原状。值得一提的是，少数发展中成员，在坚持既有的"修改 TRIPS 协定，实现 CBD 目标"主张的同时，在捆绑推进这一问题上，也持反对态度。"接纳 CBD 秘书处成为 TRIPS 观察员"议题在前几次会上已经进行过数次讨论，但由于个别成员的阻拦，未能达成共识。本次会上，虽然得到了包括我国在内的许多发展中成员的明确支持，但由于存在不同意见而未能取得结果。①

二、世界知识产权组织（WIPO）

世界知识产权组织是在知识产权框架下探讨遗传资源的获取和惠益分享。WIPO 在 1998 年起，召集了一系列关于遗传资源保护、传统知识和民间文学艺术保护的国际研讨会，在发展中国家的强烈要求下，在 2000 年 10 月成立了专门委员会，即知识产权和传统知识、遗传资源及民间文学艺术政府间委员会（IGC），集中研究相关议题。2003 年，大会赋予 IGC 新的任务，要求该机构继

---

① 姚忻：《TRIPS 理事会年中例会召开，成员讨论议题捆绑问题》，http://www.sipo.gov.cn/sipo2008/ztzl/ywzt/yczyhctzsbh/xxk/gjdt/200806/t20080630_409352.html。

续发挥重要作用,就有关问题开展工作,并加快工作进程的同时,侧重于国际问题。

2004年9月27日至10月5日,WIPO成员国大会在日内瓦举行,会议审议了IGC的工作进展报告(文件WO/GA/31/5),并探讨了专利制度与涉及遗传资源获取以及惠益公平分享的法律制度之间的关系。有些国家,特别是发展中国家提出,应对专利的标准进行修改,要求专利申请人声明在其发明中使用的遗传资源或传统知识的来源,大会就WIPO如何应对上述问题提出了指导性意见(文件WIPO/GA/31/8)。

2004年11月IGC召开了第七次会议。遗传资源的获取条件、遗传资源提供者的事先知情同意、遗传资源使用后惠益分享等都是十分重要的问题。现有的一些国际条约、地区或国家法律法规对这些问题已经有一些框架性的规定。主要的国际公约有:《生物多样性公约》(CBD)和《粮食与农业植物遗传资源国际条约》(ITPGRFA)。发达国家极力主张以协议和合同方式解决遗传资源获取和惠益分享。由于发达国家极力推动,合同解决方式被列入了WIPO的关注领域。为此,WIPO-IGC着手制定有关遗传资源获取和惠益分享协议中知识产权问题的指南。目前该指南草案已经初步拟订并在公开征求意见,并已经在第七次会议上进行了讨论。[①] 会议对"获取知识产权与知识产权利益公平分享指南草案"的讨论分歧较大,印度、巴西、非洲集团等强烈反对该文件对解决传统知识的合同模式探讨。由于没有取得共识,主席建议关于是否继续制定9号文件将留待委员会的第八次会议决定。10号文件"遗传资源和专利公开要求:国际层面和国家层面上的选择方案"有关WIPO与生物多样性公约(CBD)机构的未来合作,鉴于讨论不充分,本次会议作出决定,主席建议由委员会的第八次会议继续讨论。[②]

2005年6月,IGC召开了第八次会议。在会上,欧共体代表向IGC提交了一份文件《专利申请中对遗传资源和相关传统知识起源和来源的披露》。该文

[①] 杨红菊:《国际组织:传统知识和遗传资源保护的国际节拍》,载《中国知识产权报》,2005年6月8日。

[②] 杨红菊:《国际组织:IGC第7次会议召开》,http://www.sipo.gov.cn/sipo2008/ztzl/ywzt/yczyhctzsbh/xxk/gjdt/200804/t20080411_374125.html。

件表明:"欧盟及其成员国也认为,披露义务应当是强制性的,这意味着,披露要求应以具有法律约束力和普遍的形式加以实施。世界性和强制性的制度为专利的工业和商业开发创造了一个平台,也促进了 CBD 第 15 条第(7)款规定对遗传资源使用所得利益进行分享的可能性。""这一方案的采用应以一种有效和及时的方式进行,并涉及现有的国际专利法律框架。为实现这一具有约束力的披露要求,对专利法条约(PLT)、专利合作条约(PCT),以及依照具体情况诸如 EPC 的地区性协议,提出修正案都是必要的。披露要求应在尽可能早的阶段适用于所有的国际、地区和国家专利申请。""对于不正确或者不完整的信息,应当附有针对性和可操作的制裁。当专利申请人披露不正确或者不完整的信息被证实,对专利申请人或持有人应当以专利法领域之外有效的、相对应的和劝诫性的制裁。如果申请人在申请的处理过程中提供增补信息,该增补信息的提供不应影响该申请的进一步处理。基于法律确定性的理由,不正确或不完整信息的提交不应对已授权专利的有效性或其针对专利侵权者的强制实施性产生任何影响。"

发展中国家认为,在专利申请中公开传统知识和遗传资源来源是实现 CBD 有关遗传资源国家主权、事先知情同意和惠益分享三原则的重要环节,是对遗传资源利用的一种有效制约。因此,发达国家在一些问题上强烈反对。其中涉及很多理论和实务问题,争议也很大。就此问题,应 CBD 缔约方大会的要求,WIPO 编写了《关于与遗传资源和传统知识有关的公开要求问题的技术研究报告草案》和《对 WIPO 关于遗传资源来源公开问题的审查报告(初稿)》。在这些文件中,主要是归纳了成员国的意见,罗列了有关事实及不同观点和实践,并没有提出明确主张和意见。①

2008 年 2 月 25 日至 29 日在日内瓦召开 WIPO 知识产权与遗传资源、传统知识和民间文艺政府间委员会(IGC)第 12 次会议。84 个国家、18 个政府间组织和 47 个非政府组织派代表参会。我国国家知识产权局、国家版权局和驻日内瓦代表团组成的中国代表团出席了本次会议。本次会议议程包括通过上次会议报告、核准观察员、本土和当地社区参与的志愿基金、民间文艺(简称

---

① 薛达元等:《遗传资源、传统知识和知识产权》,中国环境科学出版社 2009 年版,第 104 页。

TCE/EoF）、传统知识（简称 TK）、遗传资源（简称 GR）以及未来工作等几项。会议主要文件基本是对以往会议文件的复制，只在相关部分增加了成员国提交的评论意见。

由于本次会议是去年 WIPO 大会对 IGC 进行新的两年授权之后的第一次会议，故首先进行了主席选举工作。新加坡驻日内瓦代表团大使特南、摩洛哥奥德西里司长和国家知识产权局国际司吕国良司长分别当选为主席和副主席。

在"通过上次会议报告"、"核准观察员"和"本土和当地社区参与的志愿基金"等非实质性议题讨论结束之后，民间文艺、传统知识和遗传资源三大实质性议题相继进行。

民间文艺议题和传统知识的议题讨论仍停滞不前。由于 IGC 以往的会议对实质性议题的讨论一直难有进展，秘书处在第十次会议上被迫暂时搁置已经条文化的两份《政策目标与核心原则》文件草案，另外就该两项议题各拟定一份结构完全相同的基础性问题单，供各国提出观点。第十一次会议的讨论即以这两份问题单为基础进行。

本次会议就实质性议题进行讨论之初，主席要求与会者按问题单顺序逐项发言。而各成员国在上次会议前后已经提交过答复并在会上进行了相关发言。因此，本次会上，发言者基本是在原封不动地重申既有立场和观点，进度非常缓慢。发现这一问题之后，主席为了加快进程，开始要求合并问题进行综合性发言。包括民间文艺议题和随后进行的传统知识议题的讨论进程都得到明显加快，但仍没有实质性的深入和推进。

遗传资源议题同样没有就实质内容深入讨论，而是主要围绕三项议题的均衡讨论进行。

当前，包括 WIPO、WTO-TRIPS、生物多样性公约、粮农组织等多个国际组织或论坛都在就 GR 议题进行讨论。该议题原本并不是 WIPO-IGC 的优先议题，但部分国家出于种种原因纷纷强调，IGC 的三项实质性议题应当均衡讨论。代表欧盟发言的斯洛文尼亚甚至明确要求，下次会议应对议程的顺序等方面作大幅调整，优先讨论遗传资源议题，遭到了以巴西为代表的另一些成员的反对。

最后，会议的主要焦点集中在未来工作议题上。在这一过程中，各区域小组纷纷召集相关成员进行讨论协商，形成相对统一的观点后，通过非正式磋商的方式，对作为讨论基础的文字材料进行了字斟句酌、寸步不让地反复磋商和妥协，终于在 29 日会议结束时，勉强就委员会未来工作的大体框架达成协议。该协议的主要内容为：

就 TCE/EoF 和 TK 议题，秘书处在既有工作成果的基础上对国际层面当前存在的保护机制及缺漏进行归纳并考虑相关解决办法，于 2008 年 5 月 31 日前形成文件草稿后，交由成员国评价，并于 6 月 30 日前汇总意见，于 8 月 15 日前对该文件进行更新公布，作为下次会议的会议文件。就遗传资源议题，则继续收集各国对原有相关文件的评论意见。下次会议还将讨论建立会间机制以加快工作进度，并继续就三项实质性议题展开均衡的讨论。

结合本次会议以及以往情况来看，相关议题的讨论在短期内难以取得突破。但正因如此，加强研究 IGC 各项议题所涉及的基础性问题、推动讨论取得进展也显得更为迫切。在这种情况下，开展自主的研究乃至实践，远比仅仅消极关注国际动态更有意义。结合国际讨论已经形成的成果和其他国家的经验，在国家层面进一步推进知识产权战略的制定与实施、专利法及其实施细则修改中相关条款的研究和制定，对于改善现状都将具有更为积极和现实的意义。①

三、联合国粮食与农业组织（FAO）

联合国粮食及农业组织，是各成员国间讨论粮食和农业问题的国际组织。1945 年 10 月 16 日粮农组织在加拿大魁北克正式成立，1946 年 12 月 14 日成为联合国专门机构。总部设在意大利罗马。粮农组织的宗旨是：提高各成员国人民的营养和生活水平；实现农、林、渔业一切粮食和农业产品生产和分配效率的改进；改善农村人口的生活状况从而为发展世界经济作出贡献。截至 2007 年 11 月 17 日，粮农组织有 191 个成员国，和一个成员组织（欧洲共同体）、一个准成员（法罗群岛）。

1983 年，联合国粮农组织成立了粮食与农业遗传资源委员会（CGRFA），

---

① 姚忻：《国际组织：IGC 第十二次会议在日内瓦召开》，参见 http://www.sipo.gov.cn/sipo2008/ztzl/ywzt/yczyhctzsbh/xxk/gjdt/200804/t20080411_ 374161. html。

处理农业遗传资源问题的第一个常设性政府间论坛。1983年11月，在意大利罗马通过了《关于植物遗传资源的国际约定》（简称《国际约定》）。该约定的目标是在粮食和农业植物遗传资源的获取方面促成国际社会的协调一致，保证具有经济与社会价值的植物遗传资源为植物培育与科学研究目的而被探查、保存、评价及提供。另外，联合国粮农组织还有三个重要的决议是：1989年在25届大会上通过的4号决议（Resolution 4/89）。决议提出：植物遗传资源是人类共同的遗产，并且应为当代以及后代共同的利益而被自由获取并使用。在此基础上，决议确认，由植物新品种保护联盟（UPOV）提出的与《国际约定》没有冲突，各区域种植者（农民）在植物遗传资源保护与开发作出的巨大贡献构成了全球植物生产的基础。1989年在25届大会通过的5号决议（Resolution5/89）是在4号决议的基础上，首次确认种植者的权利，农民权。1991年第26届大会通过的第3号决议（Resolution 3/91）正式承认各国对植物遗传资源的主权，农民权将通过国际植物遗传资源基金的支持加以实现。

1992年在巴西召开的"联合国环境与发展大会"（UNCED）上通过了《生物多样性公约》（CBD），该公约打破了"遗传资源为人类共同遗产"的规则，确立了遗传资源作为自然资源具有国家主权的原则，要求获取遗传资源必须取得资源提供国的"事先知情同意"，并在"共同商定条件"下公平公正地分享由于开发利用遗传资源所取得的惠益。该大会启动了《21世纪议程》（Agenda21），在"促进农业与农村地区的可持续发展"议题中，要求强化联合国粮农组织的全球植物遗传资源系统，并要根据《生物多样性公约》作出适当的调整。1992年在肯尼亚内罗毕通过《生物多样性公约》文本和关于该公约内罗毕最后文本的第3号决议，确认有必要解决与植物遗传资源有关的各种突出问题，特别是非原生境遗传资源收集物的获取问题和农民权问题。

1983年粮农组织通过的《关于植物遗传资源的国际约定》需要进行修订，使其与《生物多样性公约》有关遗传资源的规定保持一致。1993年11月，粮农组织在意大利罗马通过了关于修改《国际约定》的第7号决议（Resolution 7/93），要求粮农组织在粮食和农业遗传资源委员会（CGRFA）内就以下问题展开谈判：根据《生物多样性公约》的要求，修改《植物遗传资源国际约定》；考虑在双方共同商定的条件下获取植物遗传资源，包括非原生境收集的植物遗传资源问题；农民权的实现。1993年在CGRFA第五次会议期间，该委员会曾要求制定关于粮食和农业植物遗传资源的《全球行动计划》（Global Plan of Action），考虑为确保植物遗传资源的保护与可持续利用所需的技术与资金需要。1994年11月，粮食和农业遗传资源委员会召开第一次特别会议，提出一份关于修改植物遗传资源国际约定的"依据、环境、背景与拟订过程"。1996年，粮农组织通过了《全球行动计划》的莱比锡宣言，再次重申了完成《国际约定》修改的重要性。

2001年11月3日，粮农组织在第31届大会上通过《粮食和农业植物遗传资源国际条约》（ITPGRFA），取代了《植物遗传资源国际约定》，该条约于2004年6月29日生效，成为这一领域里具有国际法效力的规范，是第一个与《生物多样性公约》在原则上相一致的国际协定，也标志着粮食与农业植物遗传资源的国际合作进入了新的历史阶段。

《粮食和农业植物遗传资源国际条约》（ITPGRFA）对建立遗传资源获取和惠益分享国际制度方面作出了巨大的贡献。其制定了获取和惠益分享的多边途径，确认国家对其遗传资源享有主权，同意为实施这些权利建立一个开放的多边交换制度。例如建立国际农业研究磋商小组，该小组根据ITPGRFA第四部分以"获取和利益分享多边系统（MLS）"的形式建立。MLS根据特定的条件和通过信息交流、技术获取和转让、能力建设以及分享商业化产生的利益等机制的惠益分享对方便遗传资源的获取作出规定。强调保护以当地农民所掌握的作物多样性为基础的耕作方式，作为抵制国际企业对生物资源垄断的法律依据之一。该条约一再强调农民在保存、改良和提供植物遗传资源过程中的贡献，要求各国政府立法保护农民的权利。

农业植物遗传资源是解决粮食问题的关键，农业的未来取决于国际合作和有史以来的品种培育和作物交流，各国都要依赖于其他国家或地区提供的作物品种或遗传资源。因此，《粮食和农业植物遗传资源国际条约》为保障各国簇拥的农业植物遗传资源的供应和未来世界粮食和农业持续发展所需要的遗传资源具有战略意义。

四、国际植物新品种保护联盟（UPOV）

在植物新品种对于人类生存与发展的重要性日益加强的情况下，从20世纪30年代开始，各国开始用不同的模式对植物新品种进行保护。由于各国授权条件不同，甚至对品种的概念也不完全一致，无法保证在一国得到保护的新品种在另一国也能得到同样的保护，由此也带来了贸易障碍。1957年法国外交部邀请12个国家和保护知识产权联合国际局（BIRPI）、联合国粮农组织（FAO）和欧洲经济合作组织（OECE）三个政府间组织参加第一次植物新品种保护外交大会。1957—1961年期间，拟订了《国际植物新品种保护公约》（简称《UPOV公约》）草案。1961年，第二次植物新品种保护外交大会在巴黎举行，对上述草案进行修改，最终通过了《国际植物新品种保护公约》，于1968年8月10日正式生效。

《UPOV公约》是保护育种者权益的重要国际协定，它通过协调各成员国之间在植物新品种保护方面的法律政策，保护育种者的品种权，是国际开展优良品种的研究开发、技术转让、合作交流和进行农林产品国际贸易的基本准则。该公约于1972年、1978年和1991年在日内瓦进行了三次修改。

现行UPOV公约主要有1978年和1991年两个文本。截至2006年9月，UPOV共有62个成员，其中超过半数国家（35个）加入的是1991年文本，25个国家受1978年文本约束，只有2个国家目前仍执行1961/1972年文本。[①] 目前国际上有三种植物新品种保护模式，即专门保护、专利保护或二者兼有。在保护的过程中逐渐形成了以欧洲和美国为代表的两种保护模式，前者采用专门法的形式，而后者则采用专利法和专门立法共同进行保护。尤其值得一提的是美国。1930年，美国颁布了《植物专利法》，规定对用无性繁殖所得的可区别的新的植物品种授予专利；1970年，美国又通过了《植物品种保护法》，对有性繁殖的植物进行保护；20世纪80年代初的戴维斯诉查克拉可蒂案（Diamona v. Chakrabarty, 44US303）开了植物品种获得普通专利保护的先河，从而在美国形成了植物专利、普通专利、专门保护三种方式并行的多轨制保护模式。

从UPOV官方2006年9月最新发布的成员数据之中不难发现，加入公约1991年文本的国家中绝大部分是欧美发达国家，而迫于国际经济一体化趋势

---

① members of the international union for the protection of new varieties of plants, by International Convention for the Protection of New Varieties of Plants, Status on September 8, 2006.

压力而加入 UPOV 的发展中国家几乎都选择了保护水平相对较低的 1978 年文本。1991 年文本与 1978 年文本的主要区别是：农民特权受到进一步的限制、保护期限进一步延长、保护客体从繁殖材料延伸到了品种收获物及其加工产品、派生品种的使用受到限制、保护范围将扩大到所有的植物、新品种审查测试向国际化发展。1999 年 4 月 23 日，我国加入了 UPOV 公约 1978 年文本，成为 UPOV 第 39 个成员国。以下是《UPOV 公约》1978 年文本与 1991 年文本主要差别：

比较项目	UPOV1978 年文本	UPOV1991 年文本
保护范围	不要求保护所有属和种	要求保护所有的植物属和种
育种者权利范围	在授权品种繁殖材料的商业生产和销售范围内	①生产或繁殖；②为繁殖而进行的种子处理；③提供销售；④售出或其他市场销售；⑤出口；⑥进口；⑦用于上述①－⑥目的的原种制作；⑧由未经授权使用受保护品种的繁殖材料而获得的收获材料；⑨由⑧直接制作的产品；⑩依赖性派生品种。
保护期限	不少于 15 年，藤本植物、林木、果树和观赏树木，包括其根茎，保护期为 18 年。	不少于 20 年，对于树木和藤本植物，该期限应自所述之日起不少于 25 年。
育种者豁免	1. 利用品种作为变异来源而产生的其他品种或这些品种的销售，均无须征得育种者同意。但若为另一品种的商业生产重复使用该品种时，则必须征得育种者同意。 2. 出于公共利益考虑或者为了推广新品种。	1. 私人的非商业活动； 2. 试验性活动； 3. 培育其他新品种活动，但培育派生品种以及需要反复利用受保护品种进行繁育品种的除外。
保护水平	较低，规定条件较宽	时代性，规定更严格，保护水平更高，强调对基因工程培育植物新品种的保护。

许多发展中国家不愿意加入主要反映商业育种者利益的《UPOV公约》，而希望在UPOV之外构建新的模式。目前以印度颁布的《植物新品种保护与农民权利法》和非洲统一组织的OAU（the Organization of African Unity）模式为代表的较低水平的平衡型保护方式，平衡了育种者与其他利益主体权益。[①] 在UPOV模式下，发达国家的植物新品种保护在各方面均处于绝对的优势地位，加入《UPOV公约》看来对发展中国家的可持续发展明显不利。对于发达国家的农民来说，植物育种是商业活动，而对于发展中国家农民来说则是生存的手段。UPOV公约1991年文本取消农民自繁自用的特权，从某种程度上对于发展中国家农民来说，是对其人权的侵犯。《经济、社会及文化权利国际公约》第1条指出："所有人民得为他们自己的目的自由处置他们的天然财富和资源在任何情况下不得剥夺一个人自己的生存手段。"这种剥夺农民基本权利给发展中国家乃至全球带来的将是严重的社会经济问题。[②] 发达国家倚仗其雄厚的植物生物技术力量强力推行高标准保护，实质是利用知识产权战略，巩固其技术优势，并将技术优势转化为市场优势。

管理《UPOV公约》的机构是国际植物新品种保护联盟（UPOV）。UPOV是一个政府间机构，其宗旨是促进签约方，根据公约规定的原则，享有权利和承担义务，协调各成员国之间在植物新品种保护方面的政策、法律及其执行措施，以保障育种者在国际上的合法权益，平衡育种者与使用者的利益分配，对申请品种的特异性、一致性和稳定性进行测试上的合作，统一审核标准。其主要内容是授予育种者对其培育的品种享有独占权，未经权利人的许可，他人不得生产和销售此品种；或者经过许可，交纳使用费。育种者享有为商业目的生产、销售其品种的繁殖材料的专有权。UPOV理事会在2003年10月23日提出关于《UPOV公约》对制定"获取和惠益分享国际制度"的观点，《UPOV公约》并不是关于遗传资源获取和惠益分享方面的法律文件，但强调，在国际制度中采取任何措施不得破坏对植物新品种的保护。

[①] 罗忠玲、邹彩芬、王雅鹏：《国际植物新品种知识产权保护模式研究》，载《科学管理研究》2006年第24卷第1期。

[②] 官倩：《国际植物新品种保护法律间的利益与价值冲突——兼评我国的保护现状》，载《内蒙古农业大学学报》（社会科学版）2004年第1期。

据联合国粮农组织统计,最近 25 年来,世界粮食产量翻了一番,其中 75% 来自粮食单产的提高,单产提高的因素中,品种因素占 30—35%。许多抗病虫害、抗旱、抗盐碱的植物新品种极大地提高了农业产量。然而耗费大量人力、物力、时间培育出的新品种,却很容易被他人繁殖和应用,导致育种者的投入难以收回和获得应有的报酬。因此,为鼓励人们不断培育新品种,促进农林业的发展,特别是随着生物技术的迅猛发展,利用植物遗传资源有效地改良植物的性状和品质,解决粮食安全问题,植物新品种的保护作为知识产权保护的重要内容,已经受到多数国家政府的重视,并建立法律制度保护新品种育种者的权利。

第四节 中国遗传资源保护的国内立法

一、遗传资源面临的威胁

遗传资源作为国家发展的重要战略物资,世界上许多国家非常关注保护遗传资源,特别是种质资源。目前,遗传资源在急剧地减少甚至灭绝,对于作物育种和生产的发展带来的负面影响难以估量,对生态环境与物种安全带来毁灭性的破坏。若再不对遗传资源进行及时有效地保护与合理地利用,必将威胁到人类自身的生存。因此,保护遗传资源就是保护人类自身。

我国农作物栽培品种每年以 15% 的速度递减。湖南、江西、广西、广东、海南、云南是我国野生稻产地,这些野生稻种是农业科学家用来改造和培育优质新品种的必不可缺的重要遗传资源。但是,现在野生稻在原产地已经很难找到。尤其是近 20 年,广西作物种质资源原生地毁坏程度极其严重,贵港麻柳塘的野生稻 1979 年由近 30 公顷,是当时世界上最大的野生稻原生地之一,到 1995 年,这片野生稻已彻底被毁,找不到其踪迹。其他省份野生稻也遭受着同样的命运。云南思茅、澜沧等地的野生稻 95% 以上已经灭绝,台湾桃园、新竹的野生稻也在 1978 年就消失了。

野生大豆是我国乃至世界宝贵的遗传资源,是栽培大豆的原始种,原生地在东北地区和山东省,原来生长着较大的野生大豆群落,后来逐渐减少,野生大豆的栖息地已变成了牧场、耕地、油田、道路水塘，野生大豆已难觅踪迹。小麦近缘野生植物也难逃厄运，其自然群落也急剧减少甚至消失。我国小麦近缘野生植物大约有 152 个种或亚种，目前至少有 64 个在原产地无法找到。在收集到的小麦野生近缘植物种质资源中，由于种子本身的生命力弱和保存条件不当，也会发生灭绝的情形。

物种不断灭绝的原因很多，包括化学污染、土地过度开发、森林乱砍滥伐造成的生态环境的日渐恶化。但这对于种质资源而言，这些因素并不是造成减少甚至灭绝的主要原因。近年来，杂交技术及转基因等技术的进步，培育出大量优质高产新品种，一定程度上解决了粮食短缺的问题。这本是一件好事，但世界各地生产者对这些少数的新品种趋之若鹜，就会导致大量的地方品种因受冷落并失去保护，逐渐减少甚至灭绝。随着时间的推移，品种单一的种植方式往往潜藏着巨大的危机。一旦遭受自然灾害，损失将是巨大的，甚至是灾难性的；由于品种单一，容易导致近亲繁殖，原本具有的优良性状的品种逐渐失去优势而衰败。高产优质新品种如果没有丰富的遗传资源做基础，没有新基因的导入，新品种迟早会显现出弱势而走向衰退。地方品种和近缘野生物种的灭绝，会导致丧失可供使用的优良基因，培育优良品种的道路就会受阻。因此，在培育新品种的同时，必须重视地方品种和近缘野生物种的利用与保护。

二、遗传资源的保护与利用

根据《生物多样性公约》第 2 条对有关用语的解释：生物资源是指对人类具有实际或潜在用途或价值的遗传资源、生物体或其部分、生物种群、或生态系统中任何其他生物组成部分。遗传材料是指来自植物、动物、微生物或其他来源的任何含有遗传功能单位的材料。遗传资源是指具有实际或潜在价值的遗传材料。可以看出，生物资源是指那些作为任何用途使用的动物、植物、微生物或其部分的样品；遗传材料或遗传资源是指那些含有特定遗传密码或遗传性状的动植物、微生物、或其部分的样品，并且这些样品只作为遗传密码或与其性状相关的科学数据使用。[1] 遗传资源具有特殊性，阻碍着 ABS 机制实施。

---

[1] 薛达元主编：《民族地区遗传资源获取与惠益分享案例研究》，中国环境科学出版社 2009 年版，第 12 页。

因为同样的资源由于用途不同而需要适用不同的处理方法，但是订立获取资源的合同或其他活动又基本上发生在这些资源作出任何使用之前，使用者往往使用这些材料的遗传信息的时候，提供者已经失去对这些材料的有效控制。遗传资源的提供者很难了解这些资源是怎么被使用的，也难以保证合同的有效履行。

《生物多样性公约》确定各国对它自己的生物资源拥有主权权利，有关遗传资源的所有权由各国立法予以确定。然而至今还没有一个国家制定出具有可操作性的法律明确规定遗传资源的归属。这是因为遗传资源的特殊性，难以确定谁有权提供遗传资源，并有权获得遗传资源所产生的利益。

各缔约国传统的财产权法和合同法难以解决遗传资源的获取和惠益分享中的问题。遗传资源在不同的阶段表现出不同的法律性质：在勘探或获取阶段，遗传资源作为物，在某些情况下，从某种意义上讲是一种无主物，谁应该对遗传资源负管理和保护的义务，难以确定。在提供者与使用者商定合同时，遗传资源作为一种财产，进行交易。在使用者以遗传资源为载体申请并获得专利时，遗传资源作为一种无形财产受到知识产权法的保护。因此，对于这项复杂的、新的权利，国际社会以及各国立法机构应对于遗传资源所涉及的法律关系和遗传资源的权利归属进行阐释，使得这种权利能够落到实处，使法律具有可操作性。

三、遗传资源保护的立法现状及存在的问题

目前，中国颁布和实施了一系列有关物种及遗传资源保护与管理的法律与法规，这些法律和法规中，绝大多数与资源管理有关，而涉及物种和遗传资源的收集、出入境管理、获取与惠益分享的规定很少。在2005年《畜牧法》第一次提到获取与惠益分享，2008年国务院发布了《畜禽遗传资源出境和对外合作研究利用审批办法》，对此进行了具体的规定。

我国《宪法》规定，国家保障自然资源的合理利用，保护珍贵动植物；禁止任何组织和个人利用任何手段侵占或破坏自然资源；并且还在刑法中增加了破坏环境资源罪。与生物及遗传资源保护与管理的相关法律有：《渔业法》、《野生动物保护法》、《进出境动植物检疫法》、《种子法》、《专利法》、《畜牧

法》等。相关的国务院条例包括：《水产资源繁殖保护条例》、《野生药材资源保护管理条例》、《植物检疫条例》、《中药品种保护条例》、《自然保护区条例》、《野生植物保护条例》、《植物新品种保护条例》、《濒危野生动植物进出口管理条例》、《畜禽遗传资源进出境和对外合作研究利用审批办法》。此外，还有国务院各行政主管部门发布的部门规章和管理办法，例如林业部《陆生野生动物保护实施条例》、农业部《水生野生动物保护实施条例》和国家质量监督检验检疫局《进境水生动物检验检疫管理办法》等。

虽然我国已经颁布了与遗传资源有关的法律、法规和部门规章，但是这些规定在权利归属、立法层面、执法层面等方面还存在以下问题。

（一）遗传资源的权利归属不明确

根据我国《宪法》第九条的规定："矿藏、水源、森林、山岭、草原、荒地、滩涂等自然资源，都属于国家所有，由法律规定属于集体所有的森林和山岭、草原、荒地、滩涂除外。"生物资源包括动物、植物和微生物等类别，动植物又区分为野生和非野生，野生动物资源属国家所有，[①] 野生植物的所有权没有相关的法律规定。根据民法的基本原则，野生植物应该属于其所属的土地的所有权人或者土地承包权人。

对于非野生的动植物，根据物权法的原则，所有权归属明确。农民圈养的家禽、家畜，培育、种植的农作物，渔民合法捕捞的水产品等属于财产权，权利归属没有争议。对于从国外引进的生物资源，权利主体也是非常明确的，没有太大的疑问。

对于野生动物的权利归属争议较大。有学者认为野生动物应视为无主物，其所有权的取得适用民法上的先占原则。国家可以通过立法限制人们的狩猎、采集、捕捞等行为，达到保护生物资源的目的，但由此认定所有的野生动物资源一律归国家所有有悖法理。在现有的法律制度下，生物资源的所有权的归属可能发生转移。野生动植物资源最初属于国家所有，经过合法途径，转为集体或个人所有。例如狩猎、捕捞和采集，或正当的市场交易等方式获得生物资源的所有权。因此，生物资源可能会有多种类型的权利主体。这种认识，对于将

[①] 《野生动物保护法》第三条规定：野生动物资源属于国家所有。国家保护依法开发野生动物资源的单位和个人的权益。

来生物资源获取与惠益分享的立法具有重要的意义,未来的制度设计生物资源的所有权归属不能是单一主体,应当充分考虑不同的情况下,权利归属的主体应是多种类型的。

(二) 法律体系存在的问题

目前的立法对于我国生物资源的保护和利用起到了一定的作用,但对生物资源保护的实际需求而言还有很大的差距。国内现有的法律体系条块分割、管理机构职责设置重叠冲突,农业、林业、渔业、海洋、环保各部门各自为政,法律法规相互冲突时有发生,执法人员分散于各个部门,无法有效地履行职责。例如对野生动植物资源的获取为例,就存在多个部门的管理和限制。医药管理局依照《野生药材资源保护管理条例》的规定,对野生药材的采猎行为进行管理,对受保护的野生药材实现采药证制度。[①]《野生动物保护法》对野生动物的狩猎进行管理,采取狩猎证制度。[②]《森林法》则规定了采伐许可证制度。因此,采猎同一种资源,要申请多种的行政许可。

生物资源保护部门的管理还可能与其他非生物资源保护的行政管理互相交叉重叠。例如:在很多地方,自然保护区与风景名胜区、森林公园、地质公园、文物保护单位等相互重叠,形成条块分离、多头管理的格局,管理目标的冲突和利益上的矛盾导致政策规划多样、多变,建设管理混乱。一些保护区设计多个行政区域和管理部门,如对于保护区的水域、土地和违法破坏生态环境和渔业资源等现象,保护区管理机构和主管部门难以协调监管。[③] 多重的许可制度和管理模式,从理论上讲为生物资源的保护设置了多重制度保障,但实际上多个部门人员分散,执法力量和技术能力薄弱,很难有效地发挥行政管理和执法功能。国内生物资源向境外非法转移依然没有被根本遏制,外国公司以中国生物资源为基础进行研发,然后得到知识产权保护的案例层出不穷。这种多

---

① 《野生药材资源保护管理条例》第9条规定:采猎二、三级保护野生药材物种的,必须持有采药证。取得采药证后,需要进行采伐或狩猎的,必须分别向有关部门申请采伐证或狩猎证。

② 《野生动物保护法》第19条的规定:猎捕非国家重点保护野生动物的,必须取得狩猎证,并且服从猎捕量限额管理。

③ 苏谦谦:《论自然保护区的法制化管理》,载《四川师范大学学报》(社会科学版)增刊,2005年5月。

重许可制度对于生物资源的利用者而言，会加大资源利用的成本和降低工作的效率。

现有法律、法规都以资源管理和保护为主，缺少专门针对生物多样性保护的专门立法，各单行法涉及不同的管理部门，相互之间难以衔接和协调。在对遗传资源的引进、输出和管理方面没有明确的规定，在遗传资源的获取和惠益分享方面也没有可供操作的依据，致使国外的合作者通过共同研究和建立数据库的方式，无偿地获取我国的遗传资源，更有甚者，利用不正当的手段窃取我国的遗传资源。

（三）缺乏可操作性的管理办法

目前有关生物遗传资源保护的国内立法中，没有专门的遗传资源的法律，已有的部门规章中，只规定了本部门的职责，没涉及与相关部门职责分工和相互协作，造成各部门职能交叉，争管理权或推脱责任的现象时有发生，再加上缺乏有效监督，难以有效履行国家监管职能，导致我国有的生物遗传资源大量流失和其生境遭受到严重威胁。

在保护和管理的对象方面，多是偏重于农作物资源的管理，而对于渔业、微生物、家养动植物和经济动植物却极少涉及，甚至几乎是空白；在管理的内容上，重点在于动植物资源的市场经营管理，而对于控制生物遗传资源的进出境管理、遗传资源的获取程序和惠益分享机制却没有详细规定；在保护与管理方面，多注重国家现有保护名录下的重点动植物保护，对于未列入名录的动植物遗传资源的保护却没有明确规定，如《野生植物保护条例》和《野生动物保护条例》；现行的规定中缺少资源获取的具体管理办法，在内容上只是规定保护措施或资源出入境管理程序。

（四）遗传资源的专利保护

对于遗产资源的知识产权保护主要体现在专利保护。依据2009年10月1日开始实施的、新修改的《专利法》第5条规定：对违反法律、行政法规的规定获取或者利用遗传资源，并依赖该遗传资源完成的发明创造，不授予专利权。第26条规定：依赖遗传资源完成的发明创造，申请人应当在专利申请文件中说明该遗传资源的直接来源和原始来源；申请人无法说明原始来源的，应当陈述理由。

为了有效地保护遗传资源,我国在 2008 年第三次修改专利法之时,在专利法第 5 条增加了新的内容,① 对依赖违法获取或者利用遗传资源完成的发明创造不授予专利权。《专利法》第 26 规定发明创造的专利申请人需要作出相应的说明,即本条第 5 款:依赖遗传资源完成的发明创造,申请人应当在专利申请文件中说明该遗传资源的直接来源和原始来源;申请人无法说明原始来源的,应当陈述理由。需要注意的是,遗传资源的直接来源是指直接提供给遗传资源的国家、地区及提供者,遗传资源的原始来源是指遗传资源的原产地,即该遗传资源的所属国。

此外,对于遗产资源的法律保护还存在着国内法与国际法的衔接问题。中国已加入《生物多样性公约》、《卡塔赫纳生物安全议定书》、《与贸易有关的知识产权协定》、《国际植物新品种保护公约》、《濒危野生动植物物种国际贸易公约》等国际条约,国内立法应当考虑与加入的国际条约相协调。例如,中国 1993 年加入《生物多样性公约》后,一些国家法规开始体现有关遗产资源国家主权的概念,例如在 2000 年颁布的《种子法》中第一次明确规定国家对种质资源享有主权,对外提供种质资源需要得到国家有关主管部门的同意。

关于遗传资源的获取、利用和惠益分享,目前只有 2005 年人大通过的《畜牧法》和 2008 年国务院颁布的《畜禽遗传资源进出境和对外合作研究利用审批办法》(简称《审批办法》)涉及生物遗传资源的利用和惠益分享,但只是停留在起步阶段,在遗传资源的知识产权保护方面、遗产资源的获取和惠益分享的立法方面还需要进一步加强。《畜牧法》只是规定由主管部门接受申请,并报国务院畜牧兽医行政主管部门批准。对于具体获取畜禽资源的程序中事先知情同意、惠益分享的形式、所得利益的再次分配都没有规定,《审批办法》也没有相关的规定。

我国加入的国际公约、国际条约和议定书是法律体系的重要组成部分,如果与国内法冲突,应优先适用。因此,我们应制订与国际规则相衔接和配套的国内法,以解决遗传资源获取和惠益分享等有关问题。

---

① 《专利法》第 5 条规定:对于违反法律、行政法规的规定获取或者利用遗传资源,并依赖该遗传资源的完成的发明创造,不授予专利权。

四、如何完善遗传资源保护法律制度

从上述内容可以看出，我国现行的遗传资源保护法律制度存在诸多问题，不能有效地保护我国的遗传资源，也不能满足生物遗传资源的获取和惠益分享的需求。因此，为使生物遗传资源得到有效地保护和利用，应当尽快进行专门立法，规范遗传资源的获取和惠益分享行为，维护遗产资源权利人的合法权益，充分保护和利用遗传资源，切实履行加入国际条约应尽的义务。

（一）立法应遵循的原则

对遗传资源的保护进行专门的立法，应体现与遗产资源相关的国际条约的基本原则，主要包括主权原则、公平合理原则、可持续发展原则、事先知情原则和惠益分享原则。

1. 主权原则

经过发展中国家的不懈努力，生物遗传资源国家主权原则得到确认。《生物多样性公约》第3条规定："依照联合国宪章和国际法原则，各国具有按照其环境政策开发其资源的主权权利，同时亦负有责任，确保在它管辖或控制范围内的活动，不致对其他国家的环境或国家管辖范围以外地区的环境造成损害。"因此，各国对其拥有的资源享有开发和利用的主权。《公约》在第15条第1款进一步规定："确认各国对其自然资源拥有的主权权利，因而可否取得遗传资源的决定权属于国家政府，并依照国家法律行使。"各国对其拥有的遗传资源享有所有权，其他国家或地区要获取遗传资源，需要符合国内法的规定，并且主权国家对于研发成果和所得利益进行合理的分享。我国遗传资源比较丰富、科技发展水平有待提高，国内法律制度应当充分体现遗传资源的主权原则。

2. 公平合理原则

公平合理的惠益分享，指国际社会和国家间生物遗传资源知识产权和其他利益的公平合理分享，包括商定公平合理的取得条件、程序和惠益的分配；对生物遗传资源的提供者、使用者和受益者的利益的公平合理分配，包括制定相关制度和措施保护育种者权利和农民权，并进行有效的生态补偿。正如《生物多样性公约》第8条之规定："每一缔约国应尽可能并酌情：管制或管理保护区内外对保护生物多样性至关重要的生物资源，以确保这些资源得到保护和持续利用。"另外，《公约》的第15条遗传资源的取得、第16条技术的取得和转让对于遗传资源公平合理地利用和惠益分享都有详细的规定。公平合理原则是遗传资源的获取和惠益分享中非常重要的原则，在立法中应当予以体现。

3. 可持续利用原则

人类社会、经济的发展不能以破坏赖以生存的环境资源为代价，经济社会的发展应既满足当代人的需要，又不能危害后代人生存的权利。可持续利用原则是生物遗传资源保护法律制度的一项基本原则。可持续利用原则要求生物遗传资源的开发利用应本着可持续的方式进行，不能过度攫取遗传资源来换取暂时的经济利益。《波恩准则》第22条对可持续原则有明确的规定："获取和惠益分享制度，应以国家或地区范围内的全面获取和惠益分享战略为基础。这项获取和惠益分享战略应以保护和可持续利用生物多样性为目的，并作为国家生物多样性战略和行动计划的一部分，而且促进公平地分享惠益。"我国在制订有关的法律、法规时，要协调遗传资源的保护和利用之间的关系。

4. 事先知情原则

《生物多样性公约》第15条第5款规定："遗传资源的取得须经提供这种资源的缔约国事先知情同意，除非该缔约国另有决定。"事先知情同意包括两个方面的含义："事先"和"知情"。事先是指遗传资源的取得和利用者需要向有关部门说明情况并征求意见，且须在其取得遗传资源之前，事后的说明和征求无效。如果当事人违反了此规定，有关部门依据国内法剥夺其取得权并可根据情节，予以处罚。如果该取得行为损害了遗传资源所有人的合法权益，该所有人可以请求其赔偿损失。知情是同意的前提条件，欲取得遗传资源者必须在申请时向有关部门详细说明情况，包括：取得的目的、用途、方式、风险及影响评估等。有关部门应当严格审查申请人提交的报告，慎重决定。同时，作为生物遗传资源的所有国应明确规定遗传资源的取得条件和申报审批程序，以及适用范围，使申请者清楚相关手续和内容。由于生物遗传资源及其所涉利益的重要性，有关部门作出的决定须为书面形式，明确表示是否同意遗传资源的获取。《波恩准则》列出共同商定条件的指导性清单，以及关于利益分享的条款应根据具体的情况商定公平合理，协商利益分享的条件、义务、程序、利益类型、时间、如何分配利益等。我国在制定生物遗传资源共同协商制度时，应充分借鉴《波恩准则》的规定，并考虑我国的实际情况，设定更加实用的协商条件。

因为遗传资源的获取不仅涉及一国的国家主权和国家利益，还涉及遗传资源所有者的切身利益，因此遗传资源的获取必须经过提供国有关主管部门的同意。特别是对遗传资源丰富的发展中国家，其对遗传资源的重要性认识不足，法律制度又不健全，容易发生遗传资源被盗用的情况。《生物多样性公约》关于事先知情同意仅是原则性的规定。目前，我国关于遗传资源的立法还须在符合国际规则的基础上将之具体化，使其具有法律上的确定性和可操作性。

5. 惠益分享原则

遗传资源的惠益分享是指遗传资源的提供方、获取方及其他利益相关者，在共同协商和批准获取遗传资源后，按照共同商定的条件，公平分享研发成果以及商业和其他方面利用此种资源所获的利益。《生物多样性公约》确立了公平合理地分享因利用遗传资源而产生的惠益的宗旨，对于生物资源丰富但生物技术不发达的发展中国家极为有利；《波恩准则》特别向发展中国家，尤其是最不发达的国家和小岛屿发展中国家提供能力建设，以确保有效谈判和实施获取与惠益分享的安排；加强资料交换所机制；帮助各缔约国建立保护土著社区知识、创新和实践的机制及获取与惠益分享制度。《粮食和农业植物遗传资源国际条约》制定了获取和惠益分享方法的多边途径，建立获取和利益分享多边系统以方便遗传资源的获取和惠益分享，我国应该据此进一步构建生物遗传资源惠益分享法律体系。我国现行法律法规确立了遗传资源获取与惠益分享的基本法律框架，以宪法为指导、以各项自然资源法为主干、以行政法规与部门规章相配套、以国际条约为补充。初步解决了有法可依的问题，还有诸多问题没有解决，例如农民权、生态补偿等问题还没有解决，因此，法律制度还需要进一步完善。

（二）立法建议

如前所述，我国现有的法律体系还不完善，还存在诸多的问题。而且遗传资源获取与惠益分享是一个国际议题，正在进行谈判，我国作为一个发展中国家，积极参与其中。我国已经加入了有关遗传资源的一些国际公约，必须遵守协定和履行承诺。同时，完善国内立法与国际接轨。目前，我国没有一部专门保护和管理遗传资源的法律，有关规定散见于一些法律文件中，相互之间交叉、冲突，不能很好地保护遗传资源，因此需要制定一部遗传资源法。立法中应当考虑的一些问题：

1. 立法宗旨在于保护和合理利用遗传资源

明确遗传资源的国家主权原则，体现《生物多样性公约》的基本精神，实现遗产资源的获取与惠益分享。

2. 规范遗传资源的获取行为和审批程序

事先知情同意是《生物多样性公约》所确定遗传资源获取与惠益分享的一项基本原则，我国立法应明确规定获取和审批的程序，减少遗传资源的提供者和利用者之间由于技术水平的差异、信息不对称而导致的谈判实力不平衡而带来的损失。立法应充分考虑到国家利益和遗传资源利益相关者的权利，应当确立国家主管部门和利益相关者的事先知情同意的制度。遗传资源的获取者应先征求利益相关者的同意，再向国家有关主管部门的申请，主管部门应按照程序进行严格审查，惠益分享应按照公平合理的原则审核，最后做出是否同意的决定。

3. 遗传资源的管理

目前，我国对遗传资源的管理，分别由农业、林业、医药、海洋等部门根据本部门的管辖范围内的遗传资源具有管辖权。为进一步加强我国生物物种资源保护和管理，遏制生物物种资源的丧失和流失，2003 年国务院建立了生物物种资源保护与管理部级联席会议制度，该会议制度由国家环保总局牵头，农业、林业、科技、商务、财政等 17 个部门为成员单位。联席会议由各部门的部级领导参加，负责协调全国生物物种及遗传资源的保护与管理工作，只是对重大问题的决策和协调，不是处理遗传资源的获取与惠益分享的专门机构。目前，中国缺少具体管理遗传资源与惠益分享的权威机构，许多外国公司从中国获取遗传资源，但没有国家权威机构实施"事先知情同意程序"，无法在共同商定的条件下实现公平惠益分享，其根本原因还是缺少相应的法律规定，导致无法可依。在今后制订遗传资源法中应明确遗传资源的管理部门和其职责。

4. 遗传资源的惠益分享形式

我国的遗传资源惠益分享应主要采取书面合同（或协议）形式，通过司法规范惠益分享中的权利义务关系。由于遗传资源本身不一定属于特定的主体，可能属于一个社区或多个社区的共同财产，因此，难以对惠益分享做出强制性的统一规定。此外，法律应当规定遗传资源惠益分享协议所包括基本的内容，保证遗传资源的获取和利用不得损害国家和相关利益人的合法权益。订立遗传资源惠益分享协议，要在自愿、事先知情同意和共同协商条件的基础上，并且必须遵循以下原则：a. 遗传资源的主权原则；b. 尊重、保护和维系土著和地方社区的知识、创新和做法，保护和鼓励按照传统习俗使用生物资源；c. 利于遗传资源的可持续利用和保护生物多样性。

遗传资源的惠益分享主要可分为货币惠益和非货币惠益。货币惠益是主要包括收取的样本费用、首次使用费、商业化的许可费、共同商定的薪资等。非货币惠益包括参与遗传资源的研发和成果分享、获取相关遗传资源的研究资料和信息、接受技术和设施的帮助、教育和培训方面的帮助、对遗传资源移地保护设施和数据库的许可使用、制度能力建设、食品和生活保障利益、专利保护等。非货币惠益，对于发展中国家而言意义更加重大。

5. 农民权的保护

农民权又称育种者权，按照联合国粮农组织（FAO）的定义，农民权是指农民，特别是原产地和生物多样性中心的农民，基于他们过去、现在和将来在保存、改良和提供植物遗传资源中所作的贡献而产生的权利。我国是一个农业大国，有大量从事农业的人口，如何实现农民在遗传资源惠益分享中的权利是一个迫切的课题。在国内分配惠益时，需要特别注意的是关于农民权的问题。当前，我国正在实施新世纪的农业发展战略，遗传资源对保障食物安全供给具有不可替代性。因此，承认农民在保护和持续利用生物遗传资源方面的贡献，并建立相关机制保证农民在现代农业技术的发展和应用过程中受益。我国遗传资源惠益分享制度中，应明确承认农民在动植物遗传资源的保护和开发中所作出的巨大贡献，根据农民的实际需要，恰当安排农民分享惠益的顺序，规定具体措施保护农民权利，并且应明确规定不得限制农民保留、使用、交换和出售其自留的种子/繁殖材料的权利。

第五章 生物技术与生物安全问题

现代生物技术的迅速发展,已经深刻地影响到社会的进步与发展。目前,生物技术大多数掌握在少数发达国家,这些国家通过对生物技术采取知识产权保护,保持其技术垄断的地位,进而获取巨额的经济利益。对于大多数的发展中国家,由于科研水平有限,生物技术比较落后,常常在生物技术的转让过程中支付巨额技术使用的费用。虽然生物技术的发展,往往需要发展中国家提供生物资源,发展中国家从中获取利益的权利却得不到保障。因此,发展中国家与发达国家存在着严重的利益冲突。如何合理地分配经济利益,如何更有效地保护生物多样性,生物技术的发展提出了新的问题和挑战。

第一节 生物技术概述

目前,自然科学对生物技术(biotechnology)的内容已基本达成共识。一般认为,生物技术的内容包括四个方面,发酵工程、酶工程、细胞工程以及基因工程。细胞工程和基因工程(特别是转基因技术)被称为现代生物技术(modern biotechnology),发酵工程和酶工程技术则被称为传统生物技术(traditional biotechnology)。① 《生物多样性公约》第 2 条规定,生物技术是指使用生

---

① 于文轩:《生物安全立法研究》,清华大学出版社 2009 年版,第 15 页。

物系统、生物体或其衍生物的任何技术应用，以制作或改变产品或过程以供特定用途。

一、生物技术的发展历史

生物技术可以分为传统生物技术和现代生物技术。1953 年美国的科学家沃森（Watson）和英国的科学家克里克（Crick）提出 DNA 分子的双螺旋结构模型，这一成就被誉为 20 世纪生物学方面最伟大的发现，标志着分子生物学的诞生，开辟了分子生物学研究的新纪元。一切生命活动都是由包括酶和蛋白质行使功能的结果。遗传信息与蛋白质的关系是研究生命现象的关键所在。1961 年尼任伯格（M. Nirenberg）等破译了遗传密码，揭开了 DNA 编码的遗传信息如何传递给蛋白质的奥秘。1972 年伯格（Berg）首先实现了 DNA 体外重组，基因工程作为生物工程的核心技术开始登上历史舞台，发挥着越来越重要的作用。基因工程提供了全新的技术手段，使人们可以根据需要分离基因并进行重组，然后导入其他生物细胞，从而改良农作物品种，甚至导入人体进行基因治疗。基因工程作为生物技术的核心，带动了发酵工程、酶工程和蛋白质工程的发展，共同形成了现代的生物技术。

二、生物技术与社会经济的发展

（一）生物技术对农业的影响

农业是国民经济的基础，农业的持续发展是国家长期稳定、协调发展的决定性的因素。将来农业问题的解决最终要靠生物工程，要靠尖端技术。在世界范围内，生物技术有非常重要的地位，它的成败对于以农业为主的发展中国家所产生的影响更为重要。

中国是一个农业大国，社会生产力不发达，80% 的人口是农民，人口多、耕地少的矛盾日益严重。近代的农业采用的是工业化的生产方式，大量使用农药和化肥，以增加农作物的产量。但这种方式使环境被严重污染、资源被严重破坏。长期以来，我国靠消耗大量的资源来发展经济。社会劳动生产力相当于世界先进水平的 5% 左右。这些差距归根到底是科学技术和管理水平的差距。如果没有科技上的新突破，农业生产就很难获得大幅度的增长。在这种情况下，现代生物技术对于促进我国传统农业向现代农业的转变是非常重要的，甚至是决定性的。

在国际竞争中，发展农业生物技术的意义是非常深远的，特别是在农作物和养殖业的生物技术方面。如果忽视了生物技术对农业的影响，就会严重影响农业的发展。生物技术是对常规技术的重要补充和发展，涉及今后农业现代化的进程。

通过基因工程可以使生物进行基因转移，从而获得农作物的优良品种。通过转基因技术获得的生物称为转基因生物。转基因生物往往具有原生物不具有的特性，增加了抗病虫害、抗旱、抗寒等特性。因此，它的生产提高了农作物的品质和产量，增加了经济效益。

生物技术为可持续农业、渔业和林业以及食品加工业的发展提供了有力的技术手段。当生物技术与其他技术相结合，如生产食品、农副产品时，能够帮助满足日益增长的人口对物质的需求。

（二）生物技术对环境和能源的影响

生物技术在环境污染控制中发挥了重要的作用。现代环境生物技术已成为现代生物技术与环境科学紧密结合的新型交叉学科。现代生物技术中的酶工程、基因工程、细胞工程、发酵工程已运用于污染的预防与治理、清洁能源、废物资源化、环境生物监测与安全评价等方面，生物技术在保护环境、清洁能源方面具有广阔的发展前景。

生物技术在社会的发展中起着越来越重要的积极作用，相关产业也随之迅速发展起来。环境治理要依赖对生物，尤其是对微生物及其生理化学特性的了解和认识并加以利用。生物修复作为消除污染的手段发挥着巨大的作用。未来的社会中，环境生物技术仍将对社会产生巨大的影响，对环境保护起到重要的作用，特别是在新型生物能源的开发和探索方面。

地球上亿年积累的化石能源——石油、天然气、煤等，如果按现有的开采技术和消耗速度推算，煤、天然气和石油的有效年限分别是 100—120 年、30—50 年和 18—30 年，显然 21 世纪所面临的严重危机之一是能源问题。能源分为不可再生能源和可再生能源。化石能源是不可再生能源，可再生能源包括太阳能、风能、地热能、生物能、海洋能和水能。目前，利用现代科技发展生物能源,是解决未来能源问题的一条重要出路。

生物能源是从生物中得到的能源,是通过绿色植物、藻类和细菌的光合作用捕获太阳能,经代谢转换储存于生物中的能量,是太阳能的有机储存,是可再生能源的重要组成部分。它是人类最早利用的能源,生物能源是一种可再生的清洁能源,开发和使用生物能源,符合可持续的科学发展观和循环经济的理念。随着生物科学的迅速发展,只要对作物秸秆、残枝枯叶等废弃物加以处理,我们就能从中挖掘出一个规模惊人的"绿色油田"。凭借目前的科技水平,我们有能力挖掘出生物物质所承载的光能,以其为原料生产对环境友好的化工产品和绿色能源。

第二节 生物技术对生物多样性的影响

生物技术对于保护和利用生物多样性具有重大的意义,同时对生态环境有可能造成不利的影响,也会影响到生物多样性的保护与可持续利用。

一、生物技术对生物多样性保护的有利因素

生物技术发展非常迅速,尤其是上个世纪70年代重组DNA技术的成功,在农林、医药、环保、轻工等方面发挥越来越重要的作用。生物技术已经成为发展中国家粮食问题的关键技术,发展生物技术的重要性已成为世界各国政府的共识。

(一) 生物技术的发展有利于农业的发展

生物技术的发展为解决发展中国家的粮食问题带来了新的希望。首先,农业生物技术的应用将会大大提高单位面积农作物的产量,从而减轻对生物资源的过分利用所带来的压力,减少对土地的过度开垦,为其他生物的生存保留更多的栖息地。其次,生物技术可以减少农业生产所带来的环境污染,农业生物技术所培育的抗病、抗虫、抗旱等新的植物品种,这样就可以减少农药和化肥的用量,有利于生态系统的保护,从而保护生物多样性。

(二) 生物技术可以提高生物资源的利用价值

生物技术的进步可以使人们对生物资源有了新的认识。首先,生物技术的发展使人们看到原来无用的植物存在着重要的使用价值。例如杂种优势是生物界的普遍现象，利用杂种优势提高农作物的产量和品质是现代农业生物技术的主要成就之一。杂交水稻的成功与野生稻是分不开的。杂交水稻是选用两个在遗传上有一定差异，同时它们的优良性能又能够互补，进行杂交，生产具有杂交优势的品种，以提高水稻产量和品质。其次，生物技术的发展有利于生物资源的利用。

二、使用生物技术造成的不良影响

人们在利用生物技术造福人类的同时，也可能带来意想不到的安全问题，特别是生物技术的滥用对人类健康、生态环境以及社会、经济有可能造成严重危害，已经成为人类社会一个重大的安全问题。

目前人们关注的主要问题有以下几点：

第一，转基因生物对非目标生物的影响：抗虫和抗病类转基因植物，除对害虫和病菌致毒外，对环境中的许多有益生物也将产生直接或间接的影响和危害。

第二，增加目标害虫的抗性：研究表明，第三、四代害虫已对转基因抗虫作物产生抗体。因此，转基因抗虫农作物的大规模种植，有可能需要喷洒更多的农药，将会对农田和自然生态环境造成更大的药害。此外，目标害虫还可能转移到其他作物上进行危害。

第三，杂草化：转基因植物通过传粉进行基因转移，可能将一些抗虫、抗病等具有耐性的基因转移给野生近缘杂草。如果杂草获得转基因生物体的抗逆性状，将会变成超级杂草，从而严重威胁其他作物的正常生长和生存。

第四，对生物多样性和生态环境的影响：由于可以使动物、植物、微生物的基因进行相互转移，转基因生物具有普通物种不具备的优势特征，若释放到环境，会改变物种间的竞争关系，破坏原有的生态平衡，导致生物多样性的丧失。转基因生物通过基因漂移，会破坏野生和野生近缘种的遗传多样性。此外，种植耐除草剂转基因作物，必将大幅度提高除草剂的使用量，从而加重环境污染的程度并使农田生物多样性丧失。

第五，对人体健康的影响：转基因活生物体及其产品作为食品进入市场，可能对人体产生某些毒理作用和过敏反应。例如，转入的生长激素类基因就有可能对人体生长发育产生重大影响；转基因生物体中使用的抗生素标记基因，如果进入人体，也可能使人体对很多抗生素产生抗性。由于人体内生物化学变化的复杂性，有些影响需要经过长时间才能表现和监测出来。

第三节 生物技术转让与生物多样性

近年来，经济全球化的趋势日益明显，国家之间的技术转让也日益增多。由于生物技术的转让，不仅牵涉到知识产权的保护问题，可能还会带来生物安全问题，进而会影响到环境以及生物多样性的保护。因此，生物技术的转让也是《生物多样性公约》以及《卡塔赫纳生物安全议定书》所关注的议题。

一、《生物多样性公约》的有关规定

《生物多样性公约》第 16 条关于技术的取得与转让作了明确的规定。

第 1 条，每一缔约国认识到技术包括生物技术，且缔约国之间技术的取得和转让均为实现本公约目标必不可少的要求，因此承诺遵照本条规定向其他缔约国提供和/或便利其取得并向其转让有关生物多样性保护和持续利用的技术或利用遗传资源而不对环境造成重大损害的技术。

第 2 条，以上第 1 款所指技术的取得和向发展中国家转让，应按公平和最有利条件提供给予便利，包括共同商定时，按减让和优惠条件提供或给予便利，并于必要时按照第 20 条和 21 条设立的财务机制。此种技术属于专利和其他知识产权的范围时，这种取得和转让所根据的条件应承认且符合知识产权的充分有效保护。本款的应用应符合以下第 3、4 和 5 款的规定。

第 3 条，每一缔约国应酌情采取立法、行政或政策措施，以其根据共同商定的条件向提供遗传资源缔约国，特别是其中的发展中国家，提供利用这些遗传资源的技术和转让此种技术，其中包括受到专利和其他知识产权保护的技术，必要时通过第 20 条和第 21 条的规定，遵照国际法，以符合以下第 4 和 5 款规定的方式进行。

第 4 条，每一缔约国应酌情采取立法、行政或政策措施，以期私营部门为第 1 款所指技术的取得、共同开发和转让提供便利，以惠益于发展中国家的政府机构和私营部门，并在这方面遵守以上第 1、2 和 3 款规定的义务。

第 5 条，缔约国认识到专利和其他知识产权可能影响到本公约的实施，因而在这方面遵照国家立法和国际法进行合作，以确保此种权利有助于而不违反本公约的目标。

二、公约有关条款的理解

从 CBD 公约中可以看出，缔约国之间技术的取得和转让均为实现本公约目标必不可少的要求。发达国家认为，以"减让和优惠条件"意味着提供技术转让低于现有的技术市场交易条件，最终以"共同商定时，按减让和优惠条件提供"。是否能够减让和优惠要看能否共同商定。发达国家最关注的是技术转让过程中的知识产权的保护问题，因此在公约 16 条第 2 款中，明确了知识产权的保护。发展中国家担心在其提供遗传资源以供利用的同时，得不到受知识产权保护的相关技术，所以在第 3 款中强调向提供遗传资源的缔约国，特别是发展中国家，提供和转让利用该遗传资源的技术，包括受知识产权保护的技术。

知识产权的保护是否成为发展中国家取得技术的障碍，发展中国家和发达国家有很大的分歧，妥协的结果体现在第 16 条第 5 款，缔约国认识到专利和其他知识产权可能影响到本公约的实施，因而在这方面遵照国家立法和国际法进行合作，以确保此种权利有助于而不违反本公约的目标。知识产权影响到技术的实施，实质是指知识产权的滥用，为实施公约设置障碍。但是，如何解决和防止知识产权的滥用，国际法与国内法都没有明确的相关规定，无法做到"遵照国内法与国际法进行合作"。其次，公约没有规定应当遵守技术转让双方的哪一方的国内法，也没有明确应当遵守哪一个有关知识产权保护的国际公约。再者，怎样界定是否违反公约的目标？由哪个组织或机构来界定？公约都没有明确。显然，第 16 条第 5 款，是妥协的产物，若出现问题也无法依照此规定解决。

根据公约的第 16 条第 1 款，技术的转让目的是生物多样性的保护与持续利用，利用遗传资源而不对环境造成重大损害。前者侧重人类社会的公共利益，在此方面容易达成共识，争议较少；后者侧重各国的自身利益，比较容易出现争议。

在利用遗传资源问题上，发展中国家拥有大量的遗传资源，发达国家却拥有绝大部分的利用遗传资源的技术。因此，发展中国家提供遗传资源时会考虑到两个方面的问题：第一，他们应该得到利用遗传资源所获取利益的一部分，利益的分配必须是公平的；第二，发展中国家需要培养自身利用遗传资源的能力，这意味着他们必须得到相关的技术，发达国家必须作出提供技术的承诺。但是，发达国家不会轻易放弃其在经济和技术上的优势，更何况利用遗传资源将会得到可观的经济利益。所以，发达国家的承诺是有条件的和有限度的。在技术转让过程中，他们要求其知识产权得到充分的保护，以保证其技术上的优势和投入能够得到回报。

三、中国履行公约有关生物技术条款的状况

根据公约第 16 条第 1 款规定，向其他缔约国提供和（或）便利其取得并向其转让有关生物多样性保护和持续利用的技术或利用遗传资源而不对环境造成重大损害的技术。中国采取了一系列相应的措施，积极开展生物多样性领域的双边和多边合作，成立了中非合作论坛，向一些非洲国家提供援助，在森林资源保护和利用、生态农业等方面提供技术服务；与日本、韩国建立三国环境部长会议机制，就共同面临的生物多样性、沙尘暴、酸雨等区域环境问题进行协商和技术合作；在跨国界生物多样性和水资源保护利用方面，积极与相关国家进行技术合作，与俄罗斯、蒙古等国进行跨界自然保护区的技术合作。

为促进民营企业有关技术的共同开发与转让，我国制定了一系列的政策和措施。鼓励企业和科研机构参与国际科技合作与交流，支持和鼓励有实力的中国企业到国外投资；在发展生物技术产业过程中，重视加快民间的技术交流合作，鼓励和支持研究机构特别是企业在国外建立联合工作站，鼓励国内企业采用多种形式与国外开展技术合作，开发和转让有利于发展中国家的生物技术；在生物制药方面提出支持有实力的医药企业和研究机构到国外进行技术开发、产品设计和市场拓展；鼓励国外研究机构到中国来进行合作研究。为实现全球

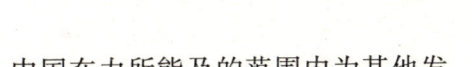

2010 年生物多样性目标和千年发展目标，中国在力所能及的范围内为其他发展中国家提供技术和经济帮助。

对于引进技术可能会带来的效益、风险和有关费用要进行评估和风险分析，我国坚持自主开发与技术引进相结合的方针，积极参与国际技术合作，引进先进的生物多样性保护和可持续利用的技术。对于生物技术的引进，应按照相关的规定评估其可能对我国生物多样性、生态环境或人类健康带来的风险，只有被证明是安全并有效的技术方可批准进入中国。

第四节 转基因生物技术所引发的生物安全问题

一、转基因生物的概念

一般而言，转基因是通过有性生殖过程来实现的。例如植物的花粉通过不同的媒介由一个植物"跑"到另一种植物，或"跑"到同一种植物的另一个品种花朵里边的雌蕊上并与其杂交，这种杂交的过程就产生了基因的转移。因此，转基因是大自然中每天都在发生的事情，只不过在自然界中，基因转移没有目标性，好的和坏的基因都可以一块转移到不同的生物个体。同时，通过自然杂交进行的转基因是严格控制在同一物种内，或是亲缘关系很近的植物种类之间。

随着分子生物技术的不断进展，尤其是从 20 世纪 90 年代末以来，科学家们已经能够在不导入外源基因的情况下，通过对生物自身遗传物质的加工、敲除或者屏蔽等方法改变生物体的遗传特性并获得人们所希望得到的性状。[1] 转基因生物是应用现代基因工程技术的结果，这种生物不能通过自然进化的途径出现，也不能通过传统的作物育种方法得到，用基因工程生物来表述似乎更加合理、准确。[2] 根据《农业转基因生物安全管理条例》的规定，农业转基因生物是指利用基因工程技术改变基因组构成，用于农业生产或者农产品加工的动

---

[1] 闫新甫主编：《转基因植物》，科学出版社 2003 年版，第 121 页。
[2] 王明远：《转基因生物安全法研究》，北京大学出版社 2010 年版，第 4 页。

植物、微生物及其产品,主要包括:(一)转基因动植物(含种子、种畜禽、水产苗种)和微生物;(二)转基因动植物、微生物产品;(三)转基因农产品的直接加工品;(四)含有转基因动植物、微生物或者其产品成分的种子、种畜禽、水产苗种、农药、兽药、肥料和添加剂等产品。

人类为了要提高农作物的产量,改善农作物的品质和增强农作物的抗病虫害和抗旱的能力,常常采用人工杂交、远缘杂交等方法来育种,希望将不同品种,甚至是野生近缘种中间的有益基因,转移到推广品种中间去。这种以人工杂交的方式进行转基因,增强了目的性,也培育出了成千上万的优良品种。但是人工杂交的方法——转基因仍有许多局限。例如,不能在亲缘关系较远的物种之间转移基因,已转移的基因中仍有大量不需要的基因甚至是有害的基因,转基因的效率较低等等。为了解决上述问题,科学家利用现代生物技术的方法,将我们所需要的基因进行定位,然后再将这个基因通过载体转移到目标生物品种中去。这种以生物技术的手段来转移基因的过程就是我们现在常常提到的转基因。它与自然的和传统的通过人工杂交转移的基因没有本质上的区别,只是这种用生物技术来进行转基因有很强的目的性,只转移需要的基因,而将不需要和有害的基因统统拒之门外,这就大大地提高了转基因的效率和加快了品种改良的进程。同时,现代的转基因技术还可以将亲缘关系较远的生物中的基因,甚至是人工合成的基因转移到我们需要的品种中,扩大了可利用的种质资源。

转基因生物就是利用转基因生物技术,包括利用载体系统的重组 DNA 技术、利用生化方法把重组的 DNA 分子导入有机体的技术,改变有机体基因组构成而获得的生物称为转基因生物。现代生物技术是指下列技术的应用:a. 试管核酸技术,包括重新组合的脱氧核糖核酸(DNA)和把核酸直接注入细胞或细胞器。b. 超出生物分类学科的细胞融合,此类技术可克服自然生理繁殖或重新组合障碍,且并非传统育种和选种中所使用的技术。[①]

可见,转基因生物是利用了一种高效生物技术将基因更有目的性地和更经济地转移到我们需要的目标生物中去。根据转基因受体的不同,转基因生物可

---

① 《卡塔赫纳生物安全议定书》第3条。

分为转基因植物、转基因动物和转基因微生物。《卡塔赫纳生物安全议定书》中转基因生物（GMO，genetically modified organism）又被称为改性活生物体（LMO，living modified organism）。

二、转基因生物技术的发展

随着世界人口增加、资源短缺、粮食危机、环境污染等问题不断地出现，人类面临着新的挑战。传统的农业技术，包括使用化肥、农药、杂交育种等方法使农业增产，仍不能满足人类日益增加的物质需求。大量、长期使用农药、化肥不仅造成环境污染加剧，而且使害虫产生抗性、土地肥力下降。据联合国粮农组织2003年公布的一项报告显示，全世界大约有8.42亿人因挨饿而营养不良，而这一数字每年以500万的数字增加。可见，传统的农业科技已难以解决这些难题，人们开始着眼于发展新技术，转基因技术为转基因生物的产生和转基因产品的问世提供了技术支持。

植物转基因技术是把从动物、植物或微生物中分离到的目的基因，通过各种方法转移到植物的基因组中，使之稳定遗传并赋予植物新的农艺性状，如抗虫、抗病、抗逆、高产、优质等。自从1983年首次获得转基因植物后，至今已有35科120多种植物转基因获得成功。1986年首批转基因植物被批准进入田间试验，至今国际上已有30个国家批准数千例转基因植物进入田间试验。

目前，农作物生物技术育种的研究已经不再处于实验室阶段，而是进入了实际应用，走向了商业化阶段。全球拥有转基因植物120余种，其中51种已开始商品化生产。2002年全球转基因作物种植面积达到5870万公顷，种植面积排在前四位的是美国、阿根廷、加拿大和中国。① 美国转基因植物的商业化速度进展最快，其推广应用走在世界各国的前列。1994年美国Calgene公司研制的转基因延熟番茄首次进入商业化生产，到1998年底就有30多例转基因植物被批准进行商业化生产。1999年全球转基因植物种植面积中，美国就占72%，达2870万公顷。

转基因植物的产业化，尤其是转基因农作物的产业化，通过提高产量、减

---

① 史学瀛：《生物多样性法律问题研究》，人民出版社2007年版，第421页。

少除草剂、杀虫剂等农药使用量和节约大量劳力，而带来巨大的经济效益和社会效益。近年来，全球转基因植物的销售额成倍增长。

我国转基因植物的研究和开发取得了显著的进展，有些研究已经达到国际先进水平。21世纪植物转基因技术对于我国农业的可持续发展和16亿人中的粮食安全将发挥着重要的作用。面对一些发达国家对重要植物基因资源进行掠夺性、垄断性开发，我国作为一个农业大国，应加快生物技术发展，在21世纪国际高技术产业化竞争中占有一席之地。

虽然国内外转基因植物研究与产业化已取得突破性的进展，但也应看到，由于受到技术发展的限制，目前植物基因产品应用范围还不是很广。总的来看，抗虫、抗除草剂基因工程产品开发较快，抗病基因工程的研究开发需要进一步深入，抗逆、品质改良、生长发育等基因工程还有待基础研究的新突破。虽然我国植物基因工程技术体系已经初步建立，并取得可喜的令人瞩目的进展，但是仍然应该看到我国植物基因工程技术研究水平，特别是基础研究与创新能力还有待进一步提高。建议近期重点抓好以下几方面的工作：

第一，继续增加国家对转基因植物基础研究与产业化的投入，积极鼓励和引导企业投资生物技术研究，拓宽国内外技术合作的渠道。

第二，加强国家农业生物技术研究计划的统一管理，制定和完善有利于人才培养引进和研究成果转化的一系列政策，尽快组建国家级转基因植物研究与产业化基地，逐步建立适合我国国情的研究开发与产业化发展体制。

第三，对技术相对比较成熟的转基因植物产品，如抗虫棉花、抗虫玉米、抗虫水稻和抗除草剂农作物等，要加大力度尽快实现产业化。

第四，当前要特别重视基因组学、生物信息学等基础研究，集中力量保护开发我国生物基因资源，分离克隆一批具有自主知识产权的、可供植物基因工程利用的新基因。

三、转基因生物安全问题

现代生物技术特别是现代农业生物技术正在进入大规模的产业化发展阶段。通过现代生物技术转移或者修改动物、植物和微生物中的遗传材料，包括转移或者修改某些指定的基因，往往可以生产出性状更优良的新型动物、植物或微生物，但是这种技术自身以及相应的产物很可能存在一些目前尚不能验证其存在，而一旦出现就会造成巨大危害的隐患，使生态环境和公众健康面临危险。转基因生物安全立法的重要使命就是兴利避害，通过对与现代生物技术及其产物密切相关的社会关系的调整，尽可能在确保生态环境和人类健康不受损害的前提下促进现代生物技术和产业的健康、有序发展。生物安全是现代生物技术的研究、开发、应用以及转基因生物的跨国越境转移可能会对生物多样性、生态环境和人体健康产生潜在的不利影响，特别是各类转基因活生物体释放到环境中可能对生物多样性构成潜在风险与威胁。研究和监测表明，转基因生物可能对生物多样性、生态环境和人体健康产生多方面的影响。

转基因动物一般具有普通动物所不具备的优势特征，若放生或逃逸到大自然中，可能通过改变物种间的竞争关系破坏原有的生态平衡。转基因的植物由于具有较强的野外适应能力，可能会对生物多样性和生态平衡造成影响。转基因植物中病毒基因重组的风险远远高于普通植物，如果转基因作物大面积栽培，所携带的病毒基因可能会导致难以预测的后果。转基因微生物对于其他物种有很强的取代性，容易导致生物多样性的丧失。

（一）对人类健康的影响

转基因生物产品作为食品对人体健康是否会带来危害，一直是人们关心的问题。国外已有儿童饮用转基因大豆豆浆产生过敏反应的报道，美国转基因西红柿导致厨师过敏的情况。德国报道转基因猪的事件，虽然转基因猪比正常的猪大一倍，但是这种猪患有胃肿瘤、肺炎、心力衰竭和关节畸形等疾病，因此，人食用这种猪肉也有患病的可能。而这种影响，一般需要很长时间才能发现和监测出来。

转基因产品引发的生物安全事件近年来屡有发生。比较有影响的事件有美国"星联玉米事件"、加拿大的"转基因油菜超级杂草事件"、墨西哥"玉米基因污染事件"等等。阿凡迪斯公司生产的一种"星联"转基因玉米，由于可能引起人体的过敏反应，美国环保局仅批准其用于动物饲料，禁止其用于食品生产。但是，2000年9月及随后进行的检测却发现，许多玉米食品中竟然含有星联。尽管星联的种植面积在当年美国玉米总种植面积中仅占不到1%，但由于在加工和存储阶段与其他玉米种类混合，当年美国收获的玉米中约有

10%被星联污染。美国政府还指出,阿凡迪斯没有遵守为防止异花授粉而在种植星联玉米和种植普通玉米的土地间保留一定间隔作为缓冲的规定。2002年3月,阿凡迪斯为消费者的集体诉讼支付了900万美元。此外,为回收市场上可能含有星联的300多种食品,阿凡迪斯和相关保险公司支付了约10亿美元。

在加拿大,转基因作物的基因还通过授粉的方式,漂流到了生产有机食品的农田当中。所谓有机食品,其中一个标准就是不含转基因。因此,在从事有机农业的农民看来,这些转基因作物就是影响其产品信誉的超级杂草,是对其农田的基因污染。于是,2002年年初,加拿大萨斯喀彻温省有机食品理事会状告孟山都公司和阿凡迪斯公司,要求这两家来自美国的转基因技术公司赔偿损失。

(二)对环境的影响

在自然界中,通过授粉的方式,某个物种的基因漂流到另一个物种,或者说实现杂交,本是一件寻常事。但由于转基因作物中转入的外源基因通常具有某种特殊的性状,例如杀虫、抗除草剂等,这种基因如果漂流到另一个物种,就可能带来明显的环境影响。2002年2月,英国政府环境顾问在英国《自然》杂志提交的一份报告中,特意描述了加拿大转基因油菜超级杂草的威胁。在如今的加拿大草原农田,同时拥有抗三种以上除草剂的杂草化转基因油菜非常普遍。它们的油菜籽掉到农田里,来年会重新萌发。如果一片田地上种植的不是同一个物种,它们就成了不受欢迎的超级杂草,农民不得不求助于对环境破坏更大的旧除草剂。

(三)对生物多样性的影响

自然界存在的各种生物及其相互关系,是经过漫长的进化过程逐步形成发展、演变而来的,而转基因生物则是人们利用现代工程和技术手段研制出来的"人造"生物。转基因生物以特殊的生命形式,以超过自然进化千百倍甚至更高的"变化"速度介入到自然界中,二者之间会产生复杂的交织互动关系。对于自然生态系统来说,转基因生物极具竞争优势。转基因作物的外源基因通过花粉传播等途径转移到其他生物体内,就会造成基因污染,进一步影响到生物遗传的多样性。

墨西哥政府为了保护当地玉米遗传多样性,1998年规定在墨西哥本土不允许种植转基因玉米。但是 2001 年 9 月著名国际刊物《自然》报道，墨西哥环境部的研究结果表明，在墨西哥的 Oaxaca 和 Puebla 两个州的 22 个地区中有 15 个地区已经发现转基因玉米。2002 年 1 月墨西哥国家环保部门公布了一份研究报告，确认了墨西哥玉米品种已经遭到了转基因玉米的基因污染，在某些村落基因污染率高达 35%。关于墨西哥的玉米基因污染事件，2002 年 3 月 1 日美国《科学》杂志声称，许多科学家认为，转基因玉米的 DNA 是否渗入野生玉米，即便渗入对野生玉米是否真正构成威胁，都还需要更多的科学证据。2002 年 4 月，《自然》杂志承认现有证据"不足以表明发表原始论文是合适的"，还把两位作者支持自己结论的新论文和另两篇质疑这项研究的文章同时发表，让读者自行判断。这在该杂志办刊一百多年了的历史上极为罕见。但这一争论促使人们进一步意识到，必须高度重视转基因生物对生态系统特备是生物多样性可能产生的巨大的负面影响。英国苏格兰 Rowett 研究所的研究人员 Arpad Pusztai 1998 年秋在电视台宣称，他用转基因马铃薯饲喂大鼠，"导致大鼠体重及器官重量严重减轻，免疫系统被损坏"。此事引起轰动，从此引发了国际上对转基因作物安全性的争论。英国皇家学会对此十分重视，组织了专家进行评议，并于 1999 年 5 月公布报告，指出 Pusztai 的研究从试验设计、方法，到研究结果及数据分析都有严重缺陷。Pusztai 本人也因此而被劝提前退休。

1999 年美国康奈尔大学 Losey 等报道在实验室内以拌有转 Bt 基因抗虫玉米花粉的马利筋草喂养帝王蝶幼虫可导致死亡，这一结果被解释为转基因威胁非目标昆虫。"环境主义"组织据此提出应限制转基因玉米的生产与销售。当年夏天，美国环境保护局（EPA）组织昆虫专家们对帝王蝶问题进行了专题研究。结论是，抗虫玉米花粉在田间对帝王蝶没有威胁，其原因是：（1）玉米花粉大而重，扩散不远；（2）帝王蝶通常并不吃玉米花粉，它们在玉米散完粉后才大量产卵；（3）在经调查的美国中西部转 Bt 基因玉米占玉米面积的 25%，但田间的帝王蝶数量却很大。美国环境保护局在最近的一个报告中指出，评价转基因作物对非靶标昆虫的影响，应以野外实验为准，而不能仅仅依靠试验室的数据。但这一事件也表明，抗虫转基因玉米还存在有待改进的地方，如可以让花粉不产生 Bt 杀虫蛋白，这样就可使得花粉对非目标抗虫完全没有威胁。

四、如何解决转基因生物安全问题

（一）完善生物安全管理体系

生物安全是国家安全的组成部分，生物安全出现问题会对社会经济、人民健康及生态环境产生危害或存在风险。现实危害或潜在风险是生物安全的外在表现。

解决生物安全问题，要努力完善生物安全管理体系，建立健全基因安全评价的技术标准，特别是尽快制定和实施转基因食品安全性能检测与管理办法。一方面要加强立法，特别是法律体系的建设；另一方面作好公众宣传和舆论导向，以科学的态度对待农业生物安全问题，积极引导我国转基因植物产业化快速和健康的发展。

2008年7月9日，国务院总理温家宝主持召开国务院常务会议，审议并原则通过实施转基因生物新品种培育科技重大专项。实施转基因生物新品种培育科技重大专项，对于增强农业科技自主创新能力，提升国内生物育种水平，促进农业增效和农民增收，提高国内农业国际竞争力，具有重大战略意义。实施这一重大专项的目标，是要获得一批具有重要应用价值和自主知识产权的基因，培育一批抗病虫、抗逆、优质、高产、高效的重大转基因生物新品种，提高农业转基因生物研究和产业化整体水平，为中国农业可持续发展提供强有力的科技支撑。当然此项决策与转基因产业自身的快速发展也密切相关。根据农业生物技术应用国际服务组织（ISAAA）公布的数据显示，我国前期放开的转基因棉花种植取得了明显成效。2007年转基因棉花产量增加10%，杀虫剂的使用量却至少减少50%，农民每公顷收入平均增加220美元，使全国农民收入增加超过8亿美元。转基因产业在国内虽已取得一定发展，但国内转基因产业仍面临较大问题，政府此项政策更多的还是鼓励转基因生物的研发，而转基因产品的商业化、产业化尚需时日。政府将着力推进转基因生物产品的研发。这主要是由于美国等发达国家转基因产品的研发、产业化时间由来已久，相比国内相关产业有较大优势，国内一旦放开转基因产品产业化，将对相关行业形成较大冲击。而考虑到国内基本国情，该行业的放开又是必然趋势，因此前期提高国内研发水平就显得尤为重要。

另外，欧洲市场对转基因产品强烈的质疑态度，将对国内转基因产品产业化形成一定影响。2008年年初，法国政府宣布启动一项欧盟例外条款，暂停种植MON810型转基因玉米，理由是怀疑其安全性。虽然转基因产品对粮食增产、农民增收等方面效果显著，但是事关食品安全问题，各国都不得不谨慎考虑，政府对于转基因产品仍会延续积极研究，谨慎应用的政策。转基因技术和转基因产品目前还处在研究发展和完善的阶段，也可能存在着某些对人体和环境不利的因素。有一点必须明确，凡是通过国家法律认可的转基因产品，都是经过国家级的食品安全检验，对于人体的健康在一般情况下应该是安全的。据有关资料的报道，我国每年从美国进口的1500万吨大豆中有60%以上的都是转基因大豆。到目前为止无论是在美国还是在中国，还没有见到一例因使用这些大豆及其产品而导致健康受损的情况报道。

（二）中国应谨慎应对基因污染问题

转基因作物中含有从不相关的物种转入的外源基因，例如，美国孟山都公司的转基因大豆含有矮牵牛的抗除草剂基因。这些外源基因有可能通过花粉传授等途径扩散到其他物种，生物学家将这种过程称为"基因漂流"（geneflow）。环保主义者则喜欢使用"基因污染"（geneticcon-tamination）的概念：外源基因扩散到其他物种，造成了自然界基因库的混杂或污染。

基因污染可能在以下情况发生：附近生长的野生相关植物被转基因作物授粉；邻近农田的非转基因作物被转基因作物授粉；转基因作物在自然条件下存活并发育成为野生的、杂草化的转基因植物；土壤微生物或动物肠道微生物吸收转基因作物后获得外源基因。与其他形式的环境污染不同，植物和微生物的生长和繁殖可能使基因污染成为一种蔓延性的灾难，而更为可怕的是，基因污染是不可逆转的。

从美国的"星联玉米事件"，加拿大的"转基因油菜超级杂草"，到墨西哥的"玉米基因污染事件"，越来越多的事实表明基因污染的威胁不容忽视。转基因产品已经走进中国人的生活，消费者的知情权和健康权也渐渐受到重视。农业部《农业转基因生物标识管理办法》2002年3月20日开始实施之后，卫生部《转基因食品卫生管理办法》也于2002年7月1日施行。

专家担心，类似墨西哥"玉米基因污染"的遭遇可能正在中国大豆上发生。中国的大豆与墨西哥的玉米具有很多相似之处：墨西哥是玉米的起源地和品种多样性集中地，中国则是大豆的起源地和品种多样性集中地，有6000多份野生大豆品种，占全球的90%以上；墨西哥的玉米约有1/4是从美国进口的，而中国去年进口大豆近1400万吨，数量与国产大豆持平，其中大部分是转基因大豆。中国目前没有批准转基因大豆的商业化生产。但是，从运输到加工的过程中，也可能会有一部分转基因大豆遗落到野外或者被农民私自种植。

（三）基因污染的应对方案

从20世纪80年代起，各种转基因作物开始进行田间试验。目前已实现商业化的转基因作物，在审批时都认真考虑过它们对环境安全的影响。但是，中国农业生物技术学会理事长朱鑫泉说，当前国内外普遍认为农业生物技术具有巨大潜力，开展了大量研究工作，对转基因生物在自然环境释放的安全性研究则相对甚少，转基因生物环境释放的安全性评价依然缺少有说服力的科学证据。

由于对生物安全的研究不足，面对基因污染的威胁，人类目前能够采取的有效办法并不多。为了减少基因污染的风险，有科学家提出建立"避难所"的想法，即在转基因作物之间种植一些非转基因作物作为隔离带，许多农民觉得这样做太麻烦。在这样的情况下，有人认为，彻底禁止种植转基因作物是唯一的解决之道；也有许多科学家相信，能够找到新的办法。例如，加拿大萨斯喀彻温大学的几位研究人员在2002年6月《自然生物技术》发表文章认为，研制出绝育的转基因作物，可以阻止基因漂流。这样农民只能每年都向转基因技术公司购买一次新的种子，转基因作物成本预计将增加约10%，转基因技术公司表示，它们乐于承担这样的成本。

对人类来说，对于基因污染的认识还不够深入，转基因作物能够对环境造成什么样的危害还不清楚，不同作物的情况也不一样，国内许多人还没有意识到生物安全的重要性。存在研究人员未经主管部门批准，自行引进阿根廷的转基因大豆，并分发到其他单位试种的现象。一些国外公司可能钻中国立法不完善、管理不统一的空子，将中国作为"转基因生物的试验场"。专家指出，生物安全意识的缺乏，是中国发生基因污染的重大隐患。

第五章　生物技术与生物安全问题

第五节　卡塔赫纳生物安全议定书

《生物多样性公约》提到应当关注生物安全问题，对生物多样性中生物安全问题的具体解决是《卡塔赫纳生物安全议定书》（以下简称《议定书》）的任务。该议定书是转基因生物安全国际保护领域最重要的国际法。

一、产生背景

现代生物技术发展迅速，此种技术可能会对生物多样性产生不利的影响，同时还需要考虑对人类的健康构成的风险。如果能在开发和利用现代生物技术的同时采取妥善的安全措施，确保环境良好和人类健康，此种技术将使人类收益无穷。因此，减少或防范生物技术带来的风险尤为重要。《生物多样性公约》提出缔约国应考虑需要一项议定书，规定适当程序，特别包括事先知情协议，适用于可能对生物多样性的保护和持续利用产生不利影响的由生物技术改变的任何活生物体的安全转让、处理和使用，并考虑该议定书的形式。

在这种背景下，1995 年 11 月缔约国在印度尼西亚雅加达召开第二次《生物多样性公约》缔约国大会，开始谈判拟订公约中所阐释的议定书，并成立了开放的生物安全特别工作组，正式进行生物安全议定书草案的起草与完善工作。随后，该工作组共举行了六次会议，对生物安全问题进行多次的磋商与探讨，最终制定出了议定书的草案文本，提交给生物多样性公约缔约国大会，以供大会的特别会议考虑。经过各国在缔约国大会特别会议上的多次磋商与谈判，2000 年 1 月 29 日《卡塔赫纳生物安全议定书》在加拿大蒙特利尔《生物多样性公约》缔约国大会特别会议上通过。2000 年 5 月 15 至 26 日在肯尼亚首都内罗毕召开的《生物多样性公约》缔约国会议上，有 64 个国家和欧共体签署了这一文件，中国于 2000 年 8 月 8 日签署了该议定书。

议定书的全称为《〈生物多样性公约〉的卡塔赫纳生物安全议定书》，其总体结构与《生物多样性公约》一致，分为序言、正文和附件。序言介绍了制定该议定书的意义，附件对正文中的一些条款加以详细化的说明，正文包括

生物多样性的法律保护

生物安全措施的目标、方法、执行等内容。该议定书在关注生物安全问题本身的同时，以遗传资源为切入点，关注了议定书的规则与 WTO 贸易规则冲突的协调。议定书的产生也是发达国家与发展中国家、发达国家不同利益集团之间的较量与妥协的结果。

二、议定书的目标、适用范围和一般规定

议定书的目标是遵循《关于环境与发展的里约宣言》中第 15 条的规定①所订立的预先防范办法，协助确保在安全转移、处理和使用凭借现代生物技术获得的、可能对生物多样性的保护和可持续使用产生不利影响的改性活生物体领域内采取充分的保护措施，同时顾及对人类健康所构成的风险并特别侧重越境转移问题。

议定书应适用于可能对生物多样性的保护和可持续使用产生不利影响的所有改性活生物体的越境转移、过境、处理和使用，同时亦顾及对人类健康构成的风险。

由于药物对人类生活与生存具有特殊作用，议定书对药物的改性活生物体作出例外规定：尽管有第 4 条的规定，在不损害缔约方在其就进口问题作出决定之前对所有改性活生物体进行风险评估的权利的情况下，本议定书不应适用于由其他有关国际协定或组织予以处理的、用作供人类使用的药物的改性活生物体的越境转移。

议定书中的一般规定是执行议定书的重要原则。第一，要求缔约方应为履行议定书规定的各项义务采取必要和适当的法律、行政和其他措施。第二，各缔约方应确保在从事任何改性活生物体的研制、处理、运输、使用、转移和释放时，防止或减少其对生物多样性构成的风险，同时亦应顾及对人类健康构成的风险。第三，执行本议定书应不损害国家主权等国际法基本准则，任何规定不得以任何方式妨碍依照国际法所确立的各国拥有的主权和管辖权，也不得妨碍航行权和航行自由。第四，不得将议定书中的任何条款解释为限制缔约方为

---

① 1992 年 6 月 14 日通过的《关于环境与发展的里约宣言》的原则 15 条规定：为了保护环境，各国应按照本国的能力，广泛适用预防措施。遇有严重或不可逆转损害的威胁时，不得以缺乏科学充分确定证据为由，延迟采取符合成本效益的措施防止环境恶化。

确保对生物多样性的保护和可持续使用采取比议定书所规定的更为有力的保护行动的权利，但条件是此种行动须符合议定书的各项目标和条款并符合国际法为缔约方规定的各项其他义务。第五，鼓励各缔约方酌情考虑到具有在人类健康风险领域内开展活动权限的各国际机构所掌握的现有专门知识、所订立的文书和所开展的工作。

三、议定书的主要内容

（一）提前知情同意程序

准备向进口缔约方的环境中引入改性活生物体，在首次越境之前适用提前知情通知程序。出口缔约方在首次有意越境转移改性活生物体之前，通知或要求出口者确保以书面形式通知进口缔约方的国家主管部门；进口缔约方应收到通知后90天内以书面形式向发出通知者确认已收到通知。进口缔约方所作决定应符合有关风险评估的规定，主要是确定和评价改性活生物体可能对生物多样性保护和可持续使用产生的不利影响，同时也要考虑到对人类健康构成的风险。

准备直接作食物、饲料或加工之用的改性活生物体的程序有所不同，应在做出越境转移的改性活生物体的国内用途、包括投放市场的最终决定，在作出决定后15天之内通过生物安全资料交换通知各缔约方。同样，也要根据附件三进行风险评估。

因此，任何国家出口改性活生物体到进口国，必须事先通知进口国并得到同意。进口国为了避免或尽量降低改性活生物体对人类健康和生物多样性的危害，可以设置进口改性活生物体的限制条件，或者在缺少科学的评估而不能确定改性活生物体潜在的负面影响时拒绝进口。

（二）风险评估与风险管理

为确保生物安全，防范改性活生物体越境转移带来的风险，议定书要求采取相应的措施，以监测风险并加以防范。风险评估应按附件三的规定并以在科学上合理的方式做出，同时应考虑采用已得到公认的风险评估技术。此种风险评估应以根据第8条所提供的资料和其他现有科学证据作为评估所依据的最低限度资料，以期确定和评价改性活生物体可能对生物多样性的保护和可持续使用产生的不利影响，同时亦顾及对人类健康构成的风险。

关于风险管理，议定书主要涉及的是风险管理的原则和管理方法。包括：一是制定国内法来防范和控制风险评估中所指出的风险；二是采取必要的措施来防范风险；三是关注无意行为，防止无意之中因改性活生物体越境而产生风险及不利后果；四是注意对生物体及其可能产生风险予以监控；五是缔约方应就风险问题展开合作。其中对无意中造成的越境转移问题及其带来的风险，议定书规定了应急措施，缔约方应向受到影响或可能会受到影响的国家、进行生物安全资料交换、并酌情向有关的国际组织发出通报，因在其管辖范围内发生的某一事件造成的释放导致或可能导致改性活生物体的无意越境转移，从而可能对上述国家内生物多样性的保护和可持续使用产生重大不利影响，同时也可能对这些国家的人类健康构成风险。缔约方应在知悉上述情况时发出此种通知。

为了避免对生物多样性的保护和可持续使用产生不利影响，同时考虑到对人类健康构成的风险，每一缔约方应采取必要措施，要求对凡属于本议定书范围内的有意越境转移的改性活生物体，均参照有关的国际规则和标准，在安全条件下予以处理、包装和运输。

（三）标识制度

进口的转基因产品应当有明确的标识，说明产品的来源、特征、用途等信息。标识制度保证知情权的实现。

《议定书》明确规定缔约方应采取措施，要求：

（1）拟直接作食物或饲料或加工之用的改性活生物体应附有单据，明确说明其中"可能含有"改性活生物体且不打算有意将其引入环境之中；并附上供进一步索取信息资料的联络点。作为本议定书缔约方会议的缔约方大会应在不迟于本议定书生效后两年就此方面的详细要求、包括对其名称和任何独特标识的具体说明作出决定；

（2）预定用于封闭性使用的改性活生物体应附有单据，明确将其标明为改性活生物体；并具体说明安全处理、储存、运输和使用的要求，以及供进一步索取信息资料的联络点，包括接收改性活生物体的个人和机构的名称和地址；

（3）拟有意引入进口缔约方的环境的改性活生物体和本议定书范围内的任何其他改性活生物体应附有单据，明确将其标明为改性活生物体；具体说明其名称和特征及相关的特性和/或特点、关于安全处理、储存、运输和使用的任何要求以及供进一步索取信息资料的联络点，并酌情提供进口者和出口者的详细名称和地址；以及列出关于所涉转移符合本议定书中适用于出口者的规定的声明。

（四）信息交流与生物安全资料交换所

建设生物安全信息交换所的目的是最大限度地使用现代信息技术，确保议定书的顺利实施。

建立信息交流及生物安全资料交换所，以便交流有关改性活生物体的科学、技术、环境和法律诸方面的信息资料和经验；协助缔约方履行本议定书，同时顾及各发展中国家缔约方、特别是其中最不发达国家和小岛屿发展中国家、经济转型国家以及属于起源中心和遗传多样性中心的国家的特殊需要。

创建资料所后，希望每一缔约方在不妨碍对本国机密资料实行保密的情况下，向交换所提供资料，以惠益于更多的缔约国，使更多的缔约国获悉风险，避免重蹈覆辙。交换资料是一种义务，缔约国之间必须交换相互的生物安全信息，除非该信息是机密的。在指明机密资料时，应根据要求说明理由。如果发出通知者撤回或已经撤回通知，进口缔约方仍应为商业或工业资料保密其中包括关于研究和研制工作的资料以及该缔约方与发出通知者之间未能对其机密性取得一致看法的那些资料。以下资料不得视为机密性资料：发出通知者的名称和地址；关于改性活生物体的一般性说明；关于在顾及对人类健康构成的风险的情况下对生物多样性的保护和可持续使用的影响作出的风险评估结果摘要；任何应急方法和计划。

（五）赔偿责任与救济

《议定书》对于进口改性活生物体所造成的损害应当如何赔偿并没有详细的规定，只是在第27条作了一个说明：作为本议定书缔约方会议的缔约方大会应在其第一次会议上发起一个旨在详细拟定适用于因改性活生物体的越境转移而造成损害的赔偿责任和补救方法的国际规则和程序的进程，同时分析和参照目前在国际法领域内就此类事项开展的工作，并争取在四年时间内完成这一进程。

根据2005年《生物多样性公约》缔约方大会提出有关转基因生物引起的损害责任和赔偿问题需要进一步审查以下问题："改性活生物体的越境转移所造成损害"的范围；损害的具体内容；因果关系；赔偿责任的追究、进口和出口方的作用、赔偿责任的标准；赔偿责任的限制；财务保证机制；索赔解决；提出索赔的资格/权利；非缔约方；术语的使用；补充性能力建设措施；选择将制定的文书。

损害赔偿制度是转基因生物安全法规得以实施的重要保障。对转基因生物可能造成的损害作出赔偿的规定，会促使生产者审慎其生产行为，进口者也要进行严格的评估，对消费者负责。确定损害责任、赔偿制度，保障人类健康和生物多样性的维持。目前，转基因生物体越境转移导致的损害主要包括对人类健康和生物多样性的损害，特别是当地农作物的基因污染问题，应当引起关注。

（六）议定书的执行、签署、退出

《卡塔赫纳生物安全议定书》的执行机构是缔约方大会、秘书处和附属机构，其中缔约方大会应作为议定书的缔约方会议，议定书的秘书处为《生物多样性公约》秘书处。

各签约方不得对议定书作任何保留，作为本议定书缔约方会议的缔约方大会应于本议定书生效五年后，且其后至少每隔五年对其有效性进行评价，包括对其程序和附件作出评估；每一缔约方应对本议定书为之规定的各项义务的履行情况进行监测，并应按作为本议定书缔约方会议的缔约方大会所确定的时间间隔，就其为履行本议定书所采取的措施向作为本议定书缔约方会议的缔约方大会作出汇报。在退出问题上，自本议定书对一缔约方生效之日起两年后，该缔约方可随时向保存人发出书面通知，退出议定书，且任何此种退出均应在保存人收到退出通知之日起一年后生效，或在退出通知中可能指明的一个更晚日期生效。

（七）关于非缔约方

缔约方与非缔约方之间进行的改性活生物体的越境转移应符合本议定书的目标。各缔约方可与非缔约方订立关于此种越境转移的双边、区域和多边协定及安排。各缔约方应鼓励非缔约方遵守本议定书并向生物安全资料交换所提供改性活生物体在属其国家管辖的地区内释放及其出入情况的相关信息和资料。

非本议定书缔约方的《公约》缔约方可作为观察员出席作为本议定书缔约方会议的缔约方大会的任何一次会议。在缔约方大会作为本议定书的缔约方会议时，涉及本议定书的决定应由本议定书各缔约方作出。

联合国、其各专门机构和国际原子能机构以及它们的非《公约》缔约方的任何会员国、成员国或观察员皆可作为观察员出席作为本议定书缔约方会议的缔约方大会。任何组织或机构，无论是国家或国际、政府或非政府性质的组织或机构，只要在本议定书所涉事项方面具有资格、且已通知秘书处它愿意作为观察员出席作为本议定书缔约方会议的缔约方大会，均可被接纳参加会议，除非至少有三分之一的出席缔约方表示反对。除非本条中另有规定，观察员的接纳和参加应遵守以上述及的议事规则。

第六章 传统知识、民族文化与生物多样性的保护

随着科技发展和社会进步,越来越多的有识之士认识到单纯的现代科学并不能解决现在人类所面临的种种问题,相反,还可能成为一种破坏性的力量。同样,生物多样性的保护不仅需要科学技术的进步,而且还需要社会、经济、政治等方面的积极配合和全力支持。

传统知识与民族文化作为一种社会力量,在保护大自然的过程中起到了重要的作用。1991年,世界自然保护联盟(IUCN)提出的可持续发展的战略——关怀地球,呼吁在保护生物多样性的过程中重视文化多样性的保护。1992年在里约热内卢召开的联合国环境与发展大会上通过了《生物多样性公约》(简称《公约》),在第8条和第10条明确规定了传统知识、民间文化、土著民族传统生活方式对生物多样性的保护和可持续利用起到了重要作用,并强调遗传资源和传统知识的惠益分享对保护生物多样性的重要意义。国际科学联合会理事会(ICSU)在1999年召开的世界科学大会《宣言》中指出:传统和当地的知识系统作为认知和了解世界动态的表述,在历史上已经作出了对科学技术发展有价值的贡献,必须保存、保护、研究和促进这一重要文化遗产。

中国有着五千年的文明历史,是生物多样性和文化多样性的大国,56个民族对中华文明进步与发展作出了杰出的贡献。保护、继承与发扬民族文化、传统知识不仅对保护生物多样性起到重要的作用,而且对于中华民族的生存与发展也至关重要。生物多样性的保护具有高度的复杂性,要充分发挥我国各民

族的聪明才智，共同保护好宝贵的生物多样性和传统知识、民间文化多样性资源。

因此，将几千年的传统知识、民族文化与现代科技结合起来，保护生物多样性和生物资源是我们的历史责任。中国各族人民经过几千年的发展，保护了我国的生物多样性，传承了传统知识和民间文化的多样性。

第一节 传统知识与生物多样性的保护

传统知识与民族传统文化密切相关，特别是与土著和地方社区的传统文化密不可分。《生物多样性公约》序言明确指出：许多体现传统生活方式的土著和地方社区同生物资源有密切和传统的依存关系，应公平分享从利用与保护生物资源及持续利用其组成部分有关的传统知识、创新和实践而产生的惠益。

一、传统知识的概述

传统知识是指世界范围内原住民和地方社区的知识、革新与实践。传统知识经过长时期的发展，通常以口头形式代代传承，并且适合当地的文化和环境。传统知识常以故事、歌曲、民间传说、寓言、文化观、原始信仰、精神、仪式社区习惯法、语言和农业实践的形式体现。① 传统知识通常包括动物、植物、自然资源的保护与利用的经验，例如动物的养殖和植物的栽培等。

（一）CBD 关于传统知识的规定

《生物多样性公约》在第 8 条（j）款要求每一缔约国应尽可能并酌情"依照国家立法，尊重、保存和维持土著和地方社区体现传统生活方式而与生物多样性的保护与持续利用相关的知识、创新和实践并促进其广泛应用，由此等知识、创新和实践的拥有者认可和参与下并鼓励公平地分享因利用此等知识、创新和做法而获得惠益"。《生物多样性公约》在第 17 条第 2 款要求"此种信息交流应包括交流技术、科学和社会经济研究成果，以及培训和调查方案

---

① 薛达元等：《遗传资源、传统知识与知识产权》，中国环境科学出版社 2009 年版，第 6 页。

的信息、专门知识、当地和传统知识本身及连同第 16 条第 1 款中所指的技术"。

《公约》对传统知识的规定侧重与生物资源相关，限定于对生物多样性的保护与持续利用具有直接和间接促进作用的知识、创新和实践，并将传统知识与土著和地方社区紧密联系，表明传统知识是有土著和地方社区创造和维持的，是经过长期积累和发展、世代相传的具有现实的和潜在价值的知识、经验和创新。① 因此，传统知识可以视为知识、创新和实践科学，是与生物多样性有关的特殊资源，《生物多样性公约》目的在于保护生物多样性及其可持续利用，生物遗传资源的获取和惠益分享，同时也会保护与之相关的传统知识。

2004 年 2 月生物多样性公约第七次缔约方大会通过了《阿格维古自愿性准则》②的决议。这项准则是以莫霍克人的语言"神创万物"而得名。此准则是自愿性的，是为缔约方和各国政府在制定和实施各自影响评估制度提供指导，并受国家法律的约束。在土著和地方社区历史上占据和使用的土地或水域进行开发，可能造成对该土地和水域的影响时，应考虑该准则。该准则的目的在于为土著和地方社区与生物多样性有关的文化、环境和社会因素或现有的环境影响评估程序方面提供一般性建议。

该准则提供了一个合作框架，以确保土著和地方社区全面参与到评估开发活动。CBD 缔约方大会要求各缔约方政府执行该准则，并鼓励他们进行法律和制度上的建设，探索准则与国家法律和政策结合的方式和方法。缔约方大会同时邀请土著和地方社区关注这项准则，如果被提议的发展正在或者即将影响他们的宗教信仰以及被土著或地方社区世代占有和使用的土地和水域，他们可以提出申请，说明他们的意见。缔约方大会为此邀请土著和地方社区的代表参加生物多样性公约项下的"传统知识议题工作组"的工作，包括决策工作。

（二）WIPO 关于传统知识的规定

2000 年 10 月，WIPO 成立了"知识产权和传统知识、遗传资源及民间艺

---

① http://www.cbd.int/traditional/.
② 该准则的全称是《对拟议在圣地和土著和地方社区历来居住或使用的土地和水域进行的、或可能对这些土地和水域产生影响的开发活动进行文化、环境和社会影响评估的阿格维古自愿性准则》。

术政府间委员会（简称 IGC）"，其主要任务是探讨与遗传资源、传统知识和民间文艺获取与惠益分享有关的知识产权问题。IGC 提出传统知识具有以下特点：

第一，在传统与世代相传的背景下产生、保存和传递；

第二，与世代保存和传递传统知识的地区和原住民有特殊的联系；

第三，与被承认持有该传统知识的本土或传统社区、个人的文化特性相一致。

根据世界知识产权组织（WIPO）的定义，传统知识是基于传统的文学、艺术和科学作品、表演、发明、科学发现、外观设计、商标、商号及标记、未公开的信息，以及其他一切来自于工业、科学、文学艺术领域里的智力活动所产生的基于传统的革新和创造。所谓基于传统是指这种知识是世代相传，为某个特定民族或其居住地域所固有，并随着时间和环境变化而不断演进。WIPO 规定的传统知识范围更加广泛，包括了生物资源、传统的文学、艺术、表演、商标等，更强调了传统文化的内涵。保护传统知识，就是在保护知识产权的同时也要为那些作为创新基础的资源及其拥有者提供适当的保护。

（三）TRIPS 关于传统知识的规定

世界贸易组织（WTO）为回应《生物多样性公约》，在《与贸易有关的知识产权协定》（简称 TRIPS）中讨论了遗传资源和传统知识的相关问题。争议的焦点在于专利权的取得是否必须将遗传资源和传统知识的来源公开，是否必须经过事先知情同意，是否必须商定惠益分享的协议。许多发展中国家坚持要求在申请与遗传资源或者知识产权有关的专利时，必须披露在发明中所使用的遗传资源或传统知识的来源，必须提供证据证明遗传资源或传统知识的提供国已经事先知情同意，并且获得相关国家机构的许可；而且就惠益的公平合理的分享达成了协议；并应建立国际机制，实现对遗传资源和传统知识的保护。多数发达国家对此持反对意见。

二、传统知识与生物多样性的关系

传统知识越来越受到重视，在《公约》的第 8 条就地保护第（j）款和第 10 条生物多样性组成部分的持续利用第（c）款中对传统知识的价值、创新和实践以及惠益分享作了具体的规定。各国采取了一系列措施来确保原住民和地方社区传统生活方式中有利于生物多样性保护和持续利用的传统知识、创新和做法得到尊重、保护和维持。

（一）传统知识与遗传多样性

有关研究表明，地理上相互隔离的不同文化培育出不同的作物品种。1988年在巴西贝伦通过了《贝伦宣言》（Belem Declaration），该宣言指出：全世界99%的遗传资源掌握在原住民手中。传统的农业生态系统所具有的特征，适合于保护和利用当地的物种资源。在世界上许多国家和地区，原住民在长期的生活和实践中培育并养殖或种植出适应当地条件的动植物品种，有些农作物品种在民族植物学中被称之为"文化品种"，意思是由一个特定文化族群选育出来并长期保存下来的品种。虽然有些品种的产量并不高，但减产的风险也很低。例如，不同颜色和香味的稻米在中国、印度和泰国一直被种植和保存着；南美洲安第斯山脉的印第安人，他们栽培着数以千计的马铃薯品种。正是这些传统文化保存了这些作物的遗传多样性。

目前世界上有很大一部分作物品种资源是通过不同地区、不同民族的生产方式积累而保存下来的。我国西双版纳的傣族、哈尼族和基诺族的庭院生态系统中保存了大量的作物品种资源。复杂多样的自然条件与丰富多彩的民族文化及传统是形成品种多样性的重要原因。然而，导致遗传资源多样性丧失的重要原因却是现代技术培育出来的高产品种和转基因作物，而且人类对新技术、新品种依赖越来越强。这些新品种在逐渐代替丰富多样的传统作物品种，最终会导致遗传资源多样性的丧失。我国历史上曾经种植许多种作物，例如荞麦、苏籽、燕麦和冬寒菜等等，现在却日趋减少和消失。人类的生活需要多种营养成分，需要丰富多彩的食物。这些品种的减少和消失，对人类长期发展是一个巨大的损失，遗传资源的流失也意味着传统知识的流失。

科学家已经开始高度关注保留世界各地传统农业生态系统和庭院生态系统中的作物品种以及遗传多样性。事实上，传统农业生态系统是一个丰富的植物品种资源库。中国从南到北，从沿海到内陆，从高山到平原，生态条件的复杂多样造就了各地特有农作物品种多样性，是建立生态安全和食物供应的基础。因此，在发展现代农业的同时，必须重视和保护各地特有的作物品种资源，鼓励农户应用其传统知识,在庭院种植、复合林间种和天然林下栽培一些传统的农业品种和古老作物,从而保留农作物品种和保护生物多样性。

(二) 传统知识与物种多样性

传统知识对生物多样性的保护体现在物种保护的水平上。例如,茶的利用和栽培起源于中国,我国的西南地区是茶属植物的起源和分布中心。茶可以分为大叶茶和小叶茶,大叶茶产于云南,小叶茶产于四川、华东等地区。用于制茶的植物达九种之多,每一种茶有一定的地理分布区域,最早发现和利用茶叶的人及其后代建立和发展了有关茶叶产品的制作工艺和饮用方法,这种工艺和方法流传至今形成了茶文化。茶文化就是建立在多个民族利用茶的传统知识基础上的传统文化。初步调查表明,每一种茶用植物品种均与民族文化和传统知识有关,小叶茶在汉文化中记载最早,大叶茶与布朗族、佤族和哈尼族的文化相关联,大厂茶与布依族文化相关等等。

在一些古老的民族文化中,植物被认为具有超自然的能力,一些动植物常常被拟人化,并伴有一些神话和传说,在一定的程度上也影响着人的行为。植物作为药物,早期与巫医和巫术联系在一起。从表面上看,具有一定的自然崇拜和迷信色彩,而实际上,对植物的保护期到了积极的作用。世界各地许多民族都有植物崇拜的习俗,这些传统习俗对崇拜的植物种类起到了保护作用。宗教信仰对保护动植物也起到了积极的意义。银杏原产于中国,保护银杏历来受到宗教,尤其是佛教文化的重视,千年古树被完好地保留在各地的佛教寺院。在尼泊尔,许多植物因具有宗教意义而受到当地民众的尊重,即使这些植物具有重要的药用或经济价值,人们也不会轻易毁损这些植物。在西双版纳,高大的榕树、菩提树等树种,落地的树枝和死亡的老树倒在路边,也不会有人拾走当柴烧或作他用,即使是在燃料缺乏的时代,因为他们认为这些树是应当受到尊重和保护的。

近些年,人们不断发现,传统知识的发展显然影响着相关植物的利用。板蓝根是一种传统的染料,也是一种药用植物。历史上主要用作提取蓝靛染布,而现在主要用来制药,哈尼族妇女主要用于玉米套种、种植于瓜棚、林下,茎枝扦插、落叶追肥,这是他们长期生产实践总结出来的结果。显然,传统文化和原住民的生产实践对生物多样性的保护的影响是非常显著的,这使得具有利用价值的物种和文化价值的物种得以生存和持续利用。

（三）传统文化与生态系统多样性

对生物多样性的保护，应该把特定的生态系统或景观作为一个整体进行保护，而不是仅仅保护一种生物。传统文化保留下来的生态系统和自然景观，如风景林、防护林、风水林、寺庙林等，在保护生态系统和生物多样性发挥着重要的作用。很多少数民族世代居住在森林的边缘或者是在森林之中，他们对森林有着很深厚的感情。他们相信森林会给他们带来好运，保佑他们平平安安、五谷丰登，也特别注重森林对美化环境的作用。在民族文化中，也有贯穿山寨的风景林和保护山寨的风水林。"风水"是一个颇受争议的话题，"风水"的应用主要涉及人类的生存环境中，小到修建房屋选地、门窗朝向，大到道路桥梁的设计，村镇、城市的布局都有一定的说法。"风水林"的信念在我国少数民族地区客观存在，并具有一定的神秘色彩。风水林是保平安的，不能砍伐或变更用途，只能保护起来。这也是早期保护生态系统的传统文化行为。因此，保护风水林应属于尊重自然的范畴。风景林和风水林不仅美化环境，对于当地的水土保持也起到了重要作用，也体现了人与自然的和谐相处。

"刀耕火种"一直被认为是原始落后的生产方式，但据植物学和人类学的研究表明，这是一种人口密度较低的热带雨林地区有效的农业生产方式，有其合理性。在刀耕火种的生态系统中保存着非常丰富的物种资源，正是这种生产方式完好地保存热带雨林的生态系统，维持着生物多样性。

随着对传统知识的研究的深入，传统知识对生物多样性的保护所起到的作用逐渐受到重视。虽然在传统文化中掺杂着早期人类对自然的崇拜，但不能由此否认传统知识的价值。事实告诉我们，与传统文化有关的生物多样性的保护却是最彻底、最有效、最主动的保护。对于传统习俗或生产实践对生物多样性保护的意义，应当引起我们的关注，重视这种方法对生物多样性的保护以及自然资源可持续的利用所发挥的积极作用。正如著名生物学家 Janis Alcorn 博士所言，在现实社会中，除非与当地人充分合作、尊重他们的权益、认同他们的文化、利用他们的传统知识，才有可能实现对生物多样性的保护。

传统知识是一定区域内的不同文化的民族群体对他们所处自然环境的深刻认识，经过了实践的检验，具有人与自然相结合的特征。传统知识对生物多样

第六章 传统知识、民族文化与生物多样性的保护

性的利用和保护价值体现在多个方面，从物种个体到生态系统的知识，都闪烁着不同历史阶段人类的智慧，是人类文明发展的见证。我国是一个农业大国，在现代农业科学传入之前，中国农业文明已发展到了相当高的水平，供养着十多亿的人口，有着安全的生态环境和丰富的食物来源，在国家发展的过程中，传统知识所发挥的作用不容低估。当然，任何一个国家、一个民族的发展都离不开本民族的传统知识，现代科学知识的发展需要传统知识来奠定基础。同样，传统知识在生物多样性保护方面也发挥着巨大的作用。

第二节　民族文化与生物多样性的关系

中国拥有 56 个民族，各族人民在几千年的生产实践中，积累了保护和持续利用生物多样性的丰富经验。各民族由于地理环境、社会因素等差异形成了多姿多彩的民族传统文化。从某种意义上讲，生态环境的差异，形成了生物多样性，生物多样性决定了文化的多样性；而文化多样性又会反作用于生物多样性。民族传统文化主要通过宗教信仰、习惯法、文化风俗影响着生物多样性。

一、文化多样性与生物多样性的保护

生物多样性不仅为我们提供了生存所必需的生产生活资料和生存环境，而且也与文化的形成和发展有着密切的关系。例如传统医药文化、饮食文化、宗教文化等都与生物多样性密切相关。生物多样性塑造了文化多样性，文化多样性又影响着生物多样性的存在。生物多样性是建立人类文明的物质基础，文化多样性依存于生物多样性，也是生物多样性的一面镜子。

据统计，全世界共有 5000 个以上的民族分布在世界各地，长期生活在特定的自然环境中，与当地的自然环境、动植物建立了和谐共处的关系，而且在自然资源的持续利用方面，积累了内容丰富的民族传统文化。这些宝贵的知识和经验不仅为当地的自然资源保护作出了巨大的贡献，而且为现代的人类寻求自然资源的可持续利用提供了帮助。

例如，傈僳族居住在我国云南西部高黎贡山，长期从事刀耕火种的农业生

产方式，采集和狩猎是他们主要的生产活动。据研究，经过数千年实践形成和延续下来的狩猎文化，傈僳族形成了适度狩猎、合理利用野生动物的规则，从而在客观上保护了生物多样性。每年立秋后，猎户选择吉日到庙里祭祀山神，祈求"开山"，以供狩猎。在此之后，猎户在山上有规律地放置捕兽的装置，第二天早上去"转山"，察看是否有猎物被捕到。如果一只也没有，证明山神还没有开山，需要等到15天之后，再去祭祀祈求。如果第二次还没有捕到，说明山神动怒，不宜狩猎，需要去做别的营生。反之，如果捕到了猎物，猎人就把第一只猎物做上标记，将其放回大自然，以后继续上山打猎，直到猎到做有标记的那只猎物就封山，今年就不再打猎。在傈僳族的狩猎文化中，禁止射杀怀孕的动物、有益的动物、氏族图腾动物。在农忙的季节不出猎、狩猎的季节才上山，有效防止了对野生动物的过渡狩猎。这种狩猎文化非常符合生态学的原理。通过对这种狩猎文化的分析，因为多数动物在春夏季怀孕或哺乳，是动物种群数量增长的关键期，不宜狩猎。在秋季开始狩猎，有效地保护了动物的繁衍和生长。如果连续两次没有捕到猎物，说明动物种群数量太少，当年不狩猎才能使动物种群数量得以恢复。把捕到的第一只猎物做上标记放回大自然，当猎人捕到环境动物总量的一半时，根据数理统计学原理，就能捕到已做标记的那只动物，这样正好符合了"开发利用野生动物资源不能超过环境容纳量的一半"的生态学原理。

二、宗教信仰与生物多样性的保护

当今世界环境恶化与生态失衡，人们不断采取各种方法进行防控与治理，试图解决这些问题，但往往事倍功半、顾此失彼，收效甚微。这说明环境问题的真正解决，只靠外在力量的治理是远远不够的，必须从根本上改变人类的思想观念，改变人与自然的关系入手，从源头上解决问题。

人类的祖先认为万物有灵、人类与自然万物是平等的，这种观念听起来有些幼稚，甚至有人认为是愚昧的。人类在地球上生存，向自然索取，同时也应当向自然奉献。人类不是自然的主宰者，而是依赖于自然。所谓万物有灵，使人类早期对自然界的理解，万物的存在都有其发展、消亡的自然法则，这种法则不能被违背，否则就是与神对立，必然带来灾难。

第六章 传统知识、民族文化与生物多样性的保护

无论是原始的宗教，还是现代的宗教，对于生物多样性的保护都有积极的一面。在我国少数民族地区，最有效的保护生物多样性的，莫过于宗教的力量。可以肯定，宗教在短时期内是不会消亡的，在少数民族地区，宗教信仰不仅根深蒂固，而且深得民心。例如在藏区各地，人们用藏传佛教的理念来规范自己的行为，用佛教的哲学理念追求事物发展的真相。藏族人民深受宗教的影响，以善待生命的态度对待自然万物，把山川河流、花草树木、飞禽走兽当作有情众生给予尊重和保护。许多寺院划定周围的山林和草场为"神山"和"禁地"加以保护，不得随意进入、砍伐神树、开垦草场。百姓普遍认为，山有山神，水有水神，树有树神，毁山毁林会得罪这些神，就会受到惩罚。这种藏传佛教文化赋予自然万物以鲜活的灵魂而受到呵护，同时也给自然生态以浓厚的文化底蕴而充满生机。佛教中关于顺应自然、敬畏神灵、反对迫害生灵、损害生态的观念，起到了保护自然与生物多样性的作用。

政府通过制定法律，禁止乱砍滥伐，保护森林资源。然而，人们对法律知之甚少，更加缺少对法律的敬畏；而村民通过神山信仰，相信山神的惩罚是存在的，神山的崇拜使生物多样性得到了保护。神山崇拜不仅是我国少数民族的一种信仰，也体现了其文化特色和价值观念。神山崇拜包括许多禁忌，例如不能随意登山、不能砍伐神山草木、不能射杀神山上的动物等等，否则惹恼山神，遭到报复。人们对神山圣境怀有敬畏之心。

因此，宗教中的法是依靠信徒对信仰的虔诚而自觉遵守的行为规范，而法律则是依靠国家强制力保障实施的行为规范。研究我国各民族宗教信仰的历史与发展，尊重宗教信仰，制定相应的政策和法规，对于保护生物多样性至关重要。

第三节 习惯法与生物多样性的保护

一、习惯法的概念

习惯法是一种深受传统影响的社会规范，广泛地存在于世界各地，特别是

历史悠久的国家和地区。在我国，习惯法对于调整婚姻、财产、继承等法律关系起着重要的作用。关于习惯法的概念，可谓众说纷纭。

《中国大百科全书·法学卷》认为："习惯法反映国家认可和由国家强制力保证实施的习惯。在国家产生以前的原始习惯并不具有法的性质。"习惯法是法的渊源之一。《牛津法律大辞典》认为："当一些习惯、惯例和通行的做法在相当一部分地区已经确定，被人们公认并视为具有法律约束力，像建立在成文立法规则一样时，他们就理所当然可称为习惯法。"

在我国一些少数民族没有自己的文字，其传统习惯和道德规范无法用文字将传统习惯和道德规范记录下来。但在少数民族地区仍然依靠长期的历史形成的习惯和传统，来调整人与人之间的各种社会关系，维护社会秩序。因此，习惯法是独立于国家制定法之外，依据某种社会权威确立、并保障实施的具有强制性的行为规范。

习惯法不同于法律。习惯法并不是由国家制定的，它是在一定的区域、一定的社会组织内部长期历史形成的或约定俗成的行为规范，它维护着这一地域或组织成员的共同利益。习惯法具有较强的地域性和群体性，对于地域或群体以外的人不具有约束力。习惯法不是由国家强制力保障实施，是靠社会权威、长者的权力和威望保障实施。而法律是由立法机关制定的，反映全体社会成员的意志，为全体社会成员共同遵守、并由国家强制力保障实施的行为规范。

二、习惯法的特征

（一）以成文法与非成文法相结合，代代相传

我国是多民族的国家，少数民族地区调整社会关系更多地依赖于当地的习惯、禁忌、宗族规训、宗教教义、道德规范。因此，习惯法表现出成文法与非成文法相结合的特点。例如，侗族的习惯法称为"款条"，苗族习惯法称为"苗例"，瑶族习惯法称为"石牌律"等。这些习惯法大多是口头约定的，有的保存在歌谣中，有的保留在传说中，有的刻在碑文里，主要通过言传身教，潜移默化，世代相传。近些年来，少数民族受教育程度的逐渐提高，许多习惯法通过乡规民约的形式被固定下来，形成了成文性的规则。这些习惯法的内容是本集体成员生活、生产经验的积累，源于该民族人民生存发展自身的需要，

不受外部力量的干预，因而使本民族成员倍感亲切，深信不疑，自觉遵守。正如法国思想家卢梭在《社会契约论》中所言："这种法律既不铭刻在大理石上，也不是铭刻在铜表上，而是铭刻在公民的内心里；它形成了国家的真正宪法；它每天都在获得新的力量；当其他的法律衰老或消亡的时候，它可以复活那些法律或代替那些法律，它可以保持一个民族的创新精神，而且可以不知不觉地以习惯的力量代替权威的力量。"① 这种法律显然是指习惯法。

（二）对于违反习惯法的惩罚措施比较温和

少数民族大多纯朴善良，对违反习惯法的成员进行惩罚时，往往表现出一定程度的宽容。这并非是人们对违法行为的纵容，而是因为：第一，习惯法更多依赖于人们内心的信念和自觉的遵守，习惯法的权威性和强制力低于国家制定法；第二，少数民族社会是一个相对封闭的群体，成员之间彼此非常地了解和熟悉，一旦有人违反约定俗成的习惯，其他成员的"另眼相待"已对犯事者构成了巨大的心理和舆论压力，这种压力本身就起到了极大的威慑作用，即使不再加以责罚，也对其今后的行为产生了约束力。正如博登海默所说："在一个传统和惯例使人们的行为在很大程度上都可预期的社会中，强制力可降低到最低限度。"② 因此，这种相对温和而不过分严厉的惩罚方式是与习惯法本身所处的环境相适应的。

（三）习惯法具有民族性和区域性

习惯法常常伴随着本民族的发展而逐渐形成，因而深深打上了本民族的烙印，带有本民族文化的特色，而且只在本民族内生效，具有突出的民族性。在各民族村寨毗邻而居的地区，民族色彩就显得更为突出，村寨相距很近，各自的乡规民约却迥然不同。

此外，少数民族习惯法是长期形成行为规范的积淀，和人们的生产地域、生活环境、意识形态有着密切的关系，表现出鲜明的地方色彩。即使是相同的民族，在不同的地区，也会形成不同的习惯法。正如吉尔兹所言："法律就是

---

① ［法］卢梭：《社会契约论》，何兆武译，商务印书馆1980年版，第73页。
② ［美］博登海默：《法理学：法哲学及其方法》，邓正来译，华夏出版社1987年版，第8页。

地方性知识；地方在此处不只指空间、时间、阶级和各种问题，而且也指特色。"①

通过对我国少数民族习惯法的研究，对少数民族处理人与自然关系的考察，我们发现，人只有在本质上与自然融合为一个整体，才能确保人类在自然界的实践活动中创造出一个与自然和谐的现实世界；只有首先达成与自然的内在和谐，才能创造出与自然的外在和谐。因此，我们应当提炼、总结少数民族习惯法在保护生物多样性、在处理人与自然关系方面的行为规范，在一定程度和层面上加以推广和普及运用，通过寻求生产发展、生活富裕、生态良好的最佳结合点，实现人与自然的和平相处，防止环境恶化和物种枯竭，从而为建立人与自然和谐关系提供政策依据，也为维护人与自然关系的和谐提供持久的内在动力。

三、运用习惯法保护生物多样性

少数民族的习惯法很大一部分是人类与大自然中生产、生活的经验总结。各民族在长期的劳动过程中，传承着先民们向自然索取生存资源的生活方式，形成了人与各种生物共存的完整、稳定的生态环境。孟德斯鸠曾说："法律应该和国家的自然状态有关；和寒、热、温的气候有关系；和土地的质量、形式与面积有关系；和农、猎、牧各种人民的生活方式有关系；……和居民的宗教、性癖、财富、人口、贸易、风俗、习惯相适应。"②

（一）保护野生动物的习惯法

根据少数民族的习惯法，禁止捕杀对人类有益的鸟兽和动物。在少数民族看来，燕子是春的使者，代表着家庭美满幸福，安宁和谐，是吉祥如意的象征，伤害燕子是不好的行为，会遭到乡亲的痛恨和鄙弃。许多人家的屋檐、门楼上都有燕子巢，有些人家还不止一个。据说，鸟巢越多，就说明这家人越善良，会得到更多的福气。其次，少数民族还有许多食物禁忌，间接地保护了野生动物。此外，保护野生动物最重要的习惯法是对打猎、捕鱼的季节性禁忌。

---

① ［美］吉尔兹：《地方性知识：事实与法律的比较透视》，载梁治平编《法律的文化解释》，三联书店1995年版，第126页。
② ［法］孟德斯鸠：《论法的精神》，张雁深译，商务印书馆1993年版，第673页。

这些禁忌一般在野生动物的交配、产卵和繁殖的季节。立夏是野生动物生产发育的关键时期，因此，立夏过后相当长一段时期内禁止捕鱼和狩猎。直到庄稼成熟后，动植物的生育和繁殖期过去了，才能解除捕猎的禁令，从而保护各种野生动物及其生存的环境。

（二）保护森林的习惯法

森林是许多生物栖息之地，保护森林对于保护生物多样性尤为重要。我国的少数民族受"万物有灵"生态观念的支配，各少数民族都有保护神林的习俗，即对特定区域的神林实行封山育林，并制定了若干对乱伐林木者的惩罚条款，这使得神林生态保存完好，多呈原始风貌。除固定的神林不能砍伐之外，环绕于村寨的所有树木都被视为有神灵栖息或是神灵的化身和象征，砍伐就会亵渎神灵，并在特定的季节祭献这些树木。例如，漓江源地区各少数民族都喜欢在屋前屋后栽种大树，绿树成荫。每个村口都栽有一棵百年老树，视为村寨的守护神。侗族认为山林水塘等有"风水"的地方不许乱挖；禁止砍伐房屋周围的古树，认为古树是神树，要保护。正如伯尔曼所言："法律必须被信仰，否则它就形同虚设。"①

在我国广大的农村，制定严格的村规民约保护森林，少数民族地区更是如此。很多村寨都在村口的石碑或影壁上写明本村的村规民约，其内容十分广泛，其中大部分都对保护林木做出明确的规定，对于失火烧山或偷砍集体林木的，予以重罚。由于村规民约大多是对当地习惯法内容的总结提炼，又符合国家法律的基本原则，代表和维护了成员的集体利益，具有很强的可操作性，极易被村民所接受和遵守，执法效果远远大于国家制定法的强制推行。能得到有效贯彻执行的法律，恰恰是那些与通行的习惯惯例相一致或相近的规定；一个只靠国家强制力才能贯彻下去的法律，即使理论上再公正，也难以执行。

---

① ［美］伯尔曼：《法律与宗教》，梁治平译，中国政法大学出版社2003年版，第12页。

第七章 生物多样性保护国际公约的履行与国内立法

我国是保护生物多样性许多公约的缔约国。首先,《生物多样性公约》对我国生物多样性的一般保护起到非常重要的作用。这一公约的加入,不仅促使国内进一步加强相关的立法,而且也为我们在解决保护生物多样性过程中出现的问题提供了技术帮助。其次,在对濒危(陆生)物种保护方面,我国加入了《濒危物种国际贸易公约》(CITES 公约)。在特殊保护类物种方面,我国还加入了很多具体保护某一物种的公约,积极参与对特殊物种法律保护的国际合作,例如我国加入 1946 年 12 月 2 日在华盛顿签署的《国际捕鲸管制公约》。再次,在对物种的间接保护方面,我国于 1992 年 1 月 3 日加入了《关于特别是作为水禽栖息地的国际重要湿地公约》(简称《湿地公约》,又称《拉姆萨公约》),目前我国在湿地保护工作中得到了该公约其他缔约国的技术和法律支持,湿地保护工作取得了很大的进步。此外,我国还加入《保护世界文化和自然遗产公约》、《联合国防治荒漠化公约》、《联合国气候变化框架公约及其京都议定书》等公约,对于生物多样性的保护起到了重要的作用。

通过加入保护生物多样性的国际公约,我国在保护生物多样性的工作中,不仅得到了其他缔约国的支持,也得到了相关国际组织的大力帮助。多年以来,我国政府及有关具体负责履约的部门与联合国环境规划署(UNEP)、联合国粮食与农业组织(FAO)、世界银行(WB)、全球环境基金(GEF)、世界自然保护联盟(IUCN)、世界自然基金会(WWF)等许多国际政府间与非

第七章 生物多样性保护国际公约的履行与国内立法

政府间国际组织在生物多样性保护上有着广泛和良好的合作，我们不仅获得了一定的财政支持，而且在制定生物多样性保护政策与保护行动、挽救濒危物种、开展科学研究、培训保护工作所需要的技术人才等方面也获益匪浅。

在加入国际公约进行多边合作的同时，我们还通过广泛签订双边条约的形式进行双边合作。近些年，这类合作也取得了很大进展。现在，我国已经与日本、澳大利亚政府分别签订了保护候鸟的协定，与蒙古签订了保护自然环境的协定，与美国就开展保护大熊猫的活动进行了长期、有效的合作。此外，我国还与蒙古、俄罗斯在边境地区共同建立了自然保护区，与西北太平洋及东亚海域国家开展了保护海洋环境与海洋生物多样性的国际合作。目前，我国还准备在草原、湿地、珍稀濒危植物，尤其是针对外来物种法律管制等领域与外国进行更多、更广泛的合作。

我们通过加入国际公约，在生物多样性的保护工作中取得了更大的进步，大大加快了我国保护生物多样性工作的进程。但是，我们仍是一个发展中国家，经济建设的任务和压力很大，保护环境面临着很多问题，只有加强国际合作，才能更有效地保护好生物多样性，因此国际合作的加强与优化势在必行。在多边合作中，我们与许多国际组织的合作并不充分，缺乏有力改善我国生物多样性受威胁状况的投资项目。在多边合作领域上，以往我们较为集中的是森林生态系统和一些珍贵、濒危动物的保护，今后，还应当注重草原、湿地、濒危植物等方面保护的合作。在双边合作中，我们虽然也取得了一些成绩，但这种合作还较为薄弱，以后应当加强与周边国家的合作，共同保护候鸟和一些迁徙类动物，共同保护边境上极有生态价值的自然环境与生物资源。此外，还应当加强与在生物多样性保护方面有丰富经验和先进技术的发达国家以及东南亚、亚洲、拉丁美洲等发展中国家的合作。

第一节 《生物多样性公约》的履行

一、履约概况

《生物多样性公约》于 1992 年 6 月 5 日在巴西里约热内卢订立，并于

1993年12月29日生效,我国在1992年6月11日在巴西里约热内卢签署该公约,并在1993年1月5日批准该公约,定于1993年12月29日对我国生效。我国政府对《生物多样性公约》的履行采取了认真的态度,不仅积极参与联合国环境规划署(UNEP)组织的多种后续行动和出席缔约国大会,还在国内组织实施了一系列的履约行动和措施,认真履行了承诺。为了加强对履约工作的领导,中国政府还专门成立了国家履行《生物多样性公约》工作协调组,该机构由国家环保总局(现环境保护部)牵头,由外交部、国家计委、教育部、科技部、公安部、财政部、建设部、农业部、国家林业局、广电局、国家工商总局、海关总署、新华社、中国科学院、国家专利局、国家海洋局、国家中医药管理局、人民日报社、光明日报社等20个部委组成。该协调机构成立的协调工作办公室,设在国家环保总局自然保护司。

为履行约定,我国已经并正在制定、实施一系列有利于保护和可持续利用生物多样性的方针、政策和措施,1992年国务院发文要求进一步加强对生物多样性的保护和持续利用,逐步扩大自然保护区的面积,建设野生珍稀物种与遗传资源保护和繁育中心;国家颁布了各种有关生物多样性保护的法律、法规、条例等,并在各级政府的环保、林业、农业和城建等部门建立了有关生物多样性保护的管理机构;推行了多项自然保护管理制度,如许可证制度和环境影响评价制度等;1994—1995年在全国开展了以环境保护和野生动物保护为内容的执法大检查,促进了各地的生物多样性保护。在国家一级设立了由国务院有关部委和直属机构组成的"中国履行《生物多样性公约》工作协调组",加强了部门之间的协调。

在保护设施等生态建设方面,国家投入大量资金实施了一系列植树造林工程,并动员全民植树,现在已初步做到了森林面积和林木蓄积量的逐年增长,还实施了农业、渔业和生态旅游业的资源持续利用示范工程。至2007年底,全国已建立了2531个自然保护区,总面积15188万公顷,陆地保护区面积约占陆地国土面积的15.2%。1999—2007年,全国自然保护区数量和面积覆盖率都有了显著增长,面积覆盖率超过了世界平均水平,初步形成了全面自然保护区体系。中国政府实施了天然林资源保护、退耕还林、野生动物保护和自然保护区建设等六大林业重点工程,开展大规模植树造林,加强森林资源管理,森林资源保持了持续的增长。①

环境保护部还牵头组织了有关部门,建立了生物多样性数据库,制定了一系列基础数据管理指南、国家生物多样性数据管理计划,对各类信息资源进行编目,大大促进了数据管理和部门间信息交流和共享,增强了国内生物多样性信息网络建设、推动了国际生物多样性信息交流机制的形成。

在科学研究、技术保护方面,国家组织了多次大型的生物多样性摸底调查,公布了国家重点保护的动物、植物名录,出版了《中国植物红皮书》,开展了保护生态学、物种人工繁育技术、生物多样性监测和信息系统建立等方面的研究工作,取得了大批研究成果。国家于1994年出版了由中国生物多样性保护行动计划总报告编写组编写的《中国生物多样性保护行动计划》,提出了保护目标、优先保护行动和重点研究项目,列出了优先保护的生态系统和物种名录;于1998年出版了《中国生物多样性国情研究报告》,阐述了中国生物多样性的基本情况,对其价值和效益进行了分析,对履约必需的经费进行了估算,提出了加强生物多样性保护和持续利用国家应当进行的相应建设;截至2009年2月,环境保护部为了履行《公约》,还专门出版了四次履约报告,对我国履约的详细情况、履约进展及履约难度进行了具体的说明与规划;科技部、中国科学院、自然科学基金会和各主管部门都确定和批准了多项生物多样性重大研究项目,组织专门队伍开展多学科综合研究,出版了多部研究专著和宣传手册。中国科学院成立了生物多样性委员会,组织了大量的人力和物力开展研究,主持召开了多次大型全国性研究大会,出版了系列丛书和《生物多样性通讯》等多种学术刊物;中国环境与发展国际合作委员会设立了生物多样性专门工作组,出版专著和刊物;濒危野生动植物物种国际贸易公约办公室和科学委员会也围绕生物多样性的许多问题,特别是对与贸易有关的问题做了大量工作。此外,许多科研和教育部门也建立了有关生物多样性方面的研究机构、加强数据管理和信息网络能力建设,开设了相应的课程和短期培训班,加强人才培养,推动保护工作的进展。

在资金投入上,国家投入了大量专项资金用于保护生物多样性,还在北京

---

① 中华人民共和国环境保护部编著:《中国履行〈生物多样性公约〉第四次国家报告》,中国环境科学出版社2009年版,第2页。

建立了"中国生物多样性保护基金会"等非政府组织，多途径筹集资金，为保护工作的顺利、有效的进行提供了物质支持。

二、国内立法状况

为了实现《公约》的目标、落实《公约》的具体规定，我国也相应制定了一系列有关生物多样性保护的法律规范，这些规范主要是环境保护部、农业部、国家林业局、国家海洋局、建设部、国家中医药管理局等部门在履约过程中制定的本部门的政策、法规。

（一）环境保护部门制定的法律与政策

环境保护部门是全国生物多样性保护的牵头单位，加入《公约》以来，制定了一系列政策与法规，主要表现为：实施了《自然保护区条例》，会同国家土地管理局发布《自然保护区土地管理办法》；加强了自然资源开发建设项目的环境管理和湿地生态保护法律规范的制定；发布了《中国环境保护21世纪议程》、《中国跨世纪绿色工程规划》等；牵头编制了《全国自然保护区发展规划》、《中国生物多样性保护行动计划》、《中国生物多样性国情研究报告》；实施了《中国生物多样性数据管理》等项目；协调各部门履行《生物多样性公约》和综合管理全国自然保护区等方面的相关立法。

1. 相关政策的制定

针对生物多样性的保护，环境保护部提出了污染防治与自然保护并重的总体保护战略，并在污染防治政策经验的基础上，制定了一系列自然保护政策。这些政策主要表现为四个方面：

首先是自然保护管理政策。对生物多样性保护采取的政策，一是预防为主、防治结合的政策，二是谁开发谁保护、谁破坏谁恢复、谁利用谁补偿的政策，三是强化监督管理的政策。

其次是强化自然保护区政策。1997年8月，国家环保总局发布了《关于加强自然保护区工作的通知》，要求各级环保部门切实执行《自然保护区条例》，建章立制，完善规划，开展评审，进行经常性的监督检查。这一政策具体要求各级环保部门要按照国家和地方的有关法规政策，着力解决自然保护区的管理机构、人员编制、土地权属、治安管理等方面的问题和困难，加强对自然保护区管理工作的业务指导,加大科技投入和宣传教育的工作力度、提高自然保护区管理质量,并不得随意改变自然保护区界限范围和性质而在保护区内修建森林公园和风景名胜区。

再次是加强自然资源开发建设项目的生态环境管理政策。1994年国家环保总局在《关于自然资源开发建设项目的生态环境管理的通知》中说明了这一政策。这一政策要求各级环保部门应根据国家法律法规中赋予的职权,积极开展生态环境保护工作,加强可能损害生物多样性保护的自然资源开发等建设活动的环境影响评价工作进行的管理。

最后是加强湿地生态保护政策。这一政策是1994年3月,在国家环保总局发布的《关于加强湿地生态保护工作的通知》中加以确立的,它要求各级环保部门应当加强湿地开发的环境管理,组织制定湿地保护的法规,严禁开发河流源头和上游区、泄洪区、水土流失严重区、干旱区、珍稀动植物栖息地以及对区域生态和气候具有重要影响的湿地。

2. 相关法规的制定

因加入《公约》而制定的和国家环境保护总局相关的新的法规主要有两个,均是关于自然保护区的立法。一是1994年9月由国务院制定的《自然保护区条例》,二是1995年国家环保总局会同国家土地管理局发布的《自然保护区土地管理办法》。

《中华人民共和国自然保护区条例》,简称《保护区条例》,它是1994年9月2日由国务院批转发布,1994年12月1日起施行的行政法规,属于物种栖息地保护类立法规范。1995年,国家环保总局会同国家土地管理局发布的《自然保护区土地管理办法》主要规定了由国家土地主管部门统一管理,环保部门对自然保护区实施综合管理,自然保护区内的土地依法属于国家所有或集体所有,保护的主要方法及保护过程中争议解决方式等内容。

(二)林业部门制定的政策与法规

林业部门遵循保护与开发相协调的指导思想,为履行《公约》,制定了以下政策和法规。

1. 相关政策的制定

国家林业局制定的政策性的文件主要包括1992年《中国生物多样性保护

林业行动计划》、1995年《中国21世纪议程林业行动计划》、2001年《关于加强野生动物外来物种管理的通知》、2001年《关于野生动植物保护及自然保护区建设工程总体规划》、2003年《中共中央国务院加快林业发展的决定》、2006年《林业发展"十一五"和中长期规划》、2006年《全国林业有害生物防控十一五规划等》。

我国林业部门的生物多样性政策以物种保护和可持续利用方面的规定为主,根据《关于加强野生动物外来物种管理的通知》,引进外来物种必须进行少量隔离引种试验。在自然保护区、森林公园、风景名胜区、生态环境特殊或者脆弱的区域,不得开展引种试验。1998年开始实施了天然林保护工程,主要是解决天然林资源过度消耗造成的生态环境恶化的问题,使得天然林的生态得以休养生息和恢复发展。在保护生物遗传资源方面,根据《中国生物多样性保护林业行动计划》,对于生物多样性有重要意义的野生物种采取保护行动,建立8个动物迁地保护中心和6个植物迁地保护中心;建立林木种质资源基地。《中共中央国务院加快林业发展的决定》要求采取有效措施,加强中国种质资源的保护和输出管理,研发林木良种选育、种质资源保存与利用等关键性技术。①

2. 相关法规的制定

林业部门在法规建设方面,除进一步完善已颁布的法规外,主要是加强配套法规的制定,使有关法规更趋于具体和便于操作,这些法规主要有三个。一是1992年国务院批准国家林业局发布实施的《陆生野生动物保护实施条例》,二是1994年5月由国家林业局、公安部发布的《关于陆生野生动物刑事案件的管辖及其立案标准的规定》,三是1996年9月国务院发布的《野生植物保护条例》。

《陆生野生动物保护条例》是《野生动物保护法》的实施条例,属于我国行政法规中的物种保护类规范。主要规定了陆生野生动物的管理部门、野生动物保护的原则、野生动物猎捕管理制度、野生动物的经营利用等内容。

1994年5月由国家林业局、公安部发布的《关于陆生野生动物刑事案件的管辖及其立案标准的规定》是处理野生动物刑事案件的法规,也是《野生

---

① 参考于文轩、孙雪峰、张风春:《中国生物多样性相关政策和法律法规评估研究报告》,第24页。

动物保护法》最重要的配套法规之一。《关于陆生野生动物刑事案件的管辖及其立案标准的规定》根据《中华人民共和国刑法》、《中华人民共和国刑事诉讼法》、《中华人民共和国野生动物保护法》和全国人大常委会《关于惩治捕杀国家重点保护的珍贵、濒危野生动物犯罪的补充规定》及有关法律、法规的规定,对林业公安机关所管辖的陆生野生动物刑事案件和陆生野生动物刑事案件立案标准等作了具体规定。

到目前为止,我国尚没有由全国人大及其常委会制定的关于野生植物保护的立法,1996年9月国务院发布的《野生植物保护条例》在保护野生植物的工作中发挥了非常重要的作用。《野生植物保护条例》制定的目的在于保护、发展和合理利用野生植物资源,保护生物多样性,维护生态平衡,它在内容上涉及野生植物保护的主管机关、野生植物保护的制度、野生植物管理的制度和法律责任四大方面。因为该条例是参考《野生动物保护法》制定的,所以野生植物保护和管理的制度与野生动物保护与管理的制度具有很大的相似性。

此外,国家林业局还在物种资源和栖息地环境保护方面,完善和制定了一系列部门规章来履约。如1993年8月发布的《林地管理暂行办法》,1993年12月发布的《森林公园管理办法》,1994年6月发布的《植物检疫条例实施细则(林业部分)》,1995年9月发布的《种子管理条例林木种子管理办法》,1996年11月发布的《沿海国家特殊保护林带管理规定》等。

(三)农业部门相关的政策与法规

1. 相关政策的制定

农业部为了履约,有效地保护农业生物多样性、维护农业生态系统,基本上形成了五大政策:一是农田基本保护区政策,建立农田基本保护区,以确保耕地的数量;二是发展生态农业的政策;三是节约和开发农村能源的政策;四是乡镇企业清洁生产的政策;五是鼓励农业生物多样性保护和研究的政策。

中国生物多样性农业部门的政策主要关注生物遗传资源和物种保护,比较重要的文件包括1993年《农业生物多样性保护行动计划》、1995年《农业环境保护九五计划和2010年规划》、2003年《外来入侵生物灭度除害试点行动方案》、2005年《国务院办公厅关于扶持家禽业发展的若干意见》、2007年《国务院关于促进畜牧业持续健康发展的意见》。

在生物物种保护方面,《外来入侵生物灭毒除害试点行动方案》是在辽宁、四川、云南三省开展以豚草、紫茎泽兰为重点的外来入侵生物灭毒除害的行动,以有效地解决针对外来物种入侵带来的对农业生产和经济发展所带来的问题。在生物遗传资源方面,《国务院办公厅关于扶持家禽业发展的若干意见》对于祖代种禽场和家禽品种资源场给予税费优惠等扶持政策和必要的支持,地方政府对种禽场和家禽品种资源场采取必要的隔离保护措施,防治疫情发生。《国务院关于促进畜牧业持续健康发展的意见》对于生物遗传资源保护作了明确而详细的规定。

2. 相关法规的制定

为了履约,我国制定的和农业部相关的法规主要有四大类别:一是遗传资源保护法规;二是野生动物与野生植物保护法规;三是生态农业法规;四是生物技术与生物安全管理法规。

遗传资源保护法规主要包括国务院于1994年发布的《种畜禽管理条例》、1997年由国务院制定的《植物新品种保护条例》、1997年3月农业部发布的《进出口农作物种子(苗)管理暂行办法》、1997年农业部《农作物种子生产经营管理暂行方法》等。

野生动物与野生植物保护法规主要包括1993年国务院批准农业部发布的《水生野生动物保护实施条例》等野生动物保护法规和1996年国务院颁布的《野生植物保护条例》等野生植物保护法规。

为履约而制定的生态农业法规主要有《农业生态环境保护条例》、《农业生态系统珍稀濒危物种名录和保护办法》、《农业生态系统有益生物和病虫害天敌保护办法》等。生物技术与生物安全管理法规主要是1996年农业部发布的《农业生物基因工程安全管理实施办法》。

(四) 建设部相关的政策与法规

1. 相关政策的制定

建设部相关的生物多样性保护的政策主要和风景区的建设有关,加入《公约》以来,主要形成了以下政策:一是风景名胜资源有偿使用的政策。该政策是在1992年9月国务院办公厅转发建设部《关于加强风景名胜区工作的报告》中得以确立,是指风景名胜区经当地政府的批准,可收取风景名胜资源保护费,所收费用专项用于资源的保护和维护。二是风景名胜资源:"保护第一"的政策。这一政策是在1994年3月建设部发布《中国风景名胜区形势与展望》绿皮书中最早提出的。三是城市园林绿化纳入城市总体规划和国民经济与社会发展计划的政策。这一政策在1992年建设部发布的《城市园林绿化当前发展序列和重点发展方向》中首次提出,后又在同年建设部发布的《城市园林绿化当前产业化政策实施办法》中得到进一步确认。按照城市园林绿化纳入城市总体规划和国民经济与社会发展计划的政策,每个城市要将城市园林绿化纳入城市总体规划,城市园林绿化建设要纳入城市国民经济和社会发展计划、住宅建设开发投资中,必须按建筑造价的一定百分比收取城市绿化建设费。此外,2002年,建设部发布了《关于加强城市生物多样性保护工作的通知》。

2. 相关法规

我国和建设部相关的生物多样性保护的法规主要有风景名胜区建设与管理、动物园建设与野生动物迁地保护、城市绿地建设三大类。

对于风景名胜区建设与管理,主要是1995年国务院办公厅发出的《关于加强风景名胜区保护工作的通知》,这一法规的制定是在1985年国务院发布的《风景名胜区管理暂行条例》和1987年建设部颁布的《风景名胜区管理暂行条例实施办法》等规定的基础上创建的。除此以外,加入《公约》以来的立法还有建设部相继制定的《风景名胜区环境卫生管理标准》(1992年制定)、《风景名胜区建设管理规定》(1993年制定)、《风景名胜区管理处罚规定》(1994年制定)、《风景名胜区安全管理标准》(1995年制定)等法规。

在动物园建设与野生动物迁地保护上,首先是1993年11月国务院转发的建设部《关于加强动物园野生动物移地保护工作的通知》,1994年建设部发布的《城市动物园管理规定》等。

1992年,建设部发布了《关于命名"园林城市"的通知》,鼓励改善城市环境,绿化美化城市,爱护自然山水,保护生物多样性,从此,拉开了"城市绿地建设"法规制定的序幕。此后,建设部又颁布《城市绿化规划建设指标的规定》(1993年制定),就我国近远期城市人均公共绿地面积、城市绿化覆盖率和城市绿地率规划指标作了规定。

（五）其他领域

海洋生物多样性政策性文件主要有《海洋科技中长期发展规划》、《全国海洋生态建设规划》、《中国海洋生物多样性保护行动计划》、《中国海洋21世纪议程》、《全国海洋功能区划》等。

中医药领域生物多样性政策主要体现在1997年《中医药事业"九五"计划及2010年规划设想》、2002年《中药现代化发展纲要2002—2010》、2006年《中药事业发展十一五规划》。相关的法律法规主要有《药品管理法》、《野生药材资源保护管理条例》的规定等。

此外，外交部、国家计委、教育部、科技部、公安部、财政部、广电局、国家工商总局、海关总署、中国科学院、国家专利局等也为了履行相应的约定就各自部门的具体情况制定了新的规定，并对原先的一些规定作了相应的调整。

三、我国履行《生物多样性公约》的具体行动

我国履行《生物多样性公约》的具体行动是指中国政府及相应的部门为履行《生物多样性公约》所规定的义务而采取的具体工作及行动计划。

（一）中国政府的履约行动战略

我国政府的履约行动包括国家总体战略、政府对跨部门履约的指导两大部分。

国家总体战略体现在以下三个方面：

首先，为了履行《公约》第6条，将生物多样性保护和持续利用纳入国家战略和行动计划方案，中国于1992年开始编制《中国生物多样性保护行动计划》（简称《行动计划》），并于1994年6月正式发布该《行动计划》。《行动计划》确定了中国生物多样性优先保护的生态系统地点和优先保护的物种名录，并明确了七个领域的目标，包括26项优先行动方案。并根据保护的迫切性和可行性，提出需立即实施的18个优先项目。

其次，中国还编制并发布了《中国21世纪议程——中国21世纪人口、环境与发展白皮书》，在第十五章专门说明了"生物多样性的保护问题"，提出生物多样性保护的方针、保护目标、优先领域以及优先项目计划等。

最后，中国提出了《中国履行〈生物多样性公约〉国家报告》。《中国履行〈生物多样性公约〉国家报告》是在1995年开始进行的生物多样性国情研究项目的基础上提出的，该项目收集了大量资料，对中国生物多样性进行了分析和归纳，对中国保护与持续利用生物多样性的努力作了总结，评价了中国生物多样性的经济价值，估算了中国履行《公约》全部额外费用和保护的效益。该报告还表明了中国生物多样性保护法规建设、机构建设、人力资源建设、政策体系建立、保护设施建设、科学技术发展、宣传教育与公众参与、信息管理、国际合作等多个方面的国家能力建设的战略目标。

我国政府还对部门之间进行配合履约进行了总指导，在国务院指导方针的指引下，各部门的配合行动开展得有条不紊。1993年国家环保总局与国家计委联合编制并发布的《中国环境行动计划》；1996年国家环保总局、国家计委和国家经贸委共同制定了《国家环境保护"九五"计划和2010年远景目标》。在1993年至1996年间，国务院环委会、全国人大环资委组织全国环保、林业、农业、工商管理、外贸、海洋、商业、公安、司法、新闻等多个部门，联合进行全国环境保护和野生动物保护执法大检查，对非法经营野生动物及其产品和违法狩猎、收购、加工、进出口野生动物的行为进行了严肃查处，并依法审理了数万件违法事件。国家环保总局、国家计委、财政部、中国人民银行四部门于1993年发布通知，要求"加强国际组织贷款建设项目环境影响评价管理工作"；此外，国家环保总局、中共中央宣传部、国家教委等部门于1996年联合制定并发布了《全国环境宣传教育行动纲要（1996—2010年）》；全国人大环资委、中共中央宣传部、广播电视电影部、国家环保总局、林业部、农业部、水利部、共青团中央等八个部门联合于1994年在全国进行了"94中华环保世纪行"宣传活动，宣传主题包括了生物多样性的保护。

（二）中国保护生物多样性的行动计划

1. 行动的目标

中国生物多样性保护行动计划的总体目标是"尽快采取有效措施以避免生物多样性的进一步被破坏、并使这一严峻形势得到减轻或扭转"。

《中国生物多样性保护行动计划》对行动的具体目标也进行了相应的说明，具体为：

目标一，强化对中国生物多样性的基础研究

目标二，完善国家自然保护区及其他保护地网络

目标三，保护对生物多样性有重要意义的野生物种

目标四，保护作物和家畜的遗传资源

目标五，自然保护区以外的就地保护

目标六，建立全国范围的生物多样性信息和监测网

目标七，协调生物多样性保护与持续发展

2. 具体所应采取的行动

针对以上目标，《中国生物多样性保护行动计划》提出了26项实现目标的行动：

为实现目标一，我们将采取两项行动：

行动一，对中国生物多样性现状及其经济价值进行全面的评估；

行动二，建立一个为中国生物多样性保护服务的生物地理区划系统。

为实现目标二，我们将采取三项行动：

行动三，全面审查自然保护区的分布和现状；

行动四，采取措施以加强现有自然保护区的保护功能；

行动五，在生物多样性迫切需要保护的地区建立新的自然保护区。

为实现目标三，我们将采取七项行动：

行动六，评估自然保护区内物种的现状，评估包括狩猎和其他的威胁因素；

行动七，根据生物多样性的重要性和受威胁程度，确定要优先保护的野生物种；

行动八，野生动、植物贸易调查；

行动九，审核动植物移地保护设施及其保护优先物种的有效性；

行动十，根据就地和移地措施的综合分析和有关将移地保护设施中所繁育的物种回归自然中的种种限制条件的考虑，制定各项物种保护规划；

行动十一，改善物种保护的迁地管理；

行动十二，开展科学研究以支持实施目标三所建议的行动。

为实现目标四，我们将采取三项行动：

行动十三,保护作物、牧草和蔬菜作物的遗传资源;

行动十四,保护家畜遗传资源;

行动十五,保护林木遗传资源。

为实现目标五,我们将采取五项行动:

行动十六,将生物多样性保护纳入国家经济计划;

行动十七,采用有利生物多样性保护的林业经营措施;

行动十八,推广生态农业措施;

行动十九,保护自然保护区以外的主要生境,禁止和严格控制开垦草地和湿地;

行动二十,保护海岸和海洋。

为实现目标六,我们将采取三项行动:

行动二十一,建立统一的信息标准和监测技术;

行动二十二,建立和改善部门的信息和监测网络;

行动二十三,为中国生物多样性保护建立综合各部门网络的国家信息和监测系统。

为实现目标七,我们将采取三项行动:

行动二十四,建立生物多样性管护开发区;

行动二十五,建立协调生物多样性保护和持续利用的地区性经济示范模式;

行动二十六,设立自然保护区建设与管理示范。

针对生物多样性丧失的严峻形势,中国政府从源头上消除造成生物多样性丧失的根本原因,完善相关法律法规和管理体系,在国民经济和社会发展规划和行业发展计划中考虑生物多样性因素,并采取了一系列生物多样性保护行动,包括强化自然保护区的建设与管理、实施六大林业重点工程、严格控制污染和生态破坏、推动生物资源的保护和可持续利用、重视珍稀濒危物种和遗传资源移地保存、防治外来物种入侵、提升科学研究水平、提高公众参与程度和保护意识。①

---

① 中华人民共和国环境保护部编著:《中国履行〈生物多样性公约〉第四次国家报告》,中国环境科学出版社2009年版,第2—3页。

（三）中国履约主要进展概况

自从 1993 年公约正式生效实施以来，中国政府为保护生物多样性和履行公约，积极认真地开展了一系列卓有成效的工作，有力地促进了国民经济和社会的可持续发展，也为世界保护中国特有的生态系统、物种系统和遗传资源系统作出了重要贡献。十几年来，我国在履约上的进展主要表现为：

第一，建立了国家协调机制。中国生物多样性保护实行国家统一监管和部门分工负责相结合的机制，特别是自从批准公约以来，成立了由国家环保总局牵头、有国务院 20 个部门参加的中国履行《生物多样性公约》工作协调组，在国家环保总局成立履约办公室，并建立了国家履约联络点、国家履约信息交换所联络点和国家生物安全联络点。履约工作协调组每年都召开会议，制订年度履约工作计划，开展了一系列形式多样的活动，初步形成了生物多样性保护和履约国家工作机制。

第二，加强了就地保护。保护区建设工作取得了很大的成绩。到 2002 年底，中国已建立各种类型、不同级别的自然保护区 1757 个（不包括香港、澳门特别行政区和台湾省），总面积 132.9 万平方公里，陆地的保护区面积约占陆地国土面积 13.2%，其中国家级自然保护区有 197 个。有 21 处自然保护区加入了世界人与生物圈保护区网络，21 处自然保护区列入了国际重要湿地名录，3 处自然保护区被列为世界自然遗产地。

第三，宣传教育工作稳步推进。中国政府每年都组织一系列形式多样、丰富多彩的生物多样性保护和履约宣传教育活动，充分利用电视、报纸、无线电广播等媒介，就中国生物多样性保护和履约热点问题，进行宣传教育和表彰生物多样性保护先进集体和个人，大大提高了公众保护意识和参与生物多样性保护的积极性。

第四，广泛开展了相关的全球合作。中国政府十分重视生物多样性国际合作和国际履约活动，多次派出中国政府代表团，出席了全部 6 次缔约方大会，并加强了与公约秘书处、联合国环境规划署、联合国开发署、世界银行、全球环境基金等国际机构的协调和合作，较好地完成一批双边、多边的国际合作项目，为推动全球生物多样性保护合作和公约、缔约方大会决议的全面深入实施作出了积极的贡献。

第七章 生物多样性保护国际公约的履行与国内立法

第五，宣传与教育。一是为了配合履约行动，中国开展了丰富多彩的国际生物多样性日纪念活动。中国为纪念"5.22"国际生物多样性日，中国履行《生物多样性公约》工作协调组办公室联合《生物多样性公约》工作协调组有关部门和多个国际生物多样性保护组织，在5月22日期间充分利用广播、电视、网络和报刊等媒体组织开展了一系列宣传教育活动。《人民日报》、《中国环境报》、《光明日报》、《中国日报》、《南方都市报》、《中国法制报》、《中国绿色时报》、中央电视台、中央人民广播电台、新华网、光明网、中华女性网、金羊网、北京晨报网、国家环保总局网、生物多样性信息交换所等38家全国性媒体和大量地方媒体通过刊登纪念文章、播发专题电视片和举办交流访谈节目等积极宣传生物多样性保护和履约工作。二是我国具备了开展生态环境监察的能力，并已经于2003年开始了相应的试点工作。此项工作将首先在各省、自治区、直辖市分别选择10%左右的市、县进行试点并逐步在全国推开，试点期从2003年4月至2005年6月。三是通过开展生物多样性保护与扶贫相结合的工作来推动履约，从2003年起，这项工作便开始启动了。我国履约以来，在保护生物多样性存在上取得了很大的进步，同时，作为世界最大的发展中国家，我国仍有相当数量的贫困人口，而92%的贫困人口集中在林区和山区，这些地区正是实施生态保护的重点地区，因此扶贫攻坚不仅是各级政府，同时也是保护区发展过程中必须直接面对并正确处理的问题，将生物多样性保护与当地群众脱贫有机结合，才能真正走上可持续发展的道路。为此，中国政府多次召开生物多样性保护与扶贫工作现场研讨会，共同推动这项工作走向深入。另外，为了使履约工作事半功倍，我国还不断参加国际研讨会，同其他国家共同商定保护工作、学习先进国家的保护经验等。

（四）国家环境保护部门的履约行动

国家环境保护总局是《公约》履行的组织单位，其所做工作的好坏对整个《公约》义务是否在顺利履行显得非常重要。经过数十年的工作，国家环境保护总局为履约付诸了很多行动。

1. 已经完成的履约行动

国家环境保护总局目前已经完成的履约行动主要包括组建履约机构和履行公约具体义务两大方面。在组建履约机构上，到目前为止，国家环保总局已经设立了相应的执行公约义务的机构、建立了履约的宣传与教育机制、完成了一系列有关生物多样性保护的科学研究。为履行《生物多样性公约》，国家环保总局除牵头负责由20个部门组成的国家履约工作协调组，还在局系统内成立了履约领导小组，由主管副局长任组长，自然保护司、国际合作司、科技司、宣教司等有关司领导参加，统一协调局内有关履约事宜。同时，国家环保总局还专门成立了履约办公室，有专人负责履约的日常事务工作；国家环保总局现设有自然生态保护司，下设自然保护区与物种管理处、生态环境管理处和海洋环境管理处来执行具体的与国家环保总局直接相关的履约工作；在各省（自治区、直辖市）环保局一般都设有自然保护处，负责本地区自然环境与自然资源保护的综合管理和监督管理。国家环保总局针对《公约》履行还安排了一些科研项目，这些项目主要有《生物多样性公约》国家履行策略研究、农业生物多样性保护和外来种影响研究、生物安全管理研究、自然保护区管理研究等。此外，自1995年起，国家环保总局每年在12月29日组织大型活动，纪念"国际生物多样性日"，利用召开新闻发布会、纪念大会等形式，进行各种宣传和教育；为及时通报《生物多样性公约》的履行情况，国家环保总局履约办公室还刊印了定期的内部宣传材料《生物多样性保护及履行〈生物多样性公约〉简报》，及时说明我国履约的进展情况。

在履行公约具体义务的行动上，国家环保总局主要在以下三个方面取得了一定的进展：一是在自然保护区的管理工作上。自然保护区的分布更加广泛，类型上也更趋全面，除森林和野生动物类型之外，还建立了相当一批草原、荒漠、湿地、海洋生态系统和地质与古生物遗迹等类型的自然保护区；组织了全国自然保护区调研与检查，针对调研中存在的主要问题，提出对策建议上报国务院，进一步促进了自然保护区事业的发展。二是与《公约》相配套的生态环境保护工作的开展，这些工作主要包括国家环保总局进行的调研与环境管理、各地方环境保护局在国家环保总局的指导下开展的地方性保护工作。三是直接以履行《公约》具体条款为形式的履约。首先是在1994年完成《生物多样性保护行动计划》的基础上，国家环保总局又于1995—1997年组织10多个部门和近100位专家，编制了《中国生物多样性国情研究报告》；其次实施了中国生物多样性数据管理和信息网络化能力建设项目（BDM）；最后，协调并组织了各部门和各地方的生物多样性保护工作。

2. 履约行动计划

为了更好地履行《公约》，国家环保总局制定了三大履约规划，这三大规划分别是《中国环境保护21世纪议程》、《中国跨世纪绿色工程规划》、《全国环境保护工作规划》。《中国环境保护21世纪议程》由国家环境保护局于1994年编制，其中涉及直接保护生物多样性存在的内容为议程的第十五章和第十六章。议程的第十五章是"生物多样性保护"，该章指出了中国保护生物多样性的总目标是"保护生物多样性和保证生物资源的永续利用，确保国民经济和社会的可持续发展，实现经济效益、社会效益和环境效益的统一"；议程的第十六章是"自然资源开发利用的环境管理"，其内容主要涉及自然资源开发生态影响评价行动方案、改善生物多样性与自然资源现状的方法和对策、行动目标等。

为实施《国家环境保护"九五"计划和2010年远景目标》，国家环保总局会同国家计委、国家经贸委等单位于1994—1996年编制了《中国跨世纪绿色工程规划》（1996—2000年，第一期），国务院于1996年9月批准实施该规划。《绿色工程规划》针对中国环境保护的重点地区、重点问题和国际环境公约的履约行动，提出近1600个项目，其中许多涉及生物多样性保护。"九五"期间拟建保护生物多样性的自然保护区15个，国家级珍稀濒危物种保护研究繁育基地14个。据不完全统计，可保护珍稀动物40多种，珍稀植物50多种。

1994年国家环保总局还发布了《全国环境保护工作纲要》（1993—1998），加强对自然保护区工作的统一监督管理，组织实施生物多样性保护行动计划并加强珍稀濒危物种进出口的监督管理，建立生态破坏限期恢复制度，制定生态恢复治理标准，开展同周边国家和地区在自然保护区、海洋环境保护等方面的区域性合作和交流等。

（五）国家林业局的履约行动

1. 已经完成的履约行动

国家林业局目前已经完成的履约行动主要包括组建履约机构（机制）和履行公约具体义务两大方面。在组建履约机构（机制）上，到目前为止，国家林业局已经设立了相应的执行公约义务的机构，建立了履约的宣传与教育机制,完成了一系列的有关生物多样性保护的科学研究。除在国家林业局设立了野生动物与森林植物保护司外,国家林业局还在全国25个省、自治区、直辖市厅(局)设立了主管野生动植物和自然保护区的处(站);成立了国家濒危物种进出口管理办公室,并在10多个城市设立了办事处;分管中国野生动物保护协会和各省分会;在很多地方,还设立了濒危野生动物研究所、濒危野生动物救护和繁育中心、野生动物人工繁殖场等机构;此外,国家林业局还建立了森林保护站、配备了专门的森林保护人员。国家林业局针对《公约》的履行还进行了大量的科学研究,包括野生动植物资源和湿地资源的调查、濒危珍稀野生动物和多种珍稀植物的分布、数量、生态和繁殖培植利用的研究、候鸟迁徙规律研究、中国主要森林气候带生态多样性调查及生态系统演变趋势研究和被破坏的生态系统的恢复研究。国家林业局还多次举办自然保护区管理、水禽湿地保护管理、野生动植物保护管理、野生动植物进出口管理、野生动植物资源调查、野生动物驯养繁殖、自然保护区特种旅游、自然保护区信息系统管理等培训班和学习班,并通过各种传播媒介,利用"爱鸟周"、"爱鸟月"、"鸟节"、"世界湿地日"、"保护野生动物宣传月"、"植树节"、报告、展览会、征文等形式对生物多样性的保护予以宣传和教育。

在履行公约具体义务的行动上,国家林业局主要在以下四个方面取得了一定的进展:一是在野生动植物保护与管理上,通过实行濒危物种拯救工程,拯救工作进展顺利,拯救了大熊猫、朱鹮等多种濒危野生动物。二是在自然保护区建设与管理上取得了一定的成效。三是通过履行《湿地公约》和《防治荒漠化公约》来配合《公约》的履行。四是对森林资源进行了有效的培育、保护与管理。如今,我国已经实现了森林面积和蓄积量的双增长,已有12个省(自治区)实现了基本消灭荒山荒地。

2. 森林生物多样性保护规划

中国制定了《中国生物多样性保护林业行动计划》(1992)、《中国21世纪议程林业行动计划》(1995)、《天然林资源保护工程规划(2000—2010年)》等规划。

《天然林资源保护工程规划》规划期为2000—2010年,包括三个层次:全面停止长江上游、黄河上中游地区天然林的采伐；大幅度调减东北、内蒙古等重点国有林区的木材产量；同时保护好其他地区的天然林资源。

《全国野生动植物保护和自然保护区建设规划》提出，到2010年全国自然保护区数量达到1800个，自然保护区总面积占国土面积的16.14%；到2030年，占国土面积的16.8%，使60%的国家重点保护野生动植物种群得到恢复和增加；到2050年，全国自然保护区数量达到2500个，占国土面积的18%，使85%的国家重点保护野生动植物种群得到恢复和增加，重点抢救大熊猫、藏羚羊等15类物种，恢复保持其种群数量。

《全国林业自然保护区发展规划》，2006年7月国家林业局印发，规划到2030年，全国林业系统自然保护区面积占国土面积的15%左右，使所有的国家重点保护物种和典型生态系统得到有效保护，使85%的国家重点保护物种资源得到恢复和增长。

《全国沿海防护林体系建设工程规划》，2007年得到国家发展改革委员会的批准实施，规划期为2006—2015年。规划建设沿海基干林带和防护林，保护和恢复红树林及湿地，维护国土生态安全、保护沿海岸线生物多样性。

《中共中央国务院关于加快林业发展的决定》提出，到2010年，中国森林覆盖率达到19%以上，全国生态状况整体恶化的趋势得到初步遏制；到2020年，森林覆盖率达到23%以上，重点地区的生态问题得到基本解决，全国的生态状况明显改善；到2050年，森林覆盖率达到并稳定在26%以上，基本实现山川秀美，生态状况步入良性循环。①

（六）农业部的履约行动

1. 已经完成的履约行动

农业部目前已经完成的履约行动主要包括组建履约机构（机制）和履行公约具体义务两大方面。在组建履约机构（机制）上，在农业部环境保护委员会统一领导下，农业部科教司为农业部生物多样性保护的主管部门，负责生物多样性保护行动计划制定，实施项目管理等。此外，农业部已建立四个与生物多样性有关的监测网络和信息网络，分别开展监测、研究、信息收集整理工

---

① 中华人民共和国环境保护部编著：《中国履行〈生物多样性公约〉第四次国家报告》，中国环境科学出版社2009年版，第12页。

作,并通过领导农业生态环境保护协会和各地的分会来加强技术交流工作;在科学研究上,目前农业部已经承担的项目主要有,农业类生物多样性的编目、农业生物技术、生态农业技术、农村能源技术等有关技术的研究;另外,农业部还建成了人员培训、良好的现代化信息管理等机制,并大力加强宣传与教育工作,最大限度地保护了农业生物多样性。

在履行公约具体义务的行动上,农业部主要在以下六个方面取得了一定的进展:一是在遗传资源保护与持续利用方面,加强了遗传资源管理,将遗传资源保护与持续利用作为有关政府部门目标责任制的定量考核指标之一,通过产业调整和技术改革等多种途径,有效地减轻了环境污染对遗传资源的威胁,实现遗传资源的持续利用;二是在自然保护区建设与管理上,全国已先后建设了47个草原保护区和20多个水生生物自然保护区;三是在野生植物和水生野生动物保护与持续利用上,开展了人工引种花卉和观赏用的野生植物、药用植物、食用植物和其他具有经济价值的植物种类的工作,有效地保存了珍贵的遗传基因,划定了禁渔区、禁渔期,实行渔业许可证制度、使水生野生动物能够得以保护和持续利用;四是大力开展生态农业建设;五是加强了生物技术的发展和对生物安全的管理;六是创建了农业环境监测机制,目前已建成的监测站有农业部环境监测总站、农业部渔业环境监测中心及部属4个海区(南海、东海、黄海、渤海)和3个流域(长江下游、长江中上游及珠江流域)渔业环境监测站,农垦及草原环境监测中心站等。

2. 履约行动计划

《中国农业部门生物多样性保护行动计划》是 1993 年由农业部制定的,它是《中国生物多样性保护行动计划》的配套规划,其要点主要有加强调查研究、做好生物多样性保护和利用规划、加强重点生态系统和物种的就地保护和迁地保护、加强对保护区和周围农区的农业发展规划管理、建立农业生物多样性的监测和信息网络等。《农业环境保护"九五"计划和 2010 年规划》是农业部在 1995 年制定的,其提出了应当在以后的工作中落实遗传资源保护与持续利用、对自然保护区进行建设与管理、发展生态农业、建立农业环境监测机制等任务。此外,还制定了《农业七大体系建设规划》和《农业植物新品种保护发展规划》。

（七）建设部的履约行动

1. 已经完成的履约行动

建设部目前已经完成的履约行动主要包括组建履约机构（机制）和履行公约具体义务两大方面。在组建履约机构（机制）上，建设部城市建设司下设了风景名胜区管理处和城市绿化管理处，负责履约工作的具体执行；在科学研究上，建设部主要承担了"大熊猫保护生物学研究"和"植物移地保护研究"两项研究课题。建设部还建成了人员培训、良好的现代化信息管理等机制，与动物园协会进行合作，并大力加强宣传与教育工作，保护生物多样性。

在履行公约具体义务的行动上，农业部主要在以下四个方面取得了一定的进展：一是有效地对风景名胜区进行了相应的建设与管理，全国已建有风景名胜区512处，其中国家级风景名胜区119处，省级256处，县（市）级137处；二是加强了生物的迁地保护工作，这主要表现在大批动物园与植物园的创建上，目前全国共建有动物园和动物展区171个，其中具有一定规模的动物园28个，分布在全国28个大城市和省会城市。

2. 履约行动计划

为了更好地履行《公约》，建设部制定了三大履约规划：野生动物保护计划，包括大熊猫移地保护计划、朱鹮保护计划和华南虎保护计划；城市园林生态系统和生态环境多样性保护计划，通过建立植物移地保护基地、搜集和保护所在生态区域的植物种类、保护当地的典型生态系统类型的方式来实现；城市珍贵园林植物品种资源的集中保护计划等。

（八）其他部委的履约行动

国家海洋局、国家中医药管理局、外交部、国家计委、教育部、科技部、公安部、财政部、广电局、国家工商总局、海关总署、中国科学院、国家专利局等许多部委都参与了履约活动。

1. 国家海洋局的履约情况

为保护海洋自然资源和生态环境、履行《公约》的义务，国家海洋局近十年来一直重视海洋自然保护区建设，海洋自然保护区从少到多，海洋自然保护区的建设和管理工作取得了很大的进步。在履约过程中，国家海洋局还特别重视加强对中国珊瑚礁和红树林生态系统的保护，在红树林和珊瑚礁资源的调查研究、保护、管理方面做了大量的工作，有效地完成了典型生态系统调查、典型生态系统保护与管理等任务。另外，国家海洋局也在海洋生物资源的保护与利用、海洋环境的监测与保护上，开展了大量、细致的工作。

履约行动计划同样是国家海洋局履约工作中不可或缺的一部分。国家海洋局的主要规划包括制定《中国海洋21世纪议程》、确定中国海洋生物多样性保护行动计划，提出《中国海洋保护区发展规划纲要（1996—2010年）》等。此外，国家海洋局还专门就中国红树林生态系统等具体物种的保护和管理问题制定了具体的行动计划。

2. 国家中医药管理局的履约情况

保护和持续利用天然的中药资源，已经成为保证中医事业长远发展和为人类服务的一项长期任务，为此，国家中医药管理局也积极参与了履约活动。到目前为止，国家中医药管理局的履约进展为：已经开展了野生动植物的保护与持续利用工作；进行了全国中药资源普查，普查的最终成果编辑成"中国中药资源丛书"，包括《中国中药资源》、《中国中药资源志要》、《中国中药区划》、《中国常用中药材》、《中国药材资源地图集》和《中国民间单验方》6部专著。为了有效地履约，国家中医药管理局还制定了将来行动的计划——中医药事业"九五"计划及2010年规划设想。力争到2010年，使药材种植、加工与中药工、商业协调发展，通过技术进步，基本实现栽培、种植、养殖科学化。

中国自加入《公约》以来，在保护生物多样性存在的工作中取得了很大的进步，但也存在着一些问题和阻力。在国家水平上，尚需在国情研究报告和行动计划的基础上制定具体的实施方案；在跨部门水平上，需尽快完成中国湿地保护战略与行动计划，编制野生植物和野生动物保护战略与行动计划，制定生物安全管理法规等；在部门水平上，要制定保护遗传资源、持续利用中药材、生物多样性科研和教育、保护红树林和珊瑚礁等方面的行动计划、实施方案，还要制定一系列相关的法规和政策等。中国在履约过程中，也存在着很多难以解决的问题，主要是许多行动计划的实施因缺乏资金而启动很慢，对于在国家水平、跨部门水平和部门水平上面临的资金短缺的困难，需要得到国际社会的资金援助和技术支持。

第二节 《关于特别是作为水禽栖息地的国际重要湿地公约》的履行

一、履约概况

《关于特别是作为水禽栖息地的国际重要湿地公约》，简称《湿地公约》。其于1971年2月2日在伊朗的拉姆萨签署，因此又被称为《拉姆萨公约》，该公约于1975年12月21日生效，修正案于1982年3月12日在巴黎通过。我国于1992年1月3日加入该公约，1992年7月31日对我国生效。《湿地公约》的履行由国家林业局负责组织和协调，具体承担的机构为国家林业局《湿地公约》履约办公室。加入《湿地公约》以来，我国政府及具体承担履约义务的部门积极履约，取得了明显的成效。

在基础设施建设上，中国自1992年加入《湿地公约》后，采取了一系列重要措施保护湿地，并于当年通过申请将首批7个湿地保护区（黑龙江省扎龙、吉林省向海、江西省鄱阳湖等）列入《国际重要湿地名录》，国家林业局还专门成立了《湿地公约》履约办公室，通过广泛的国内外合作提高中国湿地保护的履约能力。到目前为止，我国已建立了470多处湿地自然保护区，使45%的约1700多万公顷的自然湿地纳入了保护区严格保护的范围，建成了30个国际重要湿地和7个湿地公园。通过积极展示中国在湿地保护上国际合作与交流的愿望，一些国际环保组织还相继在中国设立了办事机构，如1996年在北京成立的我国第一个专门从事湿地保护的非政府组织——湿地国际中国项目办事处等，推动了湿地保护国际合作与交流的发展。

在科学研究方面，我国积极探索湿地保护方面的方法和技术，成果显著，出版了多部关于湿地保护方面的研究成果集。1994年3月国务院通过并颁布了《中国21世纪议程——中国21世纪人口、环境与发展白皮书》，其中许多章节都关系到了湿地的保护及合理利用的问题，是我国在履约过程中发布的第一份履约规划指南，为我国后来所制定的《中国湿地保护行动计划》提供了重要依据。之后出台的《中国21世纪议程优先项目计划》第五章第三节还把湿地的保护与合理利用列为《中国21世纪议程——中国21世纪人口、环境与发展白皮书》优先发展的项目加以优先发展。1994年完成的《中国生物多样性保护行动计划》综合地阐述了包括湿地生物资源在内的各种生物资源及其生态系统所受到的威胁现状及原因，提出了中国生物多样性保护行动计划的总目标、具体目标和行动以及行动计划实施的具体措施，对制定《中国湿地保护行动计划》也有重大的参考意义。1995年制定的《中国21世纪议程——林业行动计划》提出了湿地资源保护与合理利用的目标和行动框架，也对制定《中国湿地保护行动计划》有重要的参考价值。1996年国务院批准的《跨世纪绿色工程规划》和1998年国务院正式公布的《全国生态环境建设规划》，都对中国湿地的保护和合理开发利用具有重要的推动作用。国家林业局《湿地公约》履约办公室又组织编译了《湿地公约履约指南》一书，于2001年出版发行。该书对于我们真正地理解湿地保护与合理利用、湿地保护的国际合作、跨国界流域管理具有重要的指导作用，有力地促进了我国履约活动的进一步开展。2000年国家林业局联合16个部门和单位制定了《中国湿地保护行动计划》，该计划已经成为中国实施湿地保护、管理和可持续利用的行动指南，它既符合中国社会经济发展的实际情况，又符合国际规范和《湿地公约》的基本精神，是中国政府认真履行《湿地公约》势在必行的重大举措。2004年10月国务院发布了《全国湿地保护工程计划（2002—2030年）》，规划到2030年，使全国湿地保护区达到713个，国际重要湿地达到80个，使90%以上天然湿地得到有效保护。

此外，中国还积极参与并支持了对全球生态保护具有战略意义的"千年生态系统评估"工作，促进了中国湿地生态状况评估工作的开展，推动了中国湿地保护的进一步发展。中国出版的《湿地保护和合理利用指南》、《湿地效益》和《中国湿地》等书籍，为湿地保护奠定了较好的理论基础。

在履约的国际合作上，加入《湿地公约》以来，中国积极参加了《湿地公约》历次缔约方大会，参与了公约的各项重要决策，积极推进并促进落实公约相关的动议和决议，为维护包括中国在内的广大发展中国家，特别是亚洲国家的利益作出了巨大的贡献。中国政府积极与喜马拉雅周边国家开展合作，推动"喜马拉雅高原湿地保护动议"的成功实现。中国还与湄公河下游相关国家开展了广泛的合作，推动湄公河流域湿地保护的相关动议，对维护中国在湄公河流域国际河流保护上的形象起到了正面影响。与此同时，中国与周边国家和地区签订了一系列有关湿地保护的协议或协定，与日本、澳大利亚政府签订了中日、中澳候鸟及其栖息地保护协定。

在资金投入上，虽然我国是发展中国家，经济发展水平还不够高，但为了履约，国家还是投入了大量的资金，保证了履约工作的顺利开展。同时，中国也积极争取国际社会的支持，十几年来，中国通过《湿地公约》的国际合作机制，争取了数亿元的援助资金，其中，国际社会无偿提供了约5亿元的资金用于中国开展湿地生态保护示范。利用争取到的国际援助性资金，中国执行了中国湿地生物多样性保护与可持续利用项目、自然保护区建设和管理项目、长江流域退田还湖和恢复自然湿地项目、自然保护区生物多样性保护、中国鹤类保护项目等许多国际合作项目，这些项目直接改变了项目区湿地生态状况，带来了湿地保护和合理利用的先进理念，对国家湿地工程起到了很好的示范作用。

对湿地保护进行宣传与教育也是中国履约工作不可或缺的一部分。国家林业局利用"世界湿地日"、"爱鸟周"等时机，在全国范围内开展了大规模的湿地和水禽保护宣传活动，向公众介绍了湿地保护的科学知识和重要意义。国家林业局与世界自然基金会合作，连续7年开展了"湿地使者行动"，旨在提高公众湿地保护意识，对提高青少年生态道德意识具有重要影响。仅2006年，湿地使者行动直接影响的人群就超过十万人，间接影响的人群近千万人，使这一宣传活动成为国际上知名的湿地宣教活动。

我国湿地保护成就已经得到了国际社会的广泛赞誉，《湿地公约》和有关国际自然资源保护组织都认为，中国湿地保护的实践可以成为发展中国家开展湿地保护工作的典范，这些都说明了中国履行《湿地公约》在总体上是成功的。但是不可忽视的是，湿地保护的任务依然严峻，我们必须对目前保护工作中存在的不足进行进一步的分析与研究、找出改善履约工作的方法。湿地保护还是一项复杂的系统工程，涉及土地资源、水资源、生物多样性保护等许多领域，保护湿地需要各部门通力合作、采取多种措施才能完成，这种协调工作同样要稳步开展。

二、国内立法状况

为了实现《湿地公约》的目标、落实《湿地公约》的具体规定，我国也相应制定了一系列有关湿地保护的法律规范，这些规范主要是国家林业局（加入《湿地公约》时称林业部）在履约过程中制定的本部门的政策、法规。目前，我国还没有一部专门以湿地保护法为名的法律，关于湿地的保护主要零散分布在其他相关部门法中，这些法律主要有：

（一）为加入《湿地公约》所进行的立法

为加入《湿地公约》，我国在《中华人民共和国土地法》、《中华人民共和国野生动物保护法》、《中华人民共和国水法》、《海洋石油勘探开发环境保护管理条例》、《防止船舶污染海域管理条例》、《中华人民共和国水土保持法》等法律中对湿地的保护进行了相应的规定。《中华人民共和国土地法》、《中华人民共和国野生动物保护法》等对具有代表性的自然生态系统、珍稀、濒危野生动植物自然分布区域以及重要的水源涵养区域，要求各级人民政府保护并严禁破坏，为以湿地为生境的许多珍贵、濒危动物提供了法律保护，为预防人为活动对湿地造成的污染和破坏提供了强有力的法律保障。《中华人民共和国水法》为保护水资源及保护湿地提供了法律依据，对鱼、虾、蟹洄游通道的规定也有利于湿地生物多样性的保护。

（二）为履行《湿地公约》而进行的立法

关于湿地保护的国内立法包括：《环境保护法》，属于对湿地保护的概括性的立法；《森林法》、《海洋环境保护法》、《水污染防治法》、《水法》、《水土保持法》、《土地管理法》、《渔业法》、《野生动物保护法》、《陆生野生动物保护实施条例》、《水生野生动物保护实施条例》、《野生植物保护条例》等法律、法规，对湿地的保护起到重要的作用；《自然保护区条例》、《海洋自然保护区管理办法》以及《国家城市湿地公园管理办法（试行）》是将湿地作为特殊的生态区加以保护的立法。

目前，我国为了更好地履行《湿地公约》已经进行了相应的立法，但是没有一部专门针对湿地的法律，为此，国家林业局组织了大量的人员进行研究，一些研究机构已经提供了立法草案，希望能够出台一部专门针对湿地保护的法律。

三、我国履行《关于特别是作为水禽栖息地的国际重要湿地公约》的具体行动

我国履行《关于特别是作为水禽栖息地的国际重要湿地公约》的具体行动是指中国政府及相应的部门为履行公约所规定的义务而采取的具体行动。

（一）已经完成的行动

1. 组织机构的建立

国家林业局是负责组织、协调全国湿地保护和有关国际公约的履约工作，负责《湿地公约》履行的部门。与湿地的保护利用管理直接相关的主要部门还有：农业部，其主要负责指导宜农滩涂、宜农湿地的开发利用工作以及海洋渔业资源管理；水利部，其主要负责统一管理水资源（包括纯湿地水资源）；国土资源部，其主要负责组织编制和实施国土规划、土地利用总体规划，统一指导土地开发利用；国家环保总局，其主要负责监督检查湿地环境保护工作；国家海洋局，其主要负责监督管理海域使用、海洋生物多样性和海洋生态环境保护，监督管理海洋自然保护区和海洋特别保护区。此外，财政部、建设部、交通部等部门也参与湿地保护与合理利用工作。地方各级人民政府具有管理本行政区域内湿地保护与合理利用的职责，均设有与中央政府相应的管理机构，在中央各相应的主管部门的业务指导下负责本地区的湿地保护与管理的具体工作。

另外，履约的非政府组织主要有中国植物学会、中国动物学会、中国生态学会、中国林学会、中国海洋学会、中国环境学会、中国地理学会、中国海洋湖沼学会、中国野生动物保护协会、中国水利学会、中国水产学会、中国藻类协会、中国农业生态环境保护协会、中国动物园协会、中国植物园协会、中国风景名胜区协会、中国公园协会等许多学术团体和群众性组织以及世界自然基金会—中国项目办事处、湿地国际—中国项目办事处、福特基金会、国际鹤类基金会等一些国际性非政府组织。

2. 科学研究的有效开展

在科学研究方面，我国积极探索湿地保护方面的方法和技术，取得了很大的成效，主要表现为：1994 年 3 月国务院通过并颁布的《中国 21 世纪议程——中国 21 世纪人口、环境与发展白皮书》、1994 年完成的《中国生物多样性保护行动计划》、1995 年制定的《中国 21 世纪议程——林业行动计划》、1996 年国务院批准的《跨世纪绿色工程规划》、1998 年国务院正式公布的《全国生态环境建设规划》，都对中国湿地的保护和合理开发利用具有重要的推动作用。1999 年，在国家林业局大力支持下，野生动植物保护司批准了中国农业科学院农业自然资源和农业区划所申请的《中国湿地资源保护立法研究》课题项目。2000 年国家林业局《湿地公约》履约办公室又组织编译了《湿地公约履约指南》，相继出版了《湿地保护和合理利用指南》、《湿地效益》、《中国湿地》等书籍。这些研究使我们初步掌握了全国资源状况，尤其是湿地资源的基本情况，积累了大量资料。让我们对中国鸟类特别是水鸟的迁徙活动有了深入了解，基本上探明了在湿地水生动植物生态环境，如黄渤海区、杭州湾、大亚湾、长江流域、淮河流域、珠江口等海域与流域，受污染与生态系统被破坏的现状。

3. 宣传教育活动的开展

实践证明，宣传教育活动有助于提高公民环境觉悟，推动履约工作的顺利进行，为此，国家林业局等部门进行了大量的有关保护湿地及其保护的宣传与教育。国家林业局利用"世界湿地日"、"爱鸟周"和"野生动物保护月"等时机，积极组织开展宣传活动，并编辑出版宣传保护湿地的书籍、画册、电影等，收到了良好的宣传教育效果，促进了全民湿地保护意识的提高。近年来，在中小学教材中还增加了湿地保护的有关内容，培养青少年的生态环境保护意识，在高等院校也设置了很多与湿地相关的专业，大大提高了人们保护湿地的意识。

4. 保护工作稳步推进、公约具体义务履行良好

在湿地生物多样性的保护上，中国为保护珍稀濒危水禽，已将 11 种水禽列为国家一级重点保护野生动物，将 22 种水禽列为国家二级重点保护野生动物，对部分珍稀、濒危物种，除在保护区内进行就地保护外，还进行了人工繁育工作。建立湿地自然保护区，截至 2008 年年底，全国已建立 550 多处湿地

自然保护区、80处湿地公园和36处国际重要湿地,基本上形成了以湿地自然保护区为主体,国际重要湿地、湿地公园相结合的湿地保护网络体系,1790万公顷、约49%的自然湿地得到了有效的保护。①

中国还非常重视水资源的保护与管理,认识到了水资源的保护在湿地保护工作中的重要意义,加强了各类湿地的污染控制和防治,同时在水资源优化配置、调整用水结构、普及现代节水技术、提高水资源有效利用率等方面做了大量的工作。在湿地生态治理方面,通过停止采伐天然林、开展封山植树、退耕还林和加大山水综合治理等措施,治理生态环境,很好地保护了湿地环境。

(二) 保护行动的主要计划

为了更好地完成《湿地公约》所列明的义务,我国还制订了很多履约的规划,以促进履约活动的进一步开展。《中国湿地保护行动计划》是中国今后一个时期内实施湿地保护、管理和可持续利用的行动指南,其主要介绍了中国湿地概况、中国湿地保护管理的现状、中国湿地面临的主要问题、中国湿地的利用与保护的重要意义、中国湿地保护的指导思想和目标、中国湿地保护优先行动等内容,我国目前关于湿地保护行动的具体规划,包括中国湿地保护的指导思想和目标和中国湿地保护优先行动两部分。

1. 中国湿地保护的指导思想和目标

按照《中国湿地保护行动计划》的有关规定和规划,中国湿地保护的指导思想是湿地保护与合理利用,以维护湿地系统生态平衡、保护湿地功能和湿地生物多样性、实现资源的可持续利用为基本出发点,坚持全面保护、生态优先、突出重点、合理利用、持续发展的方针,充分发挥湿地在国民经济发展中的生态、经济和社会效益。

我国湿地保护的目标分为总目标和分目标两部分,其中总目标是全面加强中国湿地及其生物多样性保护,维护湿地生态系统的生态特性和基本功能,重点保护好在国际与国家领域内具有重要意义的湿地,保持和最大限度地发挥湿地生态系统的各种功能和效益,保证湿地资源的可持续利用,使其造福当代惠及子孙。分目标是在中国建立起比较完善、科学、规范的湿地保护与管理体

---

① 人民日报海外版:我国有550多处湿地保护区,参见 http://www.gmw.cn/content/2009-06/13/content_ 933332.html。

系，使中国的天然湿地及其生物多样性基本得到有效保护，同时力争使退化湿地得到不同程度恢复治理，节水农业和湿地合理利用技术得到广泛使用，使中国湿地能明显地发挥生态、经济、社会效益。

2. 中国湿地保护优先行动

按照《中国湿地保护行动计划》的有关规定和规划，近期中国湿地保护的优先行动主要包括：建设并完善湿地保护的法制体系，建立全国湿地保护与合理利用的管理协调机制，开展湿地资源的调查、评价、监测，建立湿地保护区并提高管理水平，对湿地资源的可持续利用进行规划，开展湿地恢复重建，实施湿地保护专项行动计划，开展湿地的基础研究，筹措湿地保护资金，开展国际合作交流。这些项目是中国在未来为保护湿地、履行《湿地公约》所列明的义务将要开展的工作。

我国在加入《湿地公约》之后，履约工作取得了很大的进展，但仍有一些问题，突出表现在：目前还没有一部专门针对湿地保护与合理利用的法律，少数与湿地资源保护相关的法律、法规条款中绝大部分没有对湿地概念进行明确界定，法律、法规条款分散。湿地保护法律法规缺乏系统性和完整性，湿地管理部门间关系不明确及缺乏协调机制，执法力度不够，已建立的湿地自然保护区不能完全发挥其保护湿地的功能，公众湿地保护意识淡薄等。

第三节 其他主要国际公约的履行

一、《濒危物种国际贸易公约》的履行

《濒危物种国际贸易公约》（CITES 公约），1973 年 3 月 3 日订立于华盛顿，1975 年 7 月 1 日生效。我国是缔约国，该公约于 1981 年 4 月 8 日对我国生效。目前，负责对该公约进行履约的机构为设在国家林业局的中华人民共和国濒危动植物物种进出口管理办公室，国家授权中国科学院设立《濒危物种国际贸易公约》中国科学机构——中华人民共和国濒危物种科学委员会。根据 CITES 公约的相关规定，公约应当由负责履约的国家机关和相应的科学机构

共同履行。其中，国家机关负责履行公约的主要义务，有关申报濒危物种名录等事务由缔约国所指定的科学机构负责。

为了履行 CITES 公约，濒危物种科学委员会积极地进行相关的科学考察活动，及时地掌握我国野生动植物资源的现状，监测野生动植物的国际贸易，并在保证野生动植物资源可持续利用的前提下，管制那些由于大规模开发和国际贸易而导致"经济灭绝"的物种。加入 CITES 公约这 20 多年以来，为了与濒危动植物物种进出口管理办公室一起高效地履行 CITES 公约，濒危物种科学委员会还创办了《濒危物种科学通讯》，达到了及时沟通与公约秘书处及各位委员、中国生物学家、CITES 管理机构联系的目的，为进一步交流濒危物种科学信息、加强濒危动植物研究提供了更多的渠道。今后，濒危物种科学委员会将继续依托中国生物学家参与国际濒危野生动植物贸易规则的制订和公约的履约，为研究、保护濒危物种，保护生物多样性作出更大的贡献。

在国际合作上，我国多次参加 CITES 公约缔约国会议，提出了很多有建设性的意见和建议，并与周边国家建立了合作机制，开展了区域合作保护工作，取得了良好的效果，赢得了国际声誉。在国内行动上，重视执法工作，不断采取切实措施。自 1999 年以来，共破获走私濒危物种案件 300 余起，起诉犯罪嫌疑人近 400 人，查获黑熊、食蟹猴、穿山甲、蟒蛇、巨蜥、陆龟等濒危动物近 2 万只，查获象牙、羚羊角、麝香、熊掌、鹿茸、虎皮、豹皮等濒危动物制品总计价值 10 亿元以上，有效打击和遏制了走私濒危物种犯罪活动，为保护我国乃至全球范围内的野生动植物资源作出了突出的贡献。这些年来，在国务院和野生动植物行政主管部门的正确领导下，我国的履约机构在濒危物种进出口管理规范化、履约协调工作、机构设置、人员素质培养、国际交流等诸多方面都取得了巨大的成绩。但从近年来出现的问题来看，有些问题仍然没有得到根本的解决，如出口造成的资源过度利用和非法贸易等问题。

二、《联合国防治荒漠化公约》的履行

《联合国防治荒漠化公约》全称为《联合国关于在发生严重干旱和/或荒漠化的国家特别是在非洲防治荒漠化的公约》，1994 年 6 月 7 日在巴黎通过，1996 年 12 月 26 日生效。中国在 1994 年 10 月 14 日签署了该公约，1996 年 12

月 30 日批准该公约。

在管理机构上,我国为了履行《联合国防治荒漠化公约》,1994 年,中国政府专门成立了"中国防治荒漠化协调小组",全国防治荒漠化任务较大的 14 个省(区、直辖市)也相继成立了防治荒漠化协调或领导小组。目前,国家林业局负责组织、协调、指导全国的防沙治沙工作;国务院林业、农业、水利、土地、环境保护等行政主管机构,按照有关法律规定的职责和国务院确定的职责分工,各负其责,密切配合,共同做好防沙治沙工作。

在政策方面,国家通过安排治沙贴息贷款引导银行增加治沙的贷款投入,实行拍卖"四荒"(荒山、荒沟、荒沙、荒地)、"谁造林、谁经营、谁受益"、"个体承包、以粮代赈"以及国家对生态公益林进行财政补贴等政策,鼓励社会各界广泛参与荒漠化防治。在立法方面,为了适应防治荒漠化的需要,2001 年出台了《防沙治沙法》,该法于 2002 年 1 月 1 日起正式实施。《防沙治沙法》确立了我国防沙治沙的基本原则、责任、义务、管理体制、主要制度、保障措施以及违反《防沙治沙法》应当承担的法律责任,是世界上第一部专门指导防沙治沙的法律。其他有关防治荒漠化的法律还有《环境保护法》、《水土保持法》、《水法》、《森林法》、《草原法》、《农村土地承包法》、《再生能源法》和《土地管理法》等。

在科学研究上,初步形成科研、教育组织体系,荒漠化防治学科设置日趋完善。目前,有关荒漠化防治的科学研究工作已经形成了以生物措施为主,生物措施、工程措施、管理措施等相结合,因害设防、突出重点、综合治理的荒漠化防治技术思路,荒漠化监测机制也逐步得以建立。

在履行公约具体义务方面,我国也取得了显著的成绩。加入《联合国防治荒漠化公约》以来,国家投入了巨额资金,在荒漠化地区进行了规模宏大的荒漠化防治工程建设。2001 年起,国家又先后启动京津风沙源治理工程和以防沙治沙为主攻方向的"三北"防护林体系建设四期工程,这两大工程覆盖了中国沙化地区 90% 以上的土地,构筑了全国荒漠化的整体框架。

在防治计划上,中国政府把保护环境确定为基本国策,将防治荒漠化纳入国家国民经济和社会发展计划,先后制订了《中国 21 世纪议程》、《中国 21 世纪议程林业行动计划》等重要文件,实施以实现经济、社会、资源、环境和人口协调发展为目标的可持续发展战略，为荒漠化防治奠定了基础。

三、《联合国气候变化框架公约及其京都议定书》的履行

《联合国气候变化框架公约》于1992年5月9日订于纽约，于1994年对我国生效，在《联合国气候变化框架公约》的基础上，联合国气候变化框架公约第三次缔约国会议于1997年12月10日在京都通过了其相应的京都议定书，对公约的执行列明了具体的意见。我国于1998年5月29日在联合国秘书处签署了该议定书，议定书于2005年2月16日对我国生效。《联合国气候变化框架公约及其京都议定书》的履行主要由国家发展与改革委员会承担，在其协调下，其他相关部门进行相应的履约活动。

在法律规范方面，为了配合公约及其议定书的相关规定，中国进行了一系列立法与制定新政策活动。从1994年以来，中国政府制定了一系列与应对气候变化相关的法律法规、政策、措施：一是1998年1月开始实施的《中华人民共和国节约能源法》；二是1998年11月中国政府批准实施的《全国生态环境建设规划》；三是2002年中国政府发布的《全国生态环境保护纲要》；四是在2004年6月30日正式生效的《清洁发展机制项目运行管理暂行办法》。

在科学研究方面，为了解决立法中存在的技术难题，国家组织和开展了一系列与气候变化有关的重大科学研究项目，如国家重大科技项目"全球气候变化预测、影响和对策研究"、国家攀登计划和国家重点基础研究发展计划项目"中国未来20—50年生存环境变化趋势的预测研究"、由中国科学院组织实施的"中国陆地和近海生态系统碳收支研究"等科学研究。

另外，国家为了更好地履行《联合国气候变化框架公约及其京都议定书》还制定了计划。按照国家发展与改革委员会新制定的发展规划，中国应对气候变化国家战略的总体目标是温室气体排放减缓取得显著成效，适应气候变化的能力不断增强，公众的气候变化意识明显提高，气候变化的领域科学研究水平取得新的进展。为实现这一目标，将以优化能源结构和加强生态建设为突破口，以科学技术进步为依托，不断提高减缓与适应气候变化的能力。国家在计划中，还提及了国际合作和宣传教育等事宜，这些都是我国履行防止气候变暖义务的重要措施。

第四节　生物多样性保护的国内立法的不足与完善

一、立法的现状

目前中国政府还没有制定专门针对生物多样性保护与可持续利用的综合性的法律。近年来，制定和修订了 50 余项有关生物多样性的法律法规，基本形成了保护和持续利用生物多样性的法律法规体系，包括《宪法》（1954 年制定，2004 年修订）、《刑法》（1979 年制定，2006 年修订）、《环境保护法》（1989 年）、《森林法》（1984 年制定，1998 年修订）、《野生动物保护法》（1998 年制定，2004 年修订）、《环境影响评价法》（2002）、《水污染防治法》（1984 年制定，2008 年修订）、《固体废物污染环境防治法》（1995 年制定，2004 年修订）、《海洋环境保护法》（1999 年）、《渔业法》（1986 年制定，2004 年修订）、《种子法》（2000 年制定、2004 年修订）、《动物防疫法》（1997 年制定，2007 年修订）等法律，《自然保护区管理条例》（1994）、《野生植物保护条例》（1996）、《植物新品种保护条例》（1997）、《濒危野生动植物进出口管理条例》（2006）、《风景名胜区条例》（2006）、《病原微生物实验室生物安全管理条例》（2004）、《防治海洋工程建设项目污染损害海洋环境管理条例》（2006）等法律法规及条例，依法保护和可持续利用生物多样性。[①]此外，还有国务院相关行政部门制定的一些部门规章和规范性文件，主要包括：《森林和野生动物类型自然保护区管理办法》（1985 年）、《农业野生植物管理办法》（1987 年）、《自然保护区类型与级别划分原则》（1993 年）、《海洋自然区管理办法》（1995 年）、《植物检疫条例实施细则（农业部分）》（1995 年）、《自然保护区土地管理办法》（1995 年）、《进出口农作物种子（苗）管理暂行办法》（1997 年）、《水生动植物自然保护区管理办法》（1997 年）、《种畜禽管理条例实施细则》（1998 年）、《农作物种子标签管理办法》

[①] 中华人民共和国环境保护部编著：《中国履行〈生物多样性公约〉第四次国家报告》，中国环境科学出版社 2009 年版，第 16—17 页。

(2001年)、《主要农作物范围规定》(2001年)、《主要农作物品种审定办法》(2001年)、《生态功能保护区评审管理办法》(2002年)、《农作物种子生产经营许可证管理办法》(2002年)、《城市动物公园管理规定》(2004年)、《引进陆生野生动物外来物种种类及数量审批管理办法》(2005年)、《林木种质资源管理办法》(2007年)、《植物新品种保护条例实施细则》(2007年)等等。

二、立法的特点

中国生物多样性保护立法具有以下特点：

（一）立法内容广泛

生物多样性法律法规体系覆盖面广，涉及生态系统保护、物种保护、遗传资源、生物安全等方面的内容。相对而言，生态系统保护和物种保护的立法相对完善，遗传资源保护的相对薄弱，而且生物遗传资源的获取和惠益分享（ABS）、海洋生物遗传资源、微生物遗传资源等方面的立法尚属空白。生物多样性的保护内容相对多一些，可持续利用的内容相对少一些。整体而言，立法面广，保护与利用的协调不足，重点内容不够突出。

（二）立法位阶较低

生物多样性的立法由法律、法规、规章和规范性文件多层次的立法形式组成。综合性的生物多样性法律还没有制定，专门的法规也不多见，相关的条文散见于其他的法律、法规之中。关于生物多样性保护与利用的规定多数是行政规章和规范性文件，立法位阶比较低。

（三）立法进展受国际法的影响大

中国政府加入有关生物多样性保护公约，按照公约的规定和我们的承诺认真履行义务，其中重要的工作包括完善国内相关立法。我国的相关法律、法规的制定与修改深受国际法的影响，国际公约对我国的立法进程起到了推动作用。例如转基因生物安全立法与我国加入生物多样性公约和卡塔赫纳生物安全议定书密切相关，立法要符合履约的要求。因此，我国有关生物多样性的立法带有明显的国际法特征。

三、立法中存在的问题

中国生物多样性立法存在的问题主要表现在以下几个方面：

（一）立法目的定位不准确

生物多样性保护和可持续利用是生物多样性立法的目的，二者紧密相关，不可只侧重一方面而忽视另一方面。

同时，生物多样性又涉及生态系统多样性、生物物种多样性、遗传资源多样性等方面的内容，这些方面又是相互影响的。立法应当考虑多方面的综合因素。在生态保护方面，《自然保护区条例》第一条规定了立法目的是加强自然保护区的建设和管理，保护自然环境和自然资源，但对生物多样性的保护没有明确的规定。对湿地保护的立法也有同样的问题存在，立法主要从自然资源的经济效用角度去考虑，对资源的生态价值关注不足，其目的在于如何更好地对资源进行开发、利用而非湿地生态系统的保护。[1]《湿地公约》强调在对湿地保护的同时又要合理利用，而不能只保护而不开发利用，又不能只注重自然资源的经济价值而忽略其生态价值。

在生物物种保护和可持续利用方面，《野生动物保护法》第二条规定，本法规定保护的野生动物是指珍贵、濒危的陆生、水生野生动物和有益或者有重要经济、科学研究价值的陆生野生动物。可见，该法立法实质是"濒危物种保护法"[2]。可见，《野生动物保护法》是基于物种的稀有性、珍贵性、特有性、经济价值等重要性方面进行规定，忽视了物种的数量、分布结构和在生态系统中的功能等方面的作用。

我国生物多样性立法的保护与利用没有很好的兼顾，不仅是立法技术的问题，也体现出理念上的问题。

（二）立法体系缺乏系统性和完整性

健全、系统的法律体系是全面、有效的保护与可持续利用生物多样性的基

---

[1] 陈红军：《论我国湿地保护中的冲突及对策》，载《消费导刊》，第 2006 年第 11 期。

[2] 杨源：《论我国动物保护法律体系的完善》，载《国土与资源研究》，2003 年第 1 期。

础和前提。目前，我们缺少对生物多样性立法的综合分析与研究，缺乏全面的立法规划，致使立法体系缺乏系统性和完整性，具体表现如下：

一是缺少综合性的生物多样性立法。制定一部完整的、综合性的生物多样性的法律是形成完整的立法体系的前提，通过指导相关的法律文件的制定与修改，以避免相互之间的冲突，弥补立法体系中的漏洞，为完善立法提供制度保障。为了有效地履行生物多样性公约，应制定一部综合性的法律。

如前所述，目前关于生物多样性的立法大多数散见于相关的法律、法规和规章之中。立法大多也是各部门从本部门的管理和利益出发，缺乏全局观念，导致相互之间存在矛盾和冲突，甚至出现立法空白，执法的效果也深受影响。

二是缺少专门领域的立法。虽然目前涉及生物多样性的立法层出不穷，但在一些重要的领域缺少立法。在遗传资源保护方面，对野生植物资源管理、家养动物种质资源管理、野生动物资源管理等都有了相关的规定，但对于海洋生物遗传资源管理、花卉植物遗传资源管理、生物遗传资源的获取和惠益分享等领域缺少立法。即使某些领域有相关的规定，但是过于原则，不够具体，缺乏可操作性。在生态保护方面，要考虑到生态系统的多样性以及相互之间的联系。我国目前的立法侧重某一类型资源的保护和利用，如《环境保护法》侧重于大气、土壤、污染的管理，很少涉及湿地这样一个综合体的保护和管理。

（三）立法内容有待完善

1. 立法的内容还不够完整。

立法宗旨和调整的对象有限，难以形成完整的体系和内容。例如在遗传资源方面，立法有一些关于农作物种质资源和家养动物种质资源的规定，而缺少对生物遗传资源的管理的规定，特别是对生物遗传资源进出境和种质资源的流失问题缺乏详细的规制。在物种保护方面，目前受保护的对象只是那些被列入"国家重点保护名录"的动植物，而其他的动植物没有受到应有的重视，而这些动植物对物种多样性的意义也非常重要。

2. 基本制度和机制的缺失

基本权利制度的缺失。生物多样性立法，在权利制度方面存在着问题。关于自然资源归属的规定有的过于单一，有的不够明确。例如，《野生动物保护法》规定野生动物资源、野生动物遗传资源归国家所有。在《野生植物保护条例》中没有规定野生植物资源及其遗传资源的权利归属。在微生物资源权利归属方面，没有相应的法律规定。因此，对于生物资源及其遗传资源的管理非常不利。特别是在遗传资源的获得及其惠益分享的问题更加突出，导致了生物遗传资源的大量流失。生物资源权利归属与原住民和农民的利益密切相关，在这一问题上，发达国家与发展中国家意见分歧很大，应当引起我国政府的重视。

3. 公众参与原则在生物多样性立法中没有得到很好的体现与贯彻

在我国，公众参与原则也被表述为依靠群众保护环境原则。在1989年《环境保护法》中有所体现，该法规定一切单位和个人有权对污染和破坏环境的单位和个人进行检举和控告以及行政机关应当定期发布环境状况公报等。2002年我国制定的《环境影响评价法》首次明确确立了公众参与条款；2006年2月，国家环境保护总局专门颁布了《环境影响评价公众参与暂行办法》。由于生物多样性保护与利用需要公众的支持，同时也涉及公众利益，公众参与显得尤为重要。例如，《防沙治沙法》对公众参与只作原则性的规定，对于公众参与的方法、途径没有规定，参与权受到侵害也没有相应的救济措施，因此也难以发动群众防沙治沙。

4. 生态效益补偿机制

生态效益补偿机制是以保护与可持续利用生物多样性为目的，以经济手段为主要方式，调节利益相关者的关系的制度安排。目前的法律、法规和法律文件涉及了对生态保护与建设的扶持、补偿的要求及操作办法，对补偿范围、补偿主体、补偿对象、补偿方式和补偿标准都有相关的规定，这是目前进行生态补偿的法律依据。[①] 但是，相关的法律体系还很不完善，主要问题包括：（1）对各利益相关者的权利义务责任界定不清，对补偿内容、方式、标准规定不明确。（2）立法落后于生物多样性保护与利用发展的需要，补偿往往不到位。（3）法律需要与政策相结合。对于用经济手段开发生物多样性，促进其可持续利用，如何进行补偿缺乏必要的法律和政策的支持。

---

① 中国生态补偿机制与政策研究课题组编著：《中国生态补偿机制与政策研究》，科学出版社2007年版，第77页。

四、完善国内立法的建议

完善的立法体系，对于生物多样性的保护与可持续利用至关重要。完成这一艰巨的任务可谓任重而道远，可以分阶段来完成。

（一）要制定综合性的生物多样性保护与可持续利用的法律

这部法律属于生物多样性立法中的基本法，其他的单行法要以这部基本法为依据。该法要经过全国人民代表大会或其常务委员会通过，属于位阶较高的法律，对相关的法律、法规、行政规章和规范性法律文件起到统领的作用。这部法律主要包括以下内容：

其一，总则包括立法目的、基本原则、相关术语的内涵、保护范围的界定等内容。立法目的应当强调为保护与可持续利用生物多样性。基本原则包括预防原则、利用与保护协调发展原则、共同负担原则、公众参与原则、协同合作原则等；生物多样性等相关术语的内涵；保护的范围包括生物物种、生物遗传资源、生态系统等。

其二，生物多样性的保护，规定关于生物多样性保护的途径、方法、措施、程序等。

其三，生物多样性的可持续利用，具体利用的方式、途径等。

其四，生物多样性的管理与监督体制，规定主管部门、分管部门、协调机构、科学研究咨询机构、管理与监督制度。

其五，生物多样性的保护与可持续利用的保障措施，包括资金支持、公众参与、生态补偿、国际合作等。

其六，法律责任，违反法定义务的民事责任、行政责任和刑事责任。

（二）制定或完善生态系统、生物物种、遗传资源保护方面的专门立法

在立法位阶低于上述基本法。这三个方面的立法与完善采取的方式是不同的。在生物遗传资源领域的立法十分薄弱，目前急需一部专门的立法进行保护。在生物物种保护立法方面，目前的立法已起到一定的作用，在内容和机制方面有欠缺，需要进一步完善。在生态系统保护立法方面，已有的自然保护区立法和生态系统保护等立法有了一定的成效，在某些方面有待进一步完善。因此，立法完善应区分轻重缓急，分步骤来完成。

(三) 修订现有的立法

目前需要尽快修订《野生动物保护法》，在《野生植物保护条例》中，需加入遗传资源保护方面的内容。《森林法》、《防沙治沙法》、《水法》、《草原法》等法律根据生物多样性基本法以及现实的需要进行修订，符合基本法的立法原则和目的。在相关法律中生物多样性的内容，例如专利法第三次修改就增加了遗传资源的内容。另外，还有一些领域需要专门的立法，包括湿地立法、自然保护区立法、生态旅游立法、海洋生物遗传资源立法、花卉植物遗传资源立法、微生物遗传资源立法等。

结　语

　　人类为了自身的繁荣，在谋求生存和发展的同时，却给同样生存在地球上的其他生物带来了灾难。人类只有一个地球，但地球上并非只有人类，还有其他的生命。因此，我们要做一个有道德的物种。为了提醒人们认识到生物多样性的重要性，我谨以1999年4月22日（世界地球日）立于麋鹿苑的墓志铭作为本书的结语。

　　工业革命以来，以文明自诩却无限扩张为所欲为的人类，已使数百种动物因过度捕杀或丧失家园而遭灭顶之灾，当地球上最后一只老虎在人工林中徒劳地寻求配偶；当最后一只没有留下后代的雄鹰从污浊的天空中坠向大地；当麋鹿最后一声哀鸣在干涸的沼泽上空回荡……人类，也就看到了自己的结局。

　　善恶终将有报，猎天必将天猎。当人为造成的物种灭绝的事件就像多米诺骨牌一样纷纷倒下的时候，作为自然物种之一的"裸猿"（智人 Homo Sapiens），你就能幸免于难，在劫而逃吗？

附 录

生物多样性公约

生物多样性公约于 1992 年 6 月 5 日订于里约热内卢,并于 1993 年 12 月 29 日生效。中国政府总理 1992 年 6 月 11 日在里约热内卢签署,1992 年 11 月 7 日,全国人大常委会决定批准该公约。1993 年 1 月 5 日,中国交存批准书;同年 12 月 29 日,该公约对我国生效。[①]

卡塔赫纳生物安全议定书

2000 年 1 月 29 日在蒙特利尔召开的《生物多样性公约》缔约方大会特别会议正式通过《卡塔赫纳生物安全议定书》,于 2003 年 9 月 11 日生效。2005 年 5 月 19 日,国家环保总局正式宣布中国核准加入联合国《卡塔赫纳生物安全议定书》,《卡塔赫纳生物安全议定书》于 2005 年 9 月 6 日对我国生效。[②]

生物多样性公约关于获取遗传资源及公正和公平分享其利用所产生惠益的名古屋议定书

2010 年 10 月 18 日~29 日在日本名古屋召开《生物多样性公约》第 10 次缔约方大会,通过了该议定书。[③]

---

① 全文见:http://www.cbd.int/doc/legal/cbd-zh.pdf。
② 全文见:http://bch.cbd.int/protocol/publications/cartagena-protocol-zh.pdf。
③ 全文见:http://www.cbd.int/abs/doc/protocol/nagoya-protocol-zh.pdf。

参考文献

一、著作

1. 陈茂云、马骥聪：《生态法学》，陕西人民教育出版社2000年版。
2. 曹明德：《生态法原理》，人民出版社2002年版。
3. 蔡守秋主编：《环境资源法学教程》，武汉大学出版社2000年版。
4. 丁晖、秦卫华主编：《生物多样性评估指标及其案例研究》，中国环境科学出版社2009年版。
5. 郭忠玲、赵秀海：《保护生物学概述》，中国林业出版社2003年版。
6. 戈峰主编：《现代生态学》，科学出版社2008年版。
7. 国家环境保护总局：《中国国家生物安全框架》，中国环境科学出版社2000年版。
8. 蒋志刚、谢宗强：《物种的保护》，中国林业出版社2008年版。
9. 李博主编：《生态学》，高等教育出版社2000年版。
10. 刘畅：《外来物种入侵》，中国发展出版社2008年版。
11. 林灿铃：《国际环境法》，人民出版社2004年版。
12. 李俊清、李景文：《保护生物学》，中国林业出版社2006年版。
13. 李树藩等主编：《最新世界各国概况》，长春出版社2000年版。
14. 马克平主编：《中国生物多样性保护与研究进展VI——第六届全国生物多样性保护与持续利用研讨会论文集》，气象出版社2005年版。

15. 马英杰、胡增祥：《海洋生物多样性保护的法律思考》，中国海洋大学出版社2006年版。

16. 裴盛基，龙春林：《民族文化与生物多样性保护》，中国林业出版社2008年版。

17. 秦天宝：《遗产资源获取与惠益分享的法律问题研究》，武汉大学出版社2006年版。

18. 苏贤贵、田松、刘兵、刘华杰：《敬畏自然》，河北大学出版社2005年版。

19. 史学瀛：《生物多样性法律问题研究》，人民出版社2007年版。

20. 童兆法主编：《我国外来物种入侵的法律对策研究》，知识产权出版社2008年版。

21. 唐双娥：《环境法风险防范原则研究》，高等教育出版社2004年版。

22. 田兴军：《生物多样性及其保护生物学》，化学工业出版社2005年版。

23. 王明远：《转基因生物安全立法研究》，北京大学出版社2010年版。

24. 王灿发、于文轩：《生物安全国际法导论》，中国政法大学出版社2006年版。

25. 汪劲：《环境法律的理念与价值追求》，法律出版社2000年版。

26. 解焱：《恢复中国的天然植被》，中国林业出版社2002年版。

27. 谢国文等：《生物多样性保护与利用》，湖南科学技术出版社2000年版。

28. 徐汝梅主编：《外来物种入侵数据集成、数量分析与预警》，科学出版社2003年版。

29. 徐海根、王建民、强胜、王长永主编：《〈生物多样性公约〉热点研究：外来物种入侵、生物安全、遗传资源》，科学出版社2004年版。

30. 徐汝梅、叶万辉主编：《外来物种入侵理论与实践》，科学出版社2003年版。

31. 薛达元主编：《转基因生物风险与管理》，中国环境科学出版社2005年版。

32. 薛达元：《中国生物遗传资源现状与保护》，中国环境科学出版社2005

年版。

33. 薛达元、崔国斌、蔡蕾、张丽荣：《遗传资源、传统知识与知识产权》，中国环境出版社2009年版。

34. 薛达元主编：《转基因生物安全与管理》，科学出版社2009年版。

35. 薛达元主编：《民族地区遗传资源获取与惠益分享案例研究》，中国环境科学出版社2009年版。

36. 薛达元主编：《民族地区传统文化与生物多样性保护》，中国环境科学出版社2009年版。

37. 闫新甫主编：《转基因植物》，科学出版社2003年版。

38. 于文轩：《生物安全立法研究》，清华大学出版社2009年版。

39. 周珂：《环境法》，中国人民大学出版社2000年版。

40. 张维平：《保护生物多样性》，中国环境科学出版社2001版。

41. 张恒庆：《保护生物学》，科学出版社2005年版。

42. 赵国青：《外国环境法选编》，中国政法大学出版社2000年版。

43. 中国环境与发展国际合作委员会：《保护中国的生物多样性》，中国环境科学出版社1997年版。

44. 中华人民共和国环境保护部编：《中国履行〈生物多样性公约〉第四次国家报告》，中国环境科学出版社2009年版。

45. 中国生态补偿机制与政策研究课题组：《中国生态补偿机制与政策研究》，科学出版社2007年版。

46. ［英］达尔文：《物种起源》，谢蕴贞译，科学出版社1972年版。

47. ［美］爱德华.欧.威尔逊：《生命的多样性》，王芷、唐佳青、王周、杨培龙译，湖南科学技术出版社2003年版。

48. ［美］霍尔姆斯·罗尔斯顿：《环境伦理学》，杨通进译，中国社会科学出版社2000年版。

49. ［美］凯斯·R.孙斯坦：《风险与理性——安全、法律及环境》，师帅译，中国政法大学出版社2005年版。

50. ［美］卡里佐萨：《生物多样性获取与惠益分享——履行〈生物多样性公约〉的经验》，薛达元、秦天宝译，中国环境科学出版社2006年版。

51. ［印度］克里施纳默西：《生物多样性教程》，张正旺译，化学工业出版社2005年版。

二、论文

1. 常纪文：《我国突发环境保护事件应急立法存在的问题及其对策》，载《宁波职业技术学院学报》2004年第4期。

2. 陈红军：《论我国湿地保护中的冲突及对策》，载于《消费导刊》2006年第11期。

3. 崔国斌：《知情同意原则的专利法回应——生物材料使用者的揭示义务》，载《环球法律评论》2005年第5期。

4. 崔国斌：《基因技术的专利保护与利益分享》，载《知识产权文丛》1999年第3期。

5. 成文娟、薛达元：《〈生物多样性公约〉第九次缔约方大会热点议题和应对建议》，载《环境保护》2009年第3期。

6. 丁建清：《我国外来入侵生物的入侵机制及其对生物安全的影响》，载《农业科技导报》2002年第4期。

7. 董跃：《生物剽窃的法律问题初探》，载《河北法学》2006年第6期。

8. 冯楚建、王仁武、闫云君等：《澳大利亚生物安全研究与法制化管理考察总结》，载《科技与法律》2003年第3期。

9. 卢明祎：《生物遗传资源保护与事先知情同意制度》，载《科技与法律》2002年第4期。

10. 刘红霞、温俊宝、骆有庆、王保德：《森林有害生物风险分析研究进展》，载《北京林业大学学报》2001年第6期。

11. 刘标，薛达元：《关于转基因食品的国际争执及其原因分析》，载《世界环境》2000年第1期。

12. 刘春兴：《物种入侵的法律对策研究》，北京林业大学硕士学位论文，2007年。

13. 潘灿君：《生物遗传资源保护与知识产权冲突的协调》，载《知识产权》2007年第3期。

14. 秦天宝：《论遗产资源获取与惠益分享中的事先知情同意制度》，载《现代法学》2008年第3期。

15. 苏谦谦：《论自然保护区的法制化管理》，载于《四川师范大学学报》（社会科学版）增刊2005年第5期。

16. 沈宗灵：《论法律移植和比较法学》，载《外国法学译评》1995年第1期。

17. 王灿发、于文轩：《生物安全的国际法原则》，载《现代法学》2003年第4期。

18. 王灿发、于文轩：《转基因生物损害赔偿立法研究》，载薛达元主编：《2005年生物安全国际研讨会论文集》，中国环境科学出版社2006年版。

19. 向文、何琴：《欧盟转基因食品法律管制之法律传统背景分析》，载《法制与社会》2007年第3期。

20. 薛达元：《〈生物多样性公约〉新的里程碑：〈名古屋ABS议定书〉》，载《环境保护》2010年第12期。

21. 薛达元，蔡蕾：《〈生物多样性公约〉遗产资源获取和惠益分享国际制度谈判进展》，载《环境保护》2007年第22期。

22. 薛达元，蔡蕾：《〈生物多样性公约〉新热点：传统知识保护》，载《环境保护》2006年第24期。

23. 薛达元：《遗传资源获取与惠益分享：背景、进展与挑战》，载《生物多样性》2007年第5期。

24. 薛达元：《民族地区生物多样性相关传统知识的保护战略》，载《中央民族大学学报》（自然科学版）2008年第4期。

25. 薛达元：《论遗传资源保护的国家战略》，载《自然资源学报》1997年第1期。

26. 徐承远等：《外来物种入侵机制研究进展》，载于《生物多样性》2001年第9期。

27. 杨源：《论我国动物保护法律体系的完善》，载于《国土与资源研究》2003年第1期。

28. 杨红菊：《实现遗传资源和传统知识保护的法律途径》，载《中国发明与专利》2007 年第 2 期。

29. 杨红菊：《国际组织：传统知识和遗传资源保护的国际节拍》，载于《中国知识产权报》2005 年 6 月 8 日。

30. 严励，何俐：《遗传资源提供者的专利法保护思考》，载《云南师范大学学报》（哲学社会科学版）2005 年第 6 期。

31. 于文轩：《论转基因生物安全应急处理制度》，载王树义主编：《可持续发展与中国环境法治：生态安全及其立法问题专题研究》，科学出版社 2007 年版。

32. 于文轩：《生物安全法之正义价值探析——以罗尔斯正义理论为视角》，载《法商研究》2008 年第 2 期。

33. 于文轩、王灿发：《国外生物安全立法及中国立法的思考》，载《科技与法律》2005 年第 4 期。

34. 于文轩、孙雪峰、张风春：《中国生物多样性相关政策和法律法规评估研究报告》，2008 年。

35. 张清奎：《传统知识、民间文艺及遗传资源保护模式初探》，载《知识产权》2006 年第 2 期。

36. 张树兴：《论我国少数民族传统知识的知识产权保护》，载《云南民族大学学报》（哲学社会科学版）2008 年第 4 期。

37. 张润志、康乐：《控防入侵生物要重视人为因素》，载于《科学时报》2002 年第 3 期。

38. 赵富伟，薛达元：《遗传资源获取与惠益分享制度的国际趋势及国家立法问题探讨》，载《生态与农村环境学报》2008 年第 2 期。

39. 周珂、王权典：《论国家生态环境安全法律问题》，载《江海学刊》2003 年第 1 期。

40. 朱达俊：《遗产资源、传统知识与民间文学艺术保护的利益冲突与利益平衡》，载《法制与社会》2008 年第 9 期。

41. 朱雪忠：《基于遗产资源所产生的知识产权利益分享机制与中国的选择》，载《科技与法律》2003 年第 3 期。

42. Aarti Gupta, "Ensuring 'Safe Use' of Biotechnology: Key Challenges",

Economic and Political Weekly, July 6, 2002.

43. Antonio G. Calafati, "Traditional Knowledge and Local Development Trajectories", *European Planning Studies*, 14 (5), 2006.

44. Craig D. Jacoby, Charles Weiss, "Recognizing Property Rights in Traditional Biocultural Contribution", *Stanford Environmental Law Journal*, 1997.

45. David Hurlbut, "Fixing the Biodiversity Convention: Toward a Special Protocol for Related Intellectual Property", *Nat. Resources J*, 1994.

46. Elizabeth Longacre, "Advancing Science While Protecting Developing Countries from Exploitation of Their Resources and Knowledge", *Fordham Intell. Prop. Media & Ent. L. J.963*, 2003.

47. Geertrui Van Overwalle, "Protecting and Sharing Biodiversity and Traditional Knowledge: Holder and User Tools", *Ecological Economics*, 53 (4), 2005.

48. Grethel Aguilar, "Access to Genetic Resources and Protection of Traditional Knowledge in the Territories of Indigenous Peoples", *Environmental Science & Policy*, 4 (4−5), 2001.

49. Lauren E. Godshall, "Making Space for Indigenous Intellectual Property Rights under Current International Environmental Law", *Georgetown International Environmental Law Review*, 1 (4), 2003.

50. Pimentel et al, "Environmental and Economic Costs of Non-indigenous Species in the United States", *BoiScience*, (60), 2000.

51. Paul J. Heald, "The Rhetoric of Biopiracy", *Cardozo. J. Int'l & Comp. L.* 519, Summer, 11, 2003.

52. Revkin A, "Biologist Sought a Treaty; Now They Fault It", *New York Times*, May 7, 2002.

53. Udo Schuklenk, Anita Kleinsmidt, "North-south Benefit Sharing Arrangements in Bioprospecting and Genetic Research: A critical Ethical and Legal Analysis", *Developing World Bioethics*, 6 (3), 2006.

54. Wilcove et al, "Quantifying Threats to Imperiled Species in the United States", *BioScience*, (48), 1998.

55. Xue Dayuan, Tisdell C, "Safety and Socio-Economic Issues Raised by Modern Biotechnology", *International Journal of Social Economics*, 27 (7), 2000.

56. Xue Dayuan, Tisdell C, "Global Trade in GM Food and the Cartagena Protocol on Biosafety: Consequences for China", *Journal of Agricultural and Environmental Ethics*, 15 (4), 2002.

三、相关网站文章

1. 陈华友、崔振玲:《基因芯片技术及其研究现状和应用前景》, http://www.stcsm.gov.cn/learning/lesson/shengwu/20020520/20020520-4.asp。

2. 联合国网站新闻中心:《"生物多样性国际日":联合国呼吁防止外来入侵物种的蔓延》,

http://www.zhb.gov.cn/ztbd/swdyx/xgbd/200905/t20090522_151861.htm。

3. 国际野生动物保护协会:《拯救野生生物》,

http://www.chinabiodiversity.com/read.php?tid=2198。

4. 郭华仁:《土著民的植物遗传资源权与传统知识权》, http://seed.agron.ntu.edu.tw/patent/report/tkright01.htm。

5. 郭华仁:《植物资源及其法制保护》, http://seed.agron.ntu.edu.tw/agdiversity/human.htm。

6. 李兰:《如何应对基因组时代的挑战》, http://www.people.com.cn/GB/kejiao/42/155/20010223/401992.html。

7. 孟庆刚:《基因资源和相关传统知识法律保护初论》, http://www.happycampus.com.cn/pages/2002/11/05/D101197.html。

8. 《生物多样性的背景与历史》,

9. http://www.biodiv-ip.gov.cn/bjzsjs/bjjs/t20030526_14032.htm。

10. 2009年6月13日人民日报海外版发布:《我国有550多处湿地保护区》, http://www.gmw.cn/content/2009-06/13/content_933332.html。

11. 孙雷:《论传统知识的保护方式》, http://www.sipo.gov.cn/sipo/ztxx/yczyhctzsbh/jlfk/zwzl/t20060124_64456.htm。

12. 史学瀛、仪爱云：《遗传资源法律问题初探——从"煮熟的鸭子飞了"谈起》，http://www.sipo.gov.cn/sipo/ztxx/yczyhctzsbh/jlfk/zwzl/t20051111_60927.htm。

13. 解焱：《外来物种入侵、危害及我国的对策》，http://www.chinabiodiversity.com/shwdyx/rug7.htm。

14. 解焱、李振宇、汪松：《中国入侵物种综述》，http://www.chinabiodiversity.com。

15. 环保总局：《外来入侵物种每年造成经济损失逾千亿》，http://www.wuhuepb.gov.cn/huanbao/news/content.asp?id=11483。

16. 姚忻：《TRIPS 理事会年中例会召开，成员讨论议题捆绑问题》，http://www.sipo.gov.cn/sipo2008/ztzl/ywzt/yczyhctzsbh/xxk/gjdt/200806/t20080630_409352.html。

17. 姚忻：《国际组织：IGC 第十二次会议在日内瓦召开》，http://www.sipo.gov.cn/sipo/ztxx/yczyhctzsbh/xxk/gjdt/200803/t20080328_299914.html。

18. 杨兴：《关于传统知识有效保护方式的思考》，http://www.sipo.gov.cn/sipo/ztxx/yczyhctzsbh/jlfk/zwzl/t20060124_64455.htm。

19. 于文轩：《论生物安全国际法的惠益分享制度》，http://www.riel.whu.edu.cn。

20. 杨红菊：《国际组织：IGC 第七次会议召开》，http://www.sipo.gov.cn/sipo2008/ztzl/ywzt/yczyhctzsbh/xxk/gjdt/200804/t20080411_374125.html。

21. Correa, "Options for the Implementation of Farmers' Right at the National Level", http://www.suoyhcentre.org/publications.farmersright/toc.htm.

22. Dr. John Mugabe, "Intellectual Property Protection and Traditional Knowledge", http://www.acts.or.ke/paper%20-%20intellectual%20property.htm.

23. "Intellectual Property and Traditional Knowledge, TK, Key to a Diverse and Sustainable Future", http://www.biodiv.org.

24. "Invasive Species: Laws and regulations", http://www.invasivespeciesinfo.gov/laws/main.shtml.

25. "IPGRI Policy on Intellectual Property", http://www.ipgri.cgiar.org/

policy/ipgripol. htm.

26. Michael A. Gollin, "Biopiracy: The Legal Prospective", http://www.actionbioscience. org.

27. "National Invasive Species Act 1996", http://www.invasivespecies.gov/laws/main.shtml.

28. http://www.nuffieldbioethics.org/filelibrary/pdf/theethicsofpatentingdna.pdf.

29. Rebecca F. Wisch, "Overview of the Lacey Act (16 U.S.C. SS 3371-3378)", http://www.animallaw.info/articles/ovuslaceyact.htm.

30. "Text of the Convention on Biological", http://www.cbd.int/.

四、法律法规

1. 《生物多样性公约》（CBD）

2. 《保护世界文化和自然遗产公约》

3. 《国际捕鲸管制公约》

4. 《关于获取遗传资源和公正公分平分享其利用所产生惠益的波恩准则》

5. 《关于获取遗传资源和公正公分平分享其利用所产生惠益的名古屋议定书》

6. 《关于特别是作为水禽栖息地的国际重要湿地公约》

7. 《卡塔赫纳生物安全议定书》

8. 《卡塔赫纳生物安全议定书关于赔偿责任和补救的名古屋—吉隆坡补充议定书》

9. 《联合国气候变化框架公约》

10. 《粮食和农业植物遗传资源国际公约》

11. 《联合国防治荒漠化公约》

12. 《联合国气候变化框架公约及其京都议定书》

13. 《濒危物种国际贸易公约》

14. 《中华人民共和国濒危野生动植物进出口管理条例》

15. 《中华人民共和国病原微生物实验室生物安全管理条例》

16. 《中华人民共和国城市动物公园管理规定》

17. 《中华人民共和国动物防疫法》

18. 《中华人民共和国风景名胜区条例》

19. 《中华人民共和国防治海洋工程建设项目污染损害海洋环境管理条例》

20. 《中华人民共和国固体废物污染环境防治法》

21. 《中华人民共和国海洋环境保护法》

22. 《中华人民共和国环境保护法》

23. 《中华人民共和国环境影响评价法》

24. 《中华人民共和国海洋自然区管理办法》

25. 《中华人民共和国进出口农作物种子（苗）管理暂行办法》

26. 《中华人民共和国林木种质资源管理办法》

27. 《中华人民共和国农业野生植物管理办法》

28. 《中华人民共和国农作物种子标签管理办法》

29. 《中华人民共和国农作物种子生产经营许可证管理办法》

30. 《中华人民共和国森林法》

31. 《中华人民共和国水污染防治法》

32. 《中华人民共和国森林和野生动物类型自然保护区管理办法》

33. 《中华人民共和国水生动植物自然保护区管理办法》

34. 《中华人民共和国生态功能保护区评审管理办法》

35. 《中华人民共和国宪法》

36. 《中华人民共和国刑法》

37. 《中华人民共和国野生动物保护法》

38. 《中华人民共和国渔业法》

39. 《中华人民共和国野生植物保护条例》

40. 《中华人民共和国引进陆生野生动物外来物种种类及数量审批管理办法》

41. 《中华人民共和国种子法》

42. 《中华人民共和国自然保护区管理条例》

43. 《中华人民共和国植物新品种保护条例》
44. 《中华人民共和国自然保护区类型与级别划分原则》
45. 《中华人民共和国植物检疫条例实施细则（农业部分）》
46. 《中华人民共和国自然保护区土地管理办法》
47. 《中华人民共和国种畜禽管理条例实施细则》
48. 《中华人民共和国主要农作物范围规定》
49. 《中华人民共和国主要农作物品种审定办法》
50. 《中华人民共和国植物新品种保护条例实施细则》

后 记

2005 年秋天，我任教于北京林业大学。课题调研期间，经常有机会到林场去参观，从此与美丽的森林结下了不解之缘。充满生机的大自然是如此的丰富多彩，是因为有生物多样性的存在。2007 年，我开始研究生物多样性的保护问题。

2008—2009 年我在美国访学期间，有幸结识美国环保署（EPA）的律师 Carlos Da Rosa、美国大自然保护协会（TNC）的副总裁 Philip Tabas 律师和东北亚项目负责人牛红卫女士。我们有了一段非常愉快的合作，参加了 Land Trust Alliance 组织的土地保护论坛，而且牛女士亲自带我参观了弗吉尼亚州的一些保护地，并请当地的专业人士介绍美国保护环境和生物多样性方法。对他们的支持和帮助深表谢意。

衷心感谢中央民族大学薛达元教授，他对本书的写作提出了宝贵的建议并给予悉心的指导。清华大学王明远教授，给我在环境与能源法研究中心做访问学者的机会，使我对环境法有了更深的了解，在研究方法和理念方面深受启发。中国政法大学于文轩老师提供其研究报告和新作，在此深表感谢。还要感谢黄翔、李旭丽、陶愉、纪小凤、郑牧洋、娄晓航等同学，他们帮助我收集资料、校对书稿，感谢我校资源与环境学院的在读博士刘春兴同学，他的一些观点对我很有启发。非常感谢林震老师，没有他的鼓励和督促，这本书稿难以完成。衷心感谢中央编译出版社的领导和本书编辑，他们的大力支持和辛勤工作，使得本书顺利出版。最后还要真诚感谢我年迈的父母，他们的默默支持与无私奉献，是我能够顺利完成工作的保障。

生物多样性包括生态系统多样性、遗传资源多样性、物种多样性等方面的内容，还涉及生物学、生态学、环境科学等多学科领域。在研究过程中，深感难以驾驭，错误之处在所难免，敬请批评指正。

韦贵红

2010 年 12 月 28 日